Eugeniusz Gostomski
Viktor Heese

Die (Un-)Möglichkeit russischer Imperialpolitik

Eugeniusz Gostomski
Viktor Heese

Die (Un-)Möglichkeit russischer Imperialpolitik

Tectum Verlag

Eugeniusz Gostomski
Viktor Heese

Die (Un-)Möglichkeit russischer Imperialpolitik.

ISBN: 978-3-8288-3666-2

Umschlagabbildung: © branchecarica | Fotolia.com
Printed in Germany

Besuchen Sie uns im Internet
www.tectum-verlag.de

MIX
Papier aus verantwortungsvollen Quellen
FSC www.fsc.org FSC® C083411

Bibliografische Informationen der Deutschen Nationalbibliothek
Die Deutsche Nationalbibliothek verzeichnet diese Publikation in der Deutschen Nationalbibliografie; detaillierte bibliografische Angaben sind im Internet über http://dnb.ddb.de abrufbar.

Inhaltsverzeichnis

1. Einführung

Nach dem Fall der Sowjetunion in 1991 hat der Westen Russland weder in die NATO noch in die EU aufnehmen wollen, sondern unterstellt dem Land seit Jahren eine imperiale Geopolitik. Die Ukraine-Krise liefere dafür den ultimativen Beweis - behaupten die Verteidiger „westlicher Werte". Das ist die Ausgangslage.

In diesem Buch kommen wir zu dem Schluss, dass ein klassisches Entwicklungsland wie Russland, welches in der US-Skala der „Schurkenstaaten" ganz nach oben aufgerückt ist, sich eine solche Politik ökonomisch nicht leisten kann. Dieses Resümee ist keine neue Entdeckung. Dennoch wird nicht nur in deutschen Medien unisono die Imperialismus-These aggressiv verbreitet, obgleich die Mehrheit der Bundesbürger „Putin-Versteher" sind und sowohl Wirtschaftssanktionen als auch eine Aufrüstung strikt ablehnt. Diese krasse Diskrepanz können wir allein mit der Abhängigkeit der Medien von der offiziellen Politik, den Besitzverhältnissen in den Medienkonzernen und dem Treiben der im Hintergrund agierenden Lobbyisten erklären, die dieses künstliche Spektakel inszenieren.

Wer das Wirtschaftspotential Russlands genauer unter die Lupe nimmt, bemerkt schnell, wie absurd die Imperialismus-These ist. Auch die globale Wirtschaft und die Börsen bleiben eher cool. Denn spätestens seit dem frühen Altertum ist weltbekannt, dass eine Weltmachtpolitik hohe ökonomische und menschliche Ressourcen erfordert, über die ein Land erst verfügen muss. Die Sowjetunion ist nicht zuletzt am Rüstungswettlauf mit dem Westen und den immensen Unterhaltungskosten des maroden Ostblock-Imperiums gescheitert. Es wäre töricht, wenn ein „wirtschaftlicher Zwerg" - so die kränkende Verspottung seiner Opponenten - wie Russland es ohne Not noch einmal versuchen würde. Ob diese Logik hartnäckigen Skeptikern ausreichen mag, ist eine andere Frage.

Wenn behauptet wird, das Land könne sich wirtschaftlich keine imperiale Geopolitik leisten, tue dieses dennoch, dann hört jede Diskussion auf und beginnt pure Dogmatik. Unserer Beobachtung nach betreten die Imperialismus-Warner selten den Boden der ökonomischen Realität oder aber verlassen ihn sehr schnell. Politisieren ist einfacher als mit Fakten und Logik zu argumentieren - da besteht schnell die Gefahr sich zu blamieren.

Der ökonomische Aspekt der Ukraine-Krise wird heute auf drei Floskeln reduziert: der gefährlichen Energieabhängigkeit von Russland, den Wirtschaftssanktionen gegen Russland und der Aufrüstungsnotwendigkeit gegen Russland. Russland ist der neue Feind des Westens und der Bösewicht in der Welt.

Die Ökonomie geht im Trommelfeuer der Hetzkampagnen völlig unter und wird wohl bewusst ausgeklammert. Klar, es lässt sich viel einfacher über die Pathologien eines gewissen Wladimir Putin sinnieren, als ökonomische Zusammenhänge zu erkennen und richtig abzuwägen. Für das Erste reichen Emotionen aus, für das Zweite wird Fachwissen benötigt, das bei Hardlinern selten vorliegt. So mancher Hinterbank-Politiker im Bundestag oder Pressemann wittert in der aktuellen politischen Lage die Top-Chance, sich als engagierter Demokrat zu profilieren, ohne im Ansatz die Aktiv- von der Passivseite einer Bilanz unterscheiden zu müssen.

Das Gefährliche dabei ist, dass die Politik seit eh und je Mittel besitzt, auch Absurditäten in Taten umzusetzen. Wie seinerzeit Milton Friedman, US-Nobelpreisträger in Ökonomie, zutreffend bemerkte: *„Der einzige Weg das Verhalten der Politiker zu ändern, ist, ihnen das Geld wegzunehmen"*. Das geht aber leider nicht.

Diejenigen, die sich ungeachtet dessen mit Russland Wirtschaft und der ökonomischen Seite des Imperialismus-Dogma seriös befassen wollen, sind zur Lektüre dieses Buches eingeladen. Wir analysieren zuerst die heutige Wirtschaftskraft des Landes und seine betriebs - und volkswirtschaftlichen Entwicklungsreserven. Im Anschluss beantworten wir die Frage, warum Russland nicht den erfolgreichen Entwicklungsweg Chinas gegangen ist und wie wahrscheinlich eine russisch-chinesische Allianz als Gegengewicht zum Westen erscheint. Danach wird eine Prognose Russlands Wirtschaft für die kommenden 10 bis 15 Jahre präsentiert, in der die erwarteten Trends aufgezeigt werden.

Zum Schluss gehen wir auf die ökonomische Seite der aktuellen Ukraine-Krise ein. Hier wird analysiert, was dieser Konflikt die direkten Beteiligten (Ukraine, Russland, EU, USA) und eventuell die anderen Subjekte (China & Co.) je nach Szenario - Status quo, Eskalation, Konfrontation und Entspannung - kosten könnte. Vielleicht gibt es auch einige Gewinner? Dabei wollen wir besonders die Auswirkungen auf die Konjunktur und die Kapitalmärkte (Börse) diskutieren.

Wir konzentrieren uns auf Trends und nicht auf einzelne Fakten. Bildlich gesprochen, wir versuchen den Wald (die Trends) und nicht die einzelnen Bäume (Fakten) zu beschreiben. Getreu unserer Zielsetzung lassen wir alle politischen Bewertungen außer Acht.

Noch einige Worte zur methodischen Vorgehensweise: Bei unseren Ausführungen werden wir auf Statistiken, Graphiken und einige ökonomische Kategorien nicht verzichten können, obwohl das Buch sich an den Nicht-Ökonomen richtet. Das ist leider die übliche Vorgehensweise in der ökonomischen Analyse, die auf Thesen, Szenarien und häufig auf den Konjunktiv (wahrscheinlich, denkbar, vermutlich) und Kann-Aussagen zurückgreift. „Harte" unkritische Ist-Aussagen kommen nur in Tagesmeldungen vor, die sich von der Analyse dahingehend unterscheiden, dass sie nicht die Frage „Warum?" klären müssen.

Weil ökonomische Aussagen einem Fachfremden nicht auf Anhieb verständlich erscheinen, wollen wir die „trockene Materie" durch eine verständliche Sprache, Alltagsbeispiele und Erfahrungen aus unseren Russland-Aufenthalten auflockern. Darüber hinaus werden Hinweise zu nützlichen Internetquellen gegeben. Wie wir aus unserer pädagogischen Tätigkeit wissen, prägen sich Bilder oft stärker ins Bewusstsein ein als schlaue Tabellen oder Statistiken. Mit diesen „Tricks" hoffen wir dann letztendlich dem misstrauischen Leser, der weder Zeit noch Know-how für die Lektüre von Fachbüchern besitzt, die Thematik näher zu bringen.

Zum Schluss noch eine Anmerkung zur zeitlichen Dimension der Buchthematik: Wir haben die Bestandsaufnahme im Juni 2015 abgeschlossen. Seitdem sind einige Monate vergangen und viele Beispiele werden nicht immer aktuell sein. Unseres Erachtens bleibt der hier aufgezeigt Trend dennoch intakt. Das Thema verliert zwar im Kontext der Diskussionen um das TTIP - Abkommen, die Griechenland-Pleite, die Flüchtlingskrise und den Syrien-Konflikt temporär an Bedeutung. Umgekehrt ist eine kurzfristige Lösung der Ukraine-Krise und eine Neuformulierung der Beziehungen zu Russland aber nicht in Sicht. Wer sich jetzt informiert, kann das Wissen länger nutzen.

Köln, Oktober 2015

2. Das Meinungskartell: Was der Durchschnittsdeutsche über Russland und seine Wirtschaft erfährt

Es ist unstrittig, dass die wirtschaftliche Analyse in der öffentlichen Diskussion über die Ukraine-Krise im Vergleich zur politischen dürftig ausfällt. Das liegt daran, dass ökonomische Themen generell nicht so spannend sind und Spezialkenntnisse erfordern. Jeder Polit-Experte darf sich in einer Talkshow, ohne dabei Gesichtsverlust zu riskieren, über Putins „Aggressionen" aufregen. Wenn er aber erklären soll, was Russland mit seinen Ölmilliarden macht, wird er mit dieser Frage selten etwas anfangen können. Das erinnert uns ein wenig an die Debatten im Bundestag: Bei Themen zur öffentlichen Sicherheit und Terrorismus werden alle Hinterbänkler wach. Stehen dagegen Steuerfragen auf der Agenda, glänzt das Hohe Haus durch Abwesenheit.

Das heißt allerdings nicht, dass sich der Durchschnittsdeutsche kein objektives Bild über den ökonomischen Realitätsgehalt die These vom „russischen Imperialismus" machen kann. Es gibt schließlich nicht nur Talkshows. Umgekehrt hat er eher die Qual der Wahl, weil Informationen im Überfluss vorliegen. Wenn er den richtigen Einstieg finden will, sollte er zwischen der offiziellen und der verfügbaren Information unterscheiden.

Die „politiktreuen" Systemmedien und ihre Tricks

Die in den Systemmedien verbreitete Information wird ihn kaum weiterbringen, weil sie nicht erst seit gestern im Verdacht steht politisch gefärbt zu sein. Hier wird wegen der herrschenden Abhängigkeiten im Mediensektor Vorsicht geboten sein. Äußern sich Journalisten und Fachleute in Artikeln, Kommentaren oder Stellungsnahmen zur Imperialismus-These, so wäre nicht nur beim besagten Personenkreis die Frage nach ihrer wirtschaftlichen Unabhängigkeit zu stellen. Diese Frage stellt leider niemand.

Die erdrückende Mehrzahl der Medienleute vertritt die offizielle Linie des politischen Establishments. Sie ist „linientreu". Die Medienlandschaft vertritt die „Linie" der Politik, weil sie ihre Ruhe haben will und den Status quo bevorzugt. Wer möchte sich schon als Angestellter einer angesehenen Nachrichtenagentur in Zeiten sterbender Verlage oder als Mitarbeiter eines staatlich finanzierten Instituts mit einem Zeitvertrag gegen die „Linie" des Hauses stellen? Wer will schon als Politiker oder eingeladener Emeritus - es gibt Kollegen, die ebenfalls gerne die Ehre hätten im Fernsehen auftreten zu dürfen! - Nachteile in Kauf nehmen und sich die angenehme Profilierungschance entgehen lassen?

Ob die seltenen Auftritte der Kritiker und Opponenten den Vorwurf der Parteinahme der Medien entkräften, ist zu bezweifeln. Die eher raren Zuschauerbefragungen belegen eher das Gegenteil. So wird wohl nach den Regeln der Wahrscheinlichkeitsrechnung ein Normalzuschauer kaum die Chance haben, etwas anderes als die offizielle Meinung zu hören, wenn er zufällig nach Dienstschluss um 20 Uhr seinen Fernseher einschaltet. Wenn der Bürger etwas zum hundertsten Mal gehört hat, glaubt er irgendwann daran. Auch in westlichen Demokratien besteht die Gefahr, dass die vierte Macht im Staate zur fünften Kolonne der Politik wird.

Wie erfährt bei diesen Restriktionen der Durchschnittsdeutsche dennoch, dass es unter seinen Mitbürgern noch eine andere Sicht der Dinge gibt? Wie kann er erkennen, ob und wann er Zweifel an der Objektivität der „Experten" hegen muss?

Das zu beantworten, ist in der heutigen Informationsgesellschaft wohl möglich, wenngleich nicht leicht. Diese gibt ihm zum Glück Instrumente an die Hand, damit er Anhaltspunkte für seine Antworten findet. Das Problem ist nur, dass er die interessanten konträren Meinungen und Standpunkte erst aus dem dichten Nachrichtendschungel der Internetwelt herausfischen muss.

Am Anfang sollte das Misstrauen stehen. Wer misstraut, wird nach Alternativen suchen. Hierzu zwei Beispiele, - die zu Beginn der Ukraine-Krise im Frühjahr 2014 sofort manifest wurden - wie der Fernsehbürger im konkreten Fall vorgeht:

1. Er prüft, ob und wo es markante Abweichungen von der aktuellen „linientreuen" Information der sog. Systemmedien gibt

   Wer viel stöbert erfährt, dass die Mehrheitsmeinung der Bevölkerung nicht zum Tragen kommt, weil Umfragen renommierter Adressen medial ausgeblendet oder nur selten zitiert werden. Er wird zu diesem Zeitpunkt zu Recht gefragt haben, warum die Zuschauer permanent nach ihrer Meinung zu den „Wulf- und Höneß-Affären" und zu brisanten Themen wie dem Ukraine-Konflikt, den Wirtschaftssanktionen gegen Russland oder der Nachrüstung kaum befragt wurden. Ist auf die Redaktionen irgendwo im Hintergrund sanfter Druck ausgeübt worden? Dem aufmerksamen Zeitgenossen werden die peinlichen Patzer nicht entgangen sein, welche den verantwortlichen Moderatoren besser nicht passiert wären. Puzzles fügen sich irgendwann zum klaren Bild zusammen. Schon am 7. Mai 2014 gab es auf ntv eine Zuschauerumfrage, wonach 89% der befragten Deutschen Verständnis für die Politik Putins zeigten! Diese Umfrage wurde am Folgetag nicht mehr wiederholt. Warum wohl? Seit dem letzen Jahr sind Dutzende von ähnlichen Beispielen bekannt geworden, deren Nennung als Beleg für die dubiose Berichtspraxis der Medien überflüssig erscheint.

2. Er prüft, ob eine paritätische Besetzung der Expertenrunde vorliegt und ob dort Wirtschaftsfragen behandelt werden

Auch hier stellt er schnell fest, dass in den Talkshows die Wirtschaftsthemen nur marginal behandelt und mehrheitlich keine Wirtschaftspraktiker eingeladen werden. So ist zu fragen, was eine 27-jährige *Marina Weisband,* Ex-Piraten-Vorstandssprecherin, die als in der Ukraine geborene sich als Maidan - Aktivistin ausgab, in solchen Veranstaltungen zu suchen hatte. Mit welchem Mandat und mit welchem Pass trat die junge deutsche Ex-Politikerin dort im Osten auf? Es wäre weiterhin aufschlussreich, einem heiklen Streitgespräch zwischen einem Vollblut-Politiker und einem im Russland-Geschäft aktiven Mittelständler zuzuhören. Ob der betroffene Unternehmer das „Primat der Politik" und den Standpunkt seines BDI-Verbandes genauso teilt? (Ende 2014 sprach sich zum Beispiel der Bundesverband mittelständische Wirtschaft BVMW - anders als der BDI, der die Großindustrie vertritt - gegen die Sanktionen aus.) Warum besteht in der freien Wirtschaft, wie bei einem politischen Boykott einer Sportveranstaltung, überhaupt Verbandszwang? Noch ein weiteres Beispiel: Wenn heutzutage der Begriff „internationales Recht" so massiv strapaziert wird, wäre interessant zu erfahren, wie sich die Wirtschaftsanktionen mit dem Diskriminierungsverbot desselben vertragen. Die Einladung eines renommierten, unabhängigen Juristen der den deutschen Zuschauer über diese Dinge aufklärt ist längst überfällig. Der ARD-Gebührenzahler hat das Recht, aus dem Expertenmunde zu hören, dass die Wirtschaftssanktionen völkerrechtswidrig sind, weil sie gegen die Welthandelsorganisation (WTO) verstoßen. Frau Merkel weiß das, der Gebührenzahler nicht.

Letztendlich könnten Zuschauer direkt nach ihrer Meinung zu der Glaubwürdigkeit der Talkshow-Gäste befragt werden. Ein Pro-Contra-Zählwerk könnte die Ergebnisse laufend messen und zum Unterhaltungswert der Sendungen mehr beitragen. An elementare Sondierungseinrichtungen, die in anderen, thematisch weniger heiklen Sendungen Standard sind, wird in diesen Top-Sendungen irgendwie nicht gedacht (zufällig oder bewusst?). Stattdessen werden E-Mails vorgelesen, bei denen der „Proportion wegen" einige kritische Stimmen auftauchen. Wer bestimmt die Auswahl dieser E-Mails? Ein Zufallsgenerator? Wie Volkes-Stimmung „da draußen" ist, dürfte der Zuschauer insgesamt wohl kaum erfahren!

Besonders fällt bei diesen Sendungen noch auf, dass viele Experten-Runden nur zum Schein paritätisch besetzt sind. Wenn sich zu vier deutschen Gästen irgendwann ein Gast aus der Ukraine gesellt, wird er die Meinung Kiews und nicht die der Ostukraine vertreten. Ist die acht Millionen Einwohner zählende Ostukraine nicht in der Lage, einen integeren Journalisten zu benennen, der uns endlich die Dinge aus dortiger Sicht präsentiert? Oder stehen alle solche Leute auf der Sanktionsliste der EU? Wurde der zuletzt so häufig wegen seiner Putin-Kontakte kritisierte Altkanzler Schröder in eine dieser Expertenrunden eingeladen?

Die Menge der vielen kleinen Tricks der Medienlandschaft hat es in sich. Nicht von ungefähr wurde der Terminus „Lügenpresse" zum politischen Schlagwort des Jahres 2014 gewählt. Der Druck auf die Abschaffung der 8 Mrd. € hohen Gebühren - damit wäre dem öffentlich-rechtlichen Fernsehimperium mit 20.000 Beschäftigten die wirtschaftliche Basis entzogen - nimmt in der Öffentlichkeit zu. Wir glauben, in nicht wenigen Anstalten und Redaktionen gärt es. Es wird wohl dort en masse offene und versteckte Kulissenkämpfe zwischen Top-Moderatoren und den maßgeblichen Aufsichts- und Eigentümergremien geben. Wann melden sich Insider zu Wort? Die Nachrichten sind voll von Affären über „käufliche Journalisten" - so langsam wird vieles publik.

Eine Wende zum Besseren ist nicht erkennbar. Solange sich kein kapitalstarkes Interesse für ein neues Geschäftsmodell namens „objektive Medien" bildet und die Eigentumsverhältnisse in den öffentlich-rechtlichen Medien und den privaten Medienkonzernen gleich bleiben, wird sich nichts ändern. Dennoch ist der Bedarf nach ausgewogener Meinung laut Umfragen immens. Es ließe sich hier gutes Geld verdienen.

Wir lernen daraus: Hegt der Bürger in den bisherigen Fällen Zweifel an der Objektivität der „politiktreuen“ Systemmedien, so wird er weiter suchen und spätestens in den Blogs die „heiße Spur finden“, wo er sich anderweitig informieren könnte und sollte.

Das Russlandbild in deutschen Medien früher und heute

Das Negativbild des postsowjetischen Russlands hat in der deutschen Öffentlichkeit Tradition und ist nicht nur in Krisenzeiten präsent. Dabei konnte Deutschland aufgrund seiner engen, noch aus der Sowjetzeit stammenden, wirtschaftlichen und gesellschaftlichen Bindungen an das Land immer viele kompetente Korrespondenten (Lothar Loewe, Thomas Roth, Udo Lielischkies, Ina Ruck, Johannes Grotzky, Fritz Pleitgen, Dirk Sager, Joachim Holtz, Anja Bröker, Sonia Mikich) hervorbringen. Per saldo berichteten die Presseleute bis vor einigen Jahren informativ und ausgewogen.

Es muss also etwas passiert sein, dass es heute zu einer solchen Qualitätsverschlechterung kam? Darüber erfahren wir später mehr.

Ab den 1990er Jahren war die Russlandberichterstattung im Grundton von „Stereotypen“ und negativen Bildern geprägt, so vom Bild von Armut und Chaos auf der einen und der superreichen Oligarchie auf der anderen Seite. Diese einseitige Vorstellung hat weitgehend bis heute überlebt, weil das Land den Deutschen, die häufiger Indien und China als den östlichen Nachbarn vor der Haustür besuchten, kaum bekannt ist. Nach der wirtschaftlichen Wiedergenesung in der Putin-Zeit, als diese Bilder nicht mehr haltbar waren, verlagerte sich der Schwerpunkt auf Defizite in Menschenrechtsfragen, Demokratie und Meinungsfreiheit. Parallel fand eine Beschränkung der übrigen unpolitischen Nachrichten auf Meldungen über Katastrophen, Unfälle, Straßenverkehr usw. statt, während positive tiefergehende Berichte zum Verständnis des Lebens in Russland rar wurden.

Positiv dargestellt wurde dagegen nur der kleine, stark westlich fokussierte Teil der Opposition. Auch die Politik der russischen Führung der 90er-Jahre wurde unkritischer gesehen, obwohl diese von der einheimischen Bevölkerung selbst bis in die Opposition genau umgekehrt beurteilt wird. Die große kommunistische Opposition, die über deutlich mehr Anhänger und Sympathisanten verfügt, war auf den westlichen Bildschirmen ebenso wenig präsent. Deutschsprachige Kritiker dieser tendenziösen Berichterstattung wie *Gabriele Krone-Schmalz* und *Alexander Rahr* nennen als Grund die vielfach mangelnde landeskundliche Kompetenz vieler Kollegen und den Trend nach negativen Klischees (Pussy Riot & Co.), der von den Meinungsmachern (hinter den Kulissen?) erwartet wird.

Wir gehen einen Schritt weiter und sehen in dieser Methode knallharte Wirtschaftsinteressen, die von der Politik in die Medien „durchgeleitet" werden. Bei einem Thema wie Russland kann sich der Europäer - anders als zu den vielen EU-Fragen - ohne fremde Nachrichtenhilfe kein ausgewogenes Bild machen (fehlende Sprach- und Landeskenntnisse sowie persönliche Kontakte). Wer demnach die Medien beeinflussen kann, bestimmt, was über Russland berichtet wird, und beeinflusst die Meinung über das Land und die Regierung. Am Fall der Ukraine-Krise werden die Zusammenhänge überdeutlich.

Worum geht es wirtschaftlich beim Ukraine-Konflikt?

Eigentlich hätte nach dem Fall des Kommunismus in Osteuropa in den 1990er Jahren, der Etablierung von Marktwirtschaften und der politisch freien Gesellschaften in dieser Region, der Auflösung des Warschauer Paktes und der Wiedervereinigung Deutschlands eine große Euphorie globalen Ausmaßes ausbrechen müssen. Was läge näher als das neue kapitalistisch und orthodox-christlich gewordene Russland in den Klub westlich orientierter Staaten, konkret als gleichberechtigten Partner in die EU und NATO, aufzunehmen? Nichts dergleichen geschah.

Die Systemmedien sagen natürlich Russland war schuld daran. Hier unsere abweichende Begründung, in einem Satz: Der Sieg über den kommunistischen Altfeind im Osten war aus der Sicht der Wirtschaftsmächtigen im Westen nicht endgültig. Um zu erklären, was damit gemeint ist, bedarf es weiterer Erläuterungen.

Die Weltgeschichte lehrt, dass, sobald ökonomische Vorteile beim Besiegten erzielbar sind, der Sieger auf seine Siegerprämie nicht verzichten will. So wie von der Friedensdividende muss von der Siegesprämie gesprochen werden. Im Falle Russlands bestünde die Prämie im Zugriff auf die Ressourcen des Landes.

Glaubten westliche Konzerne und Finanzkreise in Jelzins Zeiten der 1990er Jahre noch, das „Pramienproblem" löse sich durch das ökonomische Chaos von selbst, so verflog diese Hoffnung mit der Machtübernahme durch Putin schnell. Unter Putin erkannte die neue russische Elite sehr bald die Gefahr, zukünftig von den Finanzzentren in New York und London entmündigt und dirigiert zu werden, und ergriff erfolgreiche Gegenoffensive. Globalisierung hin, globales Dorf her, große nationale Imperien wollen heute genau so präsent sein, wie vor Jahrtausenden und nicht in einem fiktiven „Weltstaat" untergehen. Russland bildet hier keine Ausnahme.

Es wäre vor diesem Hintergrund utopisch zu glauben, bei den heutigen „Konfliktherden" rund um die Ex-Sowjetunion gehe es tatsächlich um die Freiheit in Georgien, in den baltischen Staaten oder in der Ukraine und die westliche Mission der Verbreitung von demokratischen Ordnungen und Menschenrechten in dieser Region.

Geopolitik heißt das alles erklärende Stichwort. Geopolitik und wirtschaftliche Hegemonieabsichten stehen im Russland-Ukraine-Konflikt im Vordergrund mit folgendem Unterschied: Während sich die EU-Konsumgesellschaft und die vornehmlich „friedlichen" Regierungen des alten Kontinents den Ressourcenzugriff in Russland über den Handel und Zusammenarbeit sichern wollen, hofften die US-Eliten und einige verbunden Weltkonzerne, - die wir weiter undifferenziert Kreise nennen wollen - dieses Ziel schneller und billiger zu erreichen.

Sie würden gerne günstige Verträge mit einem „Kranken Mann in Moskau", sprich einer schwachen Regierung abschließen und „ihre Leute" in die russischen Eliten und Machtzentren einschleusen. Erst wenn ganz Russland proamerikanisch wird, wie Osteuropa, ist der Destabilisierungsprozess abgeschlossen - lautet unsere banale Antwort. Russen, wie auch die Chinesen, sind selbstverständlich mit einem solchen pax americana nicht einverstanden.

Geopolitik besteht daher nicht allein aus rauer Macht in Wirtschaft und Politik und muss gar nicht etwas mit Kriegen zu tun haben. Es kann alles viel lautlosen erreicht werden, man denke an die NSA - Affäre. Klappt es aber nicht auf dem friedlichem Wege, bleibt noch die militärische Drohgebärde, zunächst mit der Aufrüstung. Danach sieht man weiter.

Im Falle Russlands versuchen die operativen Vorposten der Kreise dezent über Druck, Vergünstigungen und andere Wirtschaftskanäle (Finanzen, Networks) nicht zuletzt auch den westlichen Medien die große „Informationslinie" über die „Neu-Imperialisten" im Kreml zu diktieren. Die europäische Bevölkerung muss auf die Konfrontation mit Russland vorbereitet werden. Die Idee, die Westbürger mental auf einen neuen Rüstungswettlauf mit Russland einzustimmen, an dem das Putins-Regime, wie vormals die Sowjetunion, letztendlich zu Fall gebracht werden soll, scheint sehr verlockend zu sein ist aber eine einfache Angelegenheit.

Spätestens als das Thema Nachrüstung in die ersten Talkshows und den politischen Alltag Ende 2014 Eingang fand, wurde es für die Europäer ernst. Gott sei Dank, sind diesbezügliche Anstrengungen zunächst eher kleinkalibrig, der destruktive Prozess hat aber eine Zukunftsperspektive, wie die Kriegshysterie in den baltischen Staaten und in Polen zeigt.

Was ist konkret passiert, dass gerade jetzt zur Offensive geblasen wird? Warum nicht etwa vor zehn Jahren als das Putin - Regime noch sehr schwach war? Wir glauben, der Plan wird erstens schon seit langem vorbereitet gewesen sein und - zweitens - die USA waren bis jetzt mit dem Irak und Afghanistan zu sehr „beschäftigt".

In den Nachrichten kursiert bekanntlich eine Zahl von 5 Mrd. USD, die die Kreise für die Etablierung der prowestlichen Ordnung in der Ukraine bislang investiert haben sollen. Die Republik wird als willkommener Anlass und Aufmarschgebiet gegen das unliebsame Putin-Regime aufgewertet. Die (finanzierenden) Kreise werden aber irgendwann Ergebnisse sehen wollen, oder, um umgangssprachlich Bundeswirtschaftsminister *Siegmar Gabriel* zu zitieren, sie verlangen, dass bald „geliefert" wird.

Wer diesem Erklärungsansatz folgt, wird dafür viele Bestätigungen finden. Bereits 2014 referierte US-Vizepräsident *Joe Biden* in einer Harvard - Rede, *Barack Obama* habe darauf bestanden, dass die EU durch die Sanktionen gegen Russland wirtschaftlichen Schaden in Kauf nehme, um Putin zu strafen. Nota bene: Bidens Sohn Hunter sitzt seit einem Jahr im Vorstand des ukrainischen Gasmultis Burisma. Sollte dieser Job dem Junior nach der Entlassung als der US - Navy wegen Kokainbefund neues Ansehen verschaffen?

In einer Zeit, in der viele gerne auf die Geschichte zurückgreifen, sei die Analogie zu China im XIX. Jahrhundert erlaubt. Damals gelang es den westlichen Großmächten – das zaristische Russland war mit von der Partie –, dem Reich der Mitte eben solche ungünstige Handelsverträge aufzuzwingen, mittels derer sich das Land bequem beherrschen und Profite sichern ließen. Die beiden Opium-Kriege, die China von der unumschränkten Hegemonialmacht Asiens zu einer informellen Kolonie westlicher Mächte degradierten, waren im militärischen Sinne denkbar kleine Scharmützel. Den Westmächten ging es primär um die ökonomische Ausbeutung und nicht um einen Krieg oder Beherrschung per se.

So gesehen, ist der Ukraine-Konflikt sowohl für die Warner vor Russlands „Annexionspolitik" als auch für Kritiker der „westlichen Expansionsgelüste" nur eine kleine Episode in dem großen geopolitischen Machtkampf. Die Ängstlichen sprechen von einem Zweiten Kalten Krieg, nicht primär um eine fiktive globale Systemhegemonie, sondern vielmehr um die Ressourcen dieser Erde, wie Rohstoffe, Energie oder Wasser. In diesen Konflikt werden sich wohl bald neue Mächte, wie China, dieses Mal aus der Position der Stärke, einmischen. Das sehen namhafte Ex-Politiker und Investmentbanker genauso wie wir. Alles in allem, vor einem solchen geopolitischen Hintergrund wird so manche heute gen Osten gerichtete Medienattacke verständlicher.

Die herrschende Politik und die Systemmedien verneinen diese Darstellung selbstverständlich. Die Befürworter der realistischen Lagebeschreibung müssen leider den Vorwurf, sie seien einer neuen „billigen Verschwörungstheorie" verfallen, wohl oder übel hinnehmen. Ob diese triviale Erklärung der breiten Öffentlichkeit in Zukunft noch ausreichen wird, bleibt offen. Wir leben in unruhigen Zeiten, in Europa scheint es politisch zu gären.

Der geopolitische Erklärungsansatz erscheint ökonomisch gesehen viel plausibler als der von der Politik und den Medien ausgerufene Imperialismus-Vorwurf gegen Russland. Dieser rote Faden wird sich durch das ganze Buch ziehen.

Die Russland-Information und die Einzelquellen

Kommen wir zurück zum Thema des Kapitels. Abbildung 1 liefert einen Überblick über die deutschsprachigen Informationsquellen, auf die im Internet zurückgegriffen werden kann. Die Auswahl richtet sich in erster Linie an den Nicht-Ökonomen. Sofern die Literatur für Leser mit wirtschaftlichen Vorkenntnissen (WiSO-Studenten, Journalisten, Analysten) bestimmt sein wird, machen wir entsprechende Hinweise.

Dazu folgende Bemerkung: In der heutigen Informationsgesellschaft wird dem Nutzer die Suche nach brauchbarer Information leider nicht erleichtert. Die Gefahr, sich im Dschungel der Einzelaspekte zu verirren, wächst proportional mit der Menge der globalen Interneteintragungen, nicht zuletzt der lustigen Kommentare im Blog-Universum. Umso höher ist der Bedarf an komprimierten Kompendien, die helfen sollen, den Überblick nicht zu verlieren. Wie bei jeder Informationsflut ist dabei zunächst an das simple Ordnungsprinzip (wichtig oder unwichtig) zu denken, bevor die Bewertung (gut, schlecht, zielförderlich, hindernd, risikoreich, ungefährlich) folgt. Dieses Kapitel folgt diesem Ordnungskonzept.

Nach der Erscheinungshäufigkeit und der Informationstiefe lassen sich die Quellen einerseits in reguläre und temporäre und andererseits in Sach- (Artikel, Kommentare, Sachbücher) und Fachquellen (Expertise, Bericht, Report, Fachbuch) einteilen. Die Kombination beider Kriterien in unterer Matrix festgehalten.

Lesern, denen die Komprimierung noch zu umfangreich erscheint, empfehlen wir zum Einstieg kostenlose Internet-Studien von den Investmentbanken (Allianz Global Investors, Deutsche Bank Research, Goldman Sachs) zu beziehen.

Abbildung 1: Informationsquellen zum Thema russische Wirtschaft

	Sachinformation	Fachinformation
reguläre Publikation	Novosti, Russia 24, Sputnik Deutschland, Stimme Russlands, Deutsche Wirtschafts-Nachrichten	Universität Bremen, Bundeszentrale für Politische Bildung, UNCTAD, CIA, IWF, Weltbank, gtai, Bayerische Landesbank
temporäre Publikation	FAZ, Süddeutsche Zeitung, Handelsblatt, Die Welt, Der Spiegel; Bücher bei amazon, Manager Magazin, Capital	Allianz Global Investors, Deutsche Bank Research, Goldman Sachs, AIHK, Unternehmensberatungen, Beilagen im Handelsblatt, Ratingagenturen, youtube, Bücher bei amazon

„Sowjetstudien" und „Amerika-Studien" im Kalten Krieg

Das umfangreiche Angebot von „Sowjetstudien" unterschiedlicher Couleur aus der Zeit des Kalten Krieges (1950 - 1990) scheint sich gegenwärtig auf Russland zu verlagern. Bis vor kurzem war es in den USA für die politische Karriere förderlich, „Sowjetologie" studiert zu haben. Viele westliche Universitäten boten dieses Studienfach als buntes Paketwissen über die Sowjetunion an. Unter anderem war *Condoleezza Rice,* die ehemalige Sicherheitsberaterin und zwischen 2005 und 2009 die US-Außenministerin unter Bush-Junior, von Haus aus eine „Sowjetologin“.

Nach der deutschen Wiedervereinigung wurden viele beamtete, „Ostexperten“, sprich „Sowjetologen“, keinesfalls arbeitslos, sondern, in verschiedenen Ministerien untergebracht. Sie trugen, wie zu besten Zeiten des Kalten Krieges, durch stereotypische Analysen in schwarz-weißen Farben zum alten Russland-Feindbild keine differenzierten Betrachtungen bei. Beim Militär hätte man sie mit den Kalten Kriegern verglichen.

Analog gab es in der Sowjetunion ein, allein den Sprösslingen der Nomenklatur vorbehaltenes Privileg, das renommierte Institut für Amerika- und Kanada-Studien in Moskau, das sog. Arbatow-Institut, absolvieren zu dürfen. Das Studium am Institut war meistens mit einem begehrten USA-Aufenthalt verbunden. Davon konnten die meisten Sowjetbürger nur träumen.

Georgi Arkadjewitsch Arbatow (1923 - 2010) gründete 1967 dieses Kompetenzzentrum an der Akademie der Wissenschaften und war bis 1995 sein Direktor. Während dieser Zeit baute er es zum einzigen Sowjet-Zentrum für die Untersuchung der militärischen, politischen, wirtschaftlichen und sozialen Probleme der USA und Kanadas aus. Arbatow war ein hohes Tier in der Sowjethierarchie: von 1974 bis 1989 Deputierter des Obersten Sowjets der UdSSR und danach Vertreter der Akademie der Wissenschaften. Nachdem er zwischen 1976 und 1990 nur Kandidat des Gremiums war, rückte er schließlich noch von 1990 bis 1991 zum Vollmitglied des mächtigen Zentralkomitees auf. Zugleich war Arbatow von 1985 bis 1997 Vorsitzender des Verbandes der Vereinten Nationen der UdSSR und danach Russlands. Nach dem Zusammenbruch der Sowjetunion arbeitete er als Berater für die Duma und von 1991 bis 1996 für das Außenministerium.

Wie gezeigt, beobachteten sich die „professionellen“ Systemgegner hüben und drüben sehr intensiv. Vielleicht mit dem kleinen Unterschied, dass die Russen in der Regel gutes Englisch sprachen, während die Amerikaner des Russischen selten mächtig waren.

Der Ukraine-Konflikt in den russischen Medien

Der Fairness halber wäre der Darstellung des Ukraine-Konflikts in den deutschen Medien die russische Sichtweise gegenüberzustellen. Unseren Beobachtungen der englischsprachigen Nachrichten auf Russia Today und der russischen Kanäle in der Landessprache (Rossija 1 und Rossija 24) zufolge sind diese Nachrichten phasenweise ebenfalls verzerrt. Ihre Schwächen bestehen oft indem wenig bekannte westliche Medien als „Beweisquellen" oder Personen als „Experten" hochstilisiert werden. Die Unwichtigkeit dieser Quellen kann ein Russe selbstverständlich nicht beurteilen.

Auch finden wir Berichte und Bilder, wie hochkarätige Beamte und Persönlichkeiten der russischen Gesellschaft vor Putin in „etwas unterwürfiger Manier rapportieren" für westliche Standards ein wenig befremdlich. Das ist aber ein anderes Thema.

Insgesamt erreichen die propagandistischen Züge in Bezug auf den Ukraine-Konflikt nicht dieses Maß, wie in unseren westlichen Systemmedien. Wer als Zuschauer das Gesagte prüfen und sich diese Arbeit machen will, sollte eine Zeit lang die russischen Originalnachrichten auf Englisch verfolgen. Für deutsche Leser eignet sich das Magazin *Sputnik Deutschland* ebenfalls als Quelle.

Dazu ein Beispiel: Die Russen sprechen heute - anders als zu den verlogenen Sowjetzeiten - das Wort Wirtschaftskrise in Bezug auf ihr Land offen aus, nennen die sozialen Härten, die staatlichen Hilfen und Milderungsmaßnahmen.

Wenn wir heute das Wort „Propaganda-Krieg" hören, wissen wir, was generell gemeint ist, aber immer noch nicht, wo unsere Medien in diesem Krieg täuschen (lügen). Oder ist es nur ein Angriffskrieg der russischen Propagandisten? Angenommen das würde stimmen, die Russen hätten mit der Propaganda angefangen: Schießen die Westler dann nicht notgedrungen zurück und wenn ja, mit welcher Propagandamunition? Gerade die Frage nach der Munition ist die entscheidende. Vielleicht ist es eine geächtete Munition? Das erfährt der Bürger aus offiziellen Quellen nicht, obwohl diese mit fetten Budgetmitteln ausgestattet sind. Allein die mit Steuergeldern staatlich finanzierte *Deutsche Welle* darf hoffen, ihr Budget auf 280 Mio. € erhöht zu bekommen um an der „Anti - Putin - Front" massiv aufrüsten zu können. Als ob es auf die Menge und nicht auf die Wahrheit und die Argumente ankäme

Es gibt viele andere Unterschiede. So wird in den russischen Medien breiter über die humanitäre Katastrophe, die Flut der russischen Flüchtlinge aus der Ostukraine, die Demonstrationen in Kiew gegen den Krieg im Osten, die Preiserhöhungen, die NATO-Pläne oder die Desertionswelle in der ukrainischen Armee berichtet. Das sind bei uns zum Teil Tabu-Themen! Warum gab es keinen Spendenaufruf in unseren Medien für die Notleidenden in der Ostukraine? Wie gefährlich nah steht die Ukraine am Bankrott (Mai 2015)? Warum wird nur über Griechenland dauernd berichtet! Der obige Fragenkatalog ließe sich beliebig erweitern.

Deutsche Journalisten, die mit ihren russischen Kollegen vor demselben Ort berichten, behaupten häufig, die Russen würden über eine andere „Tatsachenwelt" berichten. Das mag vielleicht stimmen, vielleicht aber auch nicht. Wer garantiert uns, dass die deutsche Sichtweise die richtige ist? Was wenn der hiesige Zuschauer russische Fernsehbilder für glaubwürdiger hielten oder sich bei den nicht gezeigten massiv aufregten? Das würde die Berichtsharmonie stören. Das russische Filmmaterial kommt in unseren Medien so häufig vor wie das Kleingedruckte in einem klassischen Versicherungsvertrag. Von einer Ausgewogenheit (Gleichheit der Waffen) kann hier wirklich nicht gesprochen werden. Das muss alles einen Grund haben.

Für ambitionierte Beobachter herrscht dennoch hüben wie drüben Informationsgleichheit. Anders als zu Sowjetzeiten hat heute in der Internetära jeder Russe ungehinderten Zugang zu westlichen Quellen. Er braucht dabei nicht einmal eine westliche Fremdsprache zu kennen. Die im Land akkreditierten Fernsehsender, Stiftungen, Nachrichtenmagazine, und viele Nicht-Regierungs-Organisationen (NGOs) veröffentlichen auch in seiner Muttersprache. Er findet im Wirtschaftsblatt „RBK daily", wie sein deutscher Nachbar in seinem „Handelsblatt", professionell aufbereitete Wirtschaftsnachrichten. Wie sein Pendant wird er für sein Studium Zeit und Sachverstand benötigen.

Deutschland: Erwartungen über mehr Objektivität wohl gescheitert?

In den öffentlich-rechtlichen Systemmedien wurden Ende 2014 erste Fälle bekannt, in denen sich die Zuschauer gegen das Gebaren der beitragsfinanzierten Medien zu wehren anfingen. Diese Zeichen waren damals sehr ermutigend, die Erwartungen haben sich nach einem Jahr leider keinesfalls erfüllt. Die Begründung ist einfach: Den verantwortlichen Chef-Redakteuren drohen auch bei massiven Verfehlungen keine arbeitsrechtlichen Konsequenzen. So ist verständlich, dass dieser Führungskreis den ersten Sturm der Kritik abwartet und weitermacht wie bisher. Dass damals die Hoffnung auf Besserung dennoch gerechtfertigt war, zeigen die drei Beispiele.

Erstes Beispiel: Der ARD-Programmbeirat hat im Juni 2014 auf die massive Kritik reagiert und die Berichterstattung seines Senders überraschend scharf kritisiert. In der Analyse spricht der Rat von der „tendenziösen Berichterstattung", einer „Voreingenommenheit" und der merkwürdigen Auswahl der Experten, die der Sender zu Wort kommen ließ. Das Dokument gelangte durch Indiskretion an die Öffentlichkeit. Fast keine Mainstream-Zeitung berichtete über das einmalige und ungewöhnliche Ereignis, nur der „Tagesspiegel" und das „Handelsblatt".

Zweites Beispiel: Dem ZDF stellte die Bundestags-Abgeordnete *Gesine Lötzsch* im Juni 2014 kritische Fragen zur Berichterstattung über die Nazi-Bataillone mit SS-Runen in der Ostukraine. Das ZDF reagierte nicht. Später verweigerte der Chefredakteur *Peter Frey* Lötzsch die Antwort, weil ihm der „Unterton" der Fragen missfiel. Auch dieser Fall wurde bekannt und blieb ohne Folgen.

Drittes Beispiel: Auch die Satirewelt hierzulande entdeckte vor Monaten die Ukraine-Berichtserstattung als ein vermarktbares Thema. So scheiterten *Josef Joffe* (ZEIT-Herausgeber) und *Jochen Bittner* (ZEIT-Autor) mit ihren einstweiligen Verfügungen gegen die ZDF-Sendung „Die Anstalt". Beiden ZEIT-Leuten wurde in einer satirischen Kritik indirekt Lobbyismus unterstellt.

3. Die Weltmachtstellung der UdSSR ist durch das heutige Russland nicht mehr einholbar

In diesem Kapitel wird das Wirtschaftspotential der Ex-Sowjetunion mit dem Russland verglichen. Anschließend werden die Potentiale der Sowjetunion und Russlands im jeweiligen Kontext der westlichen Wirtschaft gegenübergestellt. Diese Vergleiche sollen dem Leser die Antwort erleichtern, wie hoch die Wahrscheinlichkeit ist, dass Russland mit einem BIP (Bruttoinlandsprodukt), das unter dem Indiens liegt, sich eine imperiale Geopolitik wirtschaftlich leisten kann.

Bevor es dazu kommt, greifen wir kurz auf die Geschichte zurück: Vor der Präsidentschaft Putins (ab 2000) herrschte in der Sowjetunion die Periode der Zentralverwaltungswirtschaft (1922 - 1985), die von der Perestrojka und der Systemtransformation (1985 - 2000) abgelöst wurde. Die Folgezeit wird als Konsolidierungsära bezeichnet. Die kurze Charakterisierung dieser drei Epochen eignet sich gut als Einstieg in die folgende Fragestellung.

Eine kurze Wirtschaftsgeschichte des Kommunismus: Die Kommando- und Zentralverwaltungswirtschaft (1922 - 1985)

Die Funktionsweise der klassischen Zentralverwaltung, auch Kommandowirtschaft genannt, in wenigen Sätzen zu erklären, ist nicht einfach. Wir versuchen dieses Wirtschaftssystem am Beispiel der Input-Output-Tabelle zu erläutern, die vom russischen Ökonomen und Nobelpreisträger *Wassily Leontief* (1905 - 1999) entwickelt wurde. *Leontief* durfte Anfang der 1920er Jahre nur kurz die sowjetische Realität miterleben und lebte seit 1931 in den USA.

Bereits eine einfache Version seines Konzeptes (Abbildung 2) in einer Matrixform dargestellt, erlaubt die wichtigsten Verflechtungen in einer Volkswirtschaft zu erkennen, die sowohl für Planungs- als auch für Analysezwecke verwendet wurden. Das Instrument liefert nicht nur den Planern, sondern auch den Entscheidungsträgern in einer Marktwirtschaft, so den Finanzexperten, praktischen Nutzen. Wir beschreiben das Tabellen-Konzept deswegen etwas genauer.

Den staatlichen Wirtschaftsplanern und uneingeschränkten Eigentümern der Produktionsmittel lieferte die Matrix mehrere Informationen:

1. Die Verflechtungsmatrix (schraffierter Teil) informiert über die Vorleistungen einzelner Sektoren der Volkswirtschaft, die als Input im Produktionsprozess genannt werden. Im Beispiel: Um 90 Einheiten zu produzieren, muss der Energiesektor 60 Einheiten von der Schwerindustrie beziehen, an die er wiederum 40 Einheiten selber liefert. Die Vorleistungen können in Natur- oder Werteinheiten angegeben und in innerbetriebliche Lieferverträge übertragen werden. Bis in die 50er Jahre stellte die Zentrale Planungskommission der UdSSR für das gesamte Sowjetreich verbindliche Fünfjahrespläne *(Gossplan)* in Naturaleinheiten auf.

Abbildung 2: Wirtschaftlicher Kreislauf in einer Input-Output-Tabelle

Bezug von / Lieferungen an	Energie A	Schwerindustrie B	Leichtindustrie C	Summe	Löhne + Gewinne D	Produktion E
Energie A	30	40	20	90	50	140
Schwerindustrie B	60	50	10	120	60	180
Leichtindustrie C	10	20	20	50	40	90
Vorleistungen V	100	110	50	260	150	410
Mehrwert M	40	70	40			
Aufkommen L	140	180	90			

2. Die Umstellung auf die Wertrechnung ermöglicht die Ermittlung des sektorspezifischen Mehrwertes, der als Summe von Löhnen und Gehältern oder als Differenz zwischen den Aufkommen und den Vorleistungen definiert wird. Der Mehrwert bildet den Output des Produktionsprozesses. Real besteht er aus Verbrauchs- und Gebrauchsgütern der Endnachfrage (Konsum- und Investitionsgütern), formal stellt er eine Einkommensgröße dar, die mit dem Bruttoinlandsprodukt (BIP) vergleichbar ist. Im Beispiel beträgt der Mehrwert in der Schwerindustrie 70 Einheiten (180 - 110). Er darf nicht mit dem am Markt erzielten Mehrwert des Sektors verwechselt

werden. Denn der „Mehrwert" in einer Planwirtschaft könnte im obigen Beispiel theoretisch mit -10 Einheiten negativ ausfallen, wenn die Löhne über die Preise auf 50 von den Planern angehoben worden wären. Da ein „administrativer" Gewinn im kommunistischen Wirtschaftssystem keine echte Bedeutung hatte - es galten sog. weiche Budgetrestriktionen -, konnten jahrzehntelang Verlustbetriebe existieren, die in der Marktwirtschaft längst bankrott wären.

3. Die Berechnung wird durch zentral festgelegte Preise, die keine Marktpreise darstellen, verzerrt. Mittels der zentralen Preispolitik favorisierten die Planer auf Kosten der Konsumgüterindustrie und der Landwirtschaft einseitig die Schwerindustrie, um diese bei der Umsetzung ihrer ehrgeizigen Industriepläne einzusetzen. Ihnen war es möglich, den Mehrwert von einem Sektor in den anderen zu verlagern.

Die Grundversion des Tabellenwerkes lässt sich um weitere Positionen wie Staatshaushalt, Landwirtschaft, Dienstleistungen oder Auslandsverflechtung, die in der autarken Sowjetunion quasi unbedeutend waren, erweitern. Es müssten nur entsprechende Spalten hinzugefügt werden.

In der Praxis erfolgte somit die Kontrolle des sowjetischen Staates über die Wirtschaft auf lückenlose Weise. Eine „Planung von unten" durch Einbeziehung der Betriebe in den Anpassungsprozess von Zielen und Mitteln kam niemals über das Stadium der Theorie hinaus. In einer tabellarischen Form wurde der Plan als normativer Akt niemals veröffentlicht. Der Sowjetbürger erfuhr in der *Prawda* nur Allgemeines über die „Richtlinien zur sozioökonomischen Entwicklung des Landes". Andererseits war die Denkweise in „Tabellen-Kategorien" bei kommunistischen Kadern fest verankert.

In der viertausend Jahre alten Wirtschaftsgeschichte der Menschheit war das System der Zentralverwaltungswirtschaft ein einmaliger Vorgang. Selbst während der Nazi-Herrschaft in Deutschland blieb das private Eigentum an Produktionsmitteln bis auf die massiven Enteignungen jüdischen Kapitals unangetastet. Die gleichermaßen omnipotente Beherrschung der Wirtschaft durch den Staat vollzog sich im Nazi-Staat nicht über den Plan, sondern über das engmaschige Auftragssystem und die Zwangsmitgliedschaft des Managements in der NSDAP.

Eine vollkommene Kontrolle existierte allerdings nur in der Theorie. In der Realität blieb den Planern hinsichtlich der wirtschaftlichen

Information mehr verborgen, als ihnen bekannt war. Somit hatte ihre Beherrschung der Wirtschaft de facto nur formalen Charakter und war von Bürokratie und Misswirtschaft geprägt. *„Wer alles kontrolliert, weiß nichts"* - besagt ein altes Sprichwort.

Dafür gab es fünf wichtige Gründe:

1. In einer Welt der jährlichen Planerhöhungen - der Sachverhalt entspricht dem Wachstum in Marktwirtschaften, wo es aber nicht „verordnet" wird - entwickelten die bevormundeten Staatsbetriebe unzählige „Absicherungstaktiken". Jahrzehnte langt herrschte die Taktik, den Plan „mäßig" überzuerfüllen, um sich einerseits die Prämien zu sichern, andererseits die Ausgangsbasis für das Folgejahr nicht zu strapazieren. Wegen dieser Hinhaltetaktik blieben das wahre Leistungspotential der Staatsbetriebe, ihre Reserven an Sach- und Humankapital, die illegalen außerplanmäßigen Verflechtungen und die informellen Netzwerke dem Zentrum zu jedem Zeitpunkt verborgen. Zudem dachte das Planungszentrum streng in „linearen" Kategorien; sinkende Verbrauchskoeffizienten, Kostensparen und -degressionseffekte (Skalenökonomie) bei steigenden Ausstoßmengen waren ihm unbekannt.
2. Unerwartete Engpässe an neuralgischen Engstellen sowie nicht kompatible Planvorgaben brachten immer wieder das fragile Plangefüge in Gefahr. Denn jede Zahlenänderung in der Matrix hatte aufgrund bestehender Interdependenzen iterative Anpassungen zur Folge. Wäre in der Abbildung 2 dem Energiesektor eine Planerfüllung von nur 10% auf 110 Einheiten zentral auferlegt, würde dieses Ergebnis keine Planerhöhung von 15% in der Schwer- und Leichtindustrie ohne eine entsprechende Verbrauchssenkung verkraften. Im Zentralplan wurden Jahr für Jahr Reserven eingebaut, von deren Höhe die untergeordneten Wirtschaftssubjekte nichts erfuhren. Unterschiedliche Wachstumsraten für einzelne Wirtschaftssubjekte gehörten zum planerischen Alltag und verletzten das Linearitätsprinzip. Sämtliche Betriebsengpässe blieben in allen Planungshierarchien ein streng gehütetes Geheimnis, zumal die Schwachstellen häufig wechselten. Als ein weiterer gravierender Störfaktor erwiesen sich die extrem intransparenten Leitungsstrukturen. Wenn der Plan scheiterte, gab es viele Schuldige, so nicht zuletzt das ungünstige Wetter. Wurde er übererfüllt, war dieser Erfolg auf die Überlegenheit der sozialisti-

schen Plan- gegenüber der kapitalistischen Marktwirtschaft zurückzuführen.

3. Wer aus dem Prinzip der zentralen Wirtschaftslenkung schließt, Schwankungen der Wirtschaftsleistung, insbesondere bei den Investitionen - der Fachbegriff „Konjunkturschwankungen" wurde aus ideologischen Gründen gemieden -, seien in einer klassischen Planwirtschaft nicht existent gewesen, der irrt. Fundierte ökonometrische Studien belegen, dass besonders in der Volksrepublik Polen, in der Sozialismus recht eigenwillig interpretiert wurde, extreme Investitionszyklen vorkamen.
4. Letztendlich existierte kein noch so raffiniertes Tabellenwerk, das einen reifen Markt wegen dessen Komplexität (Hunderttausende von Unternehmen, Millionen von Produkten und Dienstleistungen) annähernd ersetzen konnte. Die Planungsmaschinerie wäre auch ohne den Zerfall der Sowjetunion im kommenden EDV-Zeitalter im eigenen Kommando-Dschungel und Zahlenchaos untergegangen, abgesehen davon, dass Befehle in der Theorie auszusprechen und diese in der Praxis realisieren zu lassen zwei verschiedene Paar Schuhe sind.
5. Schließlich ignorierten die Planer in ihrem Voluntarismus und Wachstumsrausch die extremen Umweltverschmutzung und betrieben jahrzehntelang extensiven Raub an Mensch und Natur. Die Wachstumsbarrieren hätten, wäre das System nicht von innen zusammengebrochen, früher oder später ihre Bremswirkung gezeigt. Das Austrocknen des Aralsees in Mittelasien, von der Größe Irlands, infolge hemmungslosen Abzweigens von Wasserressourcen für die Bewässerung der Baumwollplantagen liefert hierfür ein markantes Beispiel.

All diese Hürden waren den Entscheidungsträgern im Kreml sehr wohl bewusst. Schließlich zählten die Planer zu den intelligenten Leuten, und die Russen hatten schon immer brillante Mathematiker.

Weil die Zentralverwaltungswirtschaft sich in der Realität als eine Mangelwirtschaft herausstellte, versuchten die Chefplaner die systemimmanenten Planungsmängel durch die Bildung von wenigen überdimensionalen Wirtschaftseinheiten, den bekannten Kombinaten („sozialistische Konzerne"), zu umgehen. Nach dem Motto: „Weniger lässt sich besser steuern und kontrollieren", entstanden im ganzen Sowjetreich wirtschaftliche Kolosse mit breit verzweigten sozioökonomischen Netzwerken, die das ökonomische Bild ganzer

Regionen bestimmten. Es war schon mehr, als wenn wir heute sagen: „Die Stadt Wolfsburg lebt von Volkswagen!".

Selbst eine extreme Kommandowirtschaft, wie die sowjetische, war nicht mit völliger Abwesenheit von wirtschaftlicher Leistung und technischen Fortschritts gleichzusetzen. Die massive Konzentration der Investitionen auf Prestigeprojekte, die Schaffung von Technologieinseln in der Raumfahrt und der Rüstungsindustrie ermöglichte es den Planern, auf wenigen Gebieten mit dem Westen zu konkurrieren. Die Frage des dabei ausgeübten Zwangs - die Erfinder der russischen Raumfahrt und Atombombe *Sergej Koroljow* oder *Andrej Sacharow* waren de facto Gefangene - hat eine moralische Dimension und darf mit den erzielten Ergebnissen nicht verwechselt werden.

Beim heutigen Vergleich der Wirtschaftsleistung von Indien und China wird heftig diskutiert, ob für ein Entwicklungsland die Demokratie oder die Autokratie der bessere Entwicklungsweg sei. Im Kleinformat zeigte das Experiment Ungarns am anderen Ende des Ost-Imperiums in den Zeiten des sog. Goulasch-Kommunismus (1978 - 1989) - neidische Ostblocknachbarn sprachen damals vom „sozialistischen Paradies" -, dass eine intakte Marktwirtschaft und ein kommunistisches Einparteiensystem sich nicht widersprechen. Dass die Rot-Chinesen Ungarn kopiert haben, gilt allerdings als unwahrscheinlich.

Glasnost und Perestrojka unter Gorbatschow (1985 -1991) und Transformation unter Jelzin (1991 - 2000)

Die russischen Wörter „Glasnost" und „Perestrojka" erlangten Weltruhm und gaben der Liberalisierungsära unter Gorbatschow ihren Namen. Die Periode stand ganz im Zeichen der politischen und wirtschaftlichen Systemreformen, die völlig unerwartet für ihre Väter und den Westen mit einem breiten Wirtschaftskollaps endeten. Die Folge war das friedliche Verschwinden der mächtigen Sowjetunion von der Weltbühne ohne den befürchteten Atomkrieg.

In wenigen Stichworten ausgedrückt, sah der wirtschaftliche Teil des Liberalisierungskonzeptes (Transformation) unter *Gorbatschow* eine schrittweise Lockerung der zentralen Planvorgaben bis zu ihrer völligen Dezentralisierung in der Leichtindustrie, eine unklar definierte „Eigenverantwortung" der Betriebe, die Auslandsöffnung durch Vergabe von Exportlizenzen und eine sukzessive Gewerbefreiheit vor. Umgekehrt sollte an zentralen Preisvorgaben und den staatlichen Eigentumsrechten nicht gerüttelt werden. Wider Erwarten entwickelte dieser „verhinderte Versuch der Markteinführung" im ganzen Sowjetreich eine nicht mehr zu bremsende Eigendynamik und endete in einem ökonomischen Chaos. Dieser Zerfallprozess konnte nicht aufgehalten werden, zumal keine Gegenmedizin weltweit bekannt war.

Ob die immensen Erhaltungskosten des Ostblockimperiums und die spätere destruktive Wirkung der politischen Wirren der Jahre 1990 - 1991 (Produktionsausfälle) den eigentlichen Auflösungsprozess der mächtigen Sowjetunion hervorriefen oder ihn lediglich verstärkten, ist genauso strittig wie unwichtig. So oder so, das neue Russland stand im Jahr seiner Gründung im Dezember 1992 vor einem wahrhaftigen Abgrund.

Welche Dimension der Kollaps erreichte und was danach *Boris Jelzins* (1991 - 2000) in hektischen Rettungsmaßnahmen bewirkte, lässt sich anschaulich anhand der Erfüllung der Kriterien des sog. „Washingtoner Konsens" beschreiben. Dieses alte Reformkonzept der Weltbank und des Internationalen Währungsfonds (IWF) nennt einen Maßnahmenkatalog, der von den Entwicklungsländern als Bedingung für den Erhalt von Krediten und technischen Hilfen beim Aufbau ihrer Markwirtschaften erfüllt werden muss. Häufig wird in diesem Zusammenhang vom „IWF-Diktat" gesprochen, so zuletzt 2015 von der griechischen Regierung.

Russland war bis zur restlosen Tilgung seiner IWF-Kredite in 2005 Nutznießer dieses Hilfsprogramms. Im Unterschied zu den meisten Entwicklungsländern zeigte jedoch seine temporäre Abhängigkeit von westlichen Geldgebern eher marginale Züge. Es gelang ihnen zu keinem Zeitpunkt, einen diktierenden Einfluss auf dessen Sozial- und Wirtschaftspolitik zu nehmen. Von den IWF-Auflagen war im Land also kein wirklicher Reformdruck zu erwarten. Ungeachtet dessen behaupten einige Experten, Russland hätte die Krise der 90er Jahre ohne preiswerte Energie, eben die IWF-Kredite und die von der Sowjetunion geerbten Produktionsbasis nicht überleben können.

Hat also der Westen Russland vor dem endgültigen wirtschaftlichen Untergang gerettet? Um diese Frage zu beantworten, ist es sinnvoll, die einzelnen Schritte Jelzins Rettungspolitik genauer zu studieren.

- **Liberalisierung**

  Der Washingtoner Konsens verlangt von den Kreditnehmern eine Liberalisierung der Preise, des Unternehmenswettbewerbs und des Außenhandels. Diese Maßnahmen wurden im neuen Russland aus wirtschaftspolitischen und regionalen Gründen entweder massiv verhindert oder verzögert. Die regionalen Gouverneure, die nach dem Zusammenbruch der Moskauer Zentrale das entstandene Machtvakuum füllten, versuchten den verordneten Wettbewerb durch Kontrollen, Subventionen und Handelsbeschränkungen zu umgehen. *Russland ist groß, und der Zar ist weit!* - besagt ein altes russisches Sprichwort, das sich die Lokalmatadore bei der Verweigerungspolitik auf die Fahnen schrieben. Insbesondere die sensible Preisliberalisierung verlief nur halbherzig. Einerseits erstreckte sie sich auf die billigen Energiepreise im Inland. Andererseits wurden die aus dem dualen Preissystem (niedrige Energiepreise im Inland versus hohe Weltmarktpreise im Export) resultierenden Top-Gewinne weitgehend weggesteuert.

- **Inflationsbekämpfung**

Der Konsens setzt für eine funktionierende Marktwirtschaft im Preisbereich, neben der Liberalisierung eine Preisniveaustabilität voraus. Andere Ziele, wie solides Wachstum, hohe Beschäftigung und eine ausgeglichene Leistungsbilanz, die wir Deutschen noch vom Stabilitätsgesetz von 1967 kennen, werden in Regelwerk nicht genannt. Während der Perestrojka erlebte Russland auch im Inflationsbereich eine regelrechte Berg- und Talfahrt. Obgleich es Dutzende von Theorien über die Inflationsursachen gibt, sind für Russland die gleichen Gründe für die anfängliche Hyperinflation (37% in 1999) wie in den übrigen Transformationsländern maßgeblich. Hier traf im wirtschaftlichen Chaos die aufgeblasene Nachfrage durch unterlassene Betriebsinsolvenzen und der krampfhafte Schutz von Arbeitsplätzen, begleitet von hohen Staatsdefiziten, auf ein ständig verringertes Angebot und zwang die Wirtschaftspolitiker zu immer neuen Gelddrucken. Das konnte nur in einer Inflation enden. Der Negativtrend wurde zusätzlich durch extreme Steuerhinterziehung (die aufgeblähte Geldmenge wurde zu wenig abgeschöpft), importierte Inflation (USD-Überschüsse werden in Rubel getauscht und gelangen zusätzlich in den Kreislauf) und den weitverbreiteten Barter (geldloser Tausch) massiv verstärkt.

Letztendlich hat das Land den Kampf gegen die Inflation durch die Einführung der überfälligen Währungsreform (unten), als am Kapitalmarkt temporär Zinssätze von 150% gezahlt wurden, gewonnen. Dieses Kunststück ist allen Transformationsländern gelungen und somit nicht wirklich ein spektakuläres Ereignis. Die Inflation ist heute kein globaler Entwicklungsbremser mehr. Stattdessen rückt die Bekämpfung der Massenarbeitslosigkeit an die erste Stelle der wirtschaftspolitischen Prioritätsliste.

- **Privatisierung**

Die Perestrojka und Liberalisierung haben das Entstehen neuer privater Unternehmen nur de jure gefördert. De facto ist das Ergebnis bescheiden geblieben. Eine begeisterte Gründungswelle und das Entstehen einer Mittelklasse waren nicht zu erkennen. So fällt in heutiger Zeit im internationalen Vergleich der Anteil kleiner und mittelgroßer Firmen in Russland bescheiden aus. Mit welchen „Sorgen" die wenigen neuen Wirtschaftssubjekte zu kämpfen haben, wird im nächsten Kapitel beschrieben.

Der landesweite Privatisierungsprozess der Großunternehmen über freihändigen Verkauf, Auktionen und die Verteilung von Privatisierungsgutscheinen unter die Bevölkerung verlief auch hierzulande in einem wenig fairen und transparenten Umfeld und damit ähnlich wie in den übrigen Transformationsländern. In den chaotischen 90er Jahren entstanden die großen Vermögen der russischen Oligarchen, die sich nachweislich weder damals noch heute durch Schaffung neuer Arbeitsplätze oder andere volkswirtschaftlicher Sonderleistungen hervortaten. Derartige Chancen einer intransparenten Vermögensschaffung bieten sich nun einmal in Jahrhunderten.

Von Jelzins konzeptionsloser Privatisierungspolitik blieb der Energiesektor nicht verschont, in dem die Eigentumsrechte sukzessiv in die Hände der Oligarchen und anderer skurriler Personen wechselten. Die Besitzanteile konnten potentiell schnell ins Ausland gelangen. Die Gefahr war real, dass der russische Staat sein größtes Faustpfand, den Zugriff auf die Ressourcen des Landes, vor allem auf die Erdgas- und Erdölreserven in Sibirien, verlieren würde. Vor dem Hintergrund dieser existenziellen Bedrohung werden die intransparenten und rechtlich „unfairen" Reprivatisierungsmaßnahmen in der Amtszeit Putins von seinen Befürwortern begründet. Bei diesen Praktiken unterscheidet sich Russland deutlich von den meisten Ex-Ostblockländern, die viele Zweige ihrer Volkswirtschaften an das Ausland zuerst verloren und danach keine Verstaatlichungen mehr unternommen haben. Diese Staaten büßten auf immer die Kontrolle über breite Teile ihrer Wirtschaft. In einigen Fällen blieb in bei der symbolischen

Bestrafung einiger Reprivatisierungsminister, falls sich diese nicht mit den unterschlagenem Vermögen rechtzeitig in ein Steuerparadies abgesetzt haben.

- **Institutionen**

Der Katalog der Washingtoner Vorgaben stellt in diesem Punkt ein buntes Sammelsurium von Standards auf, die die Ordnungspolitik des Reformlandes erst mit Leben zu füllen haben. Er reicht von der Aufgabendefinierung für Finanzämter, den Rechten der Wettbewerbshüter bis hin zur Regelaufstellung für Verbände, Beratungsgesellschaften, Institutionen und selbst den Verbraucherschutz. Interessanterweise werden Banken und Finanzinstitute hiervon ausgenommen. Wie es in der Praxis dann weitergeht, hängt vom Umsetzungswillen der Wirtschaftspolitik ab. Formal gesehen, wird der Leser in Russland keine Wirtschaftsinstitutionen finden, die es nur im Westen gibt. Wie mangelhaft oder effizient die Mehrzahl dieser Einrichtungen funktioniert, steht auf einem anderen Blatt geschrieben.

Mit dem Ablauf der zweiten Amtszeit Jelzins als russischer Staatspräsident in 2000 endete die von Gorbatschow eingeleitete Transformationsära. Im Ganzen gesehen, war die fünfzehnjährige Periode von einer in der russischen Geschichte unbekannten Schwäche der Staatsmacht begleitet. Einige moderne Historiker vergleichen sie mit den Schreckenszeiten nach dem Tod Iwans des Schrecklichen (1547 - 1584), die bis zur Gründung der Romanow-Dynastie 1613 andauerten, oder den blutigen Jahren nach der Großen Oktoberrevolution, die im Bürgerkrieg (1918 - 21), der Intervention westlicher Mächte in Russland und letztendlich mit der kommunistischen Machtübernahme endeten. Das wird übertrieben sein, ein Chaos lässt sich aber nicht messen sondern nur beschreiben.

Warum ist die Transformation unter Jelzin gescheitert?

Allen Bemühungen zum Trotz konnten die Schocktherapien, Reformversuche und IWF-Hilfen einen wirtschaftlichen Crash der Ex-Weltmacht Ende der 90er Jahre nicht mehr aufhalten. Der vernichtende Zusammenbruch ist mit der Weltwirtschaftskrise 1929 - 1933 in der westlichen Welt durchaus vergleichbar. Wenn wir seine Dimension unten beschreiben, wollen wir den Leser nicht mit unendlichen Statistikkolonnen über die Maßen strapazieren. Ausgewählte Bilder, Impressionen und wenige Zahlen mögen ausreichendes Anschauungsmaterial liefern.

Was war konkret passiert?

- **Die demographische Katastrophe**

Infolge des Zerfalls der Sowjetunion 1991 halbierte sich die Einwohnerzahl im Nachfolgestaat Russland von 290 Millionen auf 148,5 Millionen. In den Folgejahren setzte ein dramatischer Bevölkerungsschwund ein, der erst mit einem Tiefstand von 141 Millionen in 2009 zum Stillstand kam.

Generell ist eine hohe Einwohnerzahl keine automatische Bedingung für eine starke Wirtschaft. Problematisch wird die Situation erst dann, wenn eine „kränkelnde Wirtschaft" von einer „ungesunden Demografie" begleitet wird. Zu den wichtigsten demographischen Krankheitssymptomen zählten hier neben der schrumpfenden Erwerbsquote die fallende Lebenserwartung und Geburtenrate, eine ungünstige Alterspyramide (hoher Anteil älterer Bevölkerungsschichten über 50 Jahre), eine negative Migrationsbilanz, der Mangel an Spezial- und Fachkräften und der hohe Krankenstand. Nach der Volkszählung von 2010, die wieder 142 Millionen Einwohner ergab, scheint Russland zuerst „vor dem Aussterben" gerettet zu sein.

Nicht nur Russland allein, sondern wieder einmal die meisten Transformationsländer Ost- und Mitteleuropas mussten diesen schmerzlichen Prozess der „kranken" Demographie durchleben. Allen ist gelungen, das Problem mit staatstherapeutischen Mitteln zu bekämpfen. Heute führen die osteuropäischen EU-Länder ihre Wirtschaftsdynamik primär auf das Humankapital zurück, einem Symptom der „gesunden" Demographie.

- **Massive Verluste an Produktionskapital**

Die Sowjetunion war für ihre Gigantomanie auf allen Gebieten, so nicht zuletzt in der Wirtschaft, weltbekannt. Die vorgestellte Entwicklungsdoktrin der Planer favorisierte, wie wir wissen, die Investitionen auf Kosten des Konsums und der Landwirtschaft. Besonders während der stalinistischen Zwangsindustrialisierung versuchte das Ostreich, mit Kraftanstrengungen den Rückstand zum Westen binnen einer Dekade aufzuholen. Dieses Kunststück wäre trotz einer Vollmobilisierung des Arbeitskräftepotentials nur durch eine sprunghafte Schaffung eines Produktionskapitals zu schaffen – das war den Planern bekannt.

Produktionskapital fällt allerdings nicht vom Himmel, es muss erst im mühsamen Investitionsprozess geschaffen werden, was mit herbem Konsumverzicht einhergeht. Im Unterschied zu den Kapitalisten im Westen glaubten die roten Machthaber bei ihrem Entwicklungsweg nicht, durch irgendwelche „ökonomischen Gesetze" wie Nachfrage-, Angebots- und Finanzierungsbarrieren gestört zu sein. Restriktionen und Knappheiten waren für sie einerseits keine Fremdworte, sie wurden andererseits von den Demagogen in den kommunistischen Reihen ignoriert. Im Ergebnis entstanden gigantische, auf der Basis der inländischen Technologie arbeitende Industriekomplexe, die das industrielle Herzstück der bekannten Kombinate bildeten.

Mit dem Systemzusammenbruch, dem Auseinanderreißen des Zulieferungsnetzes und dem Ausbleiben der lebensnotwendigen Erhaltungsinvestitionen generierten in den 1990er Jahren ganze Industriekomplexe - schwerpunktmäßig in West-Sibirien - zu wahren Investitionsruinen („Geisterstädte"). Schätzungen zufolge verlor Russland damals zwischen 35% und 40% seines Produktivvermögens. Zwar stehen in jeder Konjunkturbaisse die Fabriken auch im Westen still. In der Erholungsphase wird das Produktivkapital jedoch wieder reaktiviert. In Russland kam diese Belebung wegen beschriebener Überdimensionierung, der Dauer der Krise, leerer Staatskassen und vor allem aufgrund der Verschiebung der wirtschaftlichen Prioritäten nicht mehr in Frage. Die Sachkapitalbasis ging endgültig verloren.

Nach obiger Rechnung erwiesen sich die Rettung von zwei Dritteln und die Aufopferung von einem Drittel des Rest-Produktivvermögens durch zentrale Notmaßnahmen als die einzige realistische Überlebensstrategie. Der Normalbürger im Westen bekam von diesem Zerfalldrama wenig mit. Einige heute vergessene Fernsehberichte über die Verstrahlungsgefahren, die von maroden sowjetischen Atom-U-Booten in Murmansk ausgingen, reflektieren allenfalls einen kleinen Ausschnitt dieses entfernten Untergangsszenarios. Im Sommer 1991 durften die Autoren auf dem Ausflug mit dem Wasserboot nach Kaliningrad (früher Königsberg in Ostpreußen) im Hafen von Baltijsk (früher Pilau) zum ersten Mal einen wahren Schiffsfriedhof der vormals stolzen Baltischen Flotte bestaunen.

Exkurs: Investitionsruinen und andere optische Bilder über Wirtschaftsverfassung

Nota bene sind Investitionsruinen kein unikales Wesensmerkmal der kommunistischen Misswirtschaft, sondern kommen auch im Westen vor. Wer sich auf Youtube die Bilder der verwahrlosten Straßenzüge im amerikanischen Detroit nach den Auswüchsen der US-Immobilienkrise (*subprime*) anschaut, versteht, wohin unterlassene Erhaltungsinvestitionen führen. Auch die BBC-Sendung „Die Erde nach den Menschen" schildert auf beeindruckende Weise, was aus unserer materiellen Zivilisation wird, wenn der Mensch vom blauen Planeten verschwinden sollte. Bilder können viel über den Zustand einer Volkswirtschaft aussagen. Gutes wie schlechtes. Ein Fluggast wird bei wolkenlosem Wetter durch den Fensterblick nicht minder wertvolle Eindrücke über landwirtschaftliche Aktivitäten am Boden gewinnen. Die NASA-Bilder der Erdkugel bei Nacht, auf denen sogar das Licht eines einzelnen Schiffes erkennbar wird, sind ein guter Indikator, wie die wirtschaftlichen Potentiale rund um den Globus verteilt sind. Aus einem Zeitvergleich lassen sich Schlüsse auf die Dynamik einzelner Weltregionen gewinnen.

- **Der Niedergang der Landwirtschaft**

Die jetzt kommenden Zahlen sind nicht weniger erschreckend. Die Agrarproduktion fiel in Russland bei einer in etwa unveränderten Beschäftigung Ende der 90er Jahre um 45%, weil Mittel für die Instandhaltung des Maschinenparks und Dünger fehlten. Hungersnöte drohten. Da sich viele Agrarbetriebe auf die Bewirtschaftung der ertragsreichsten Böden beschränken mussten, verödeten 30 Millionen Hektar oder 300.000 km^2 der landwirtschaftlichen Nutzfläche. Das entspricht dem doppelten Agrarareal der Bundesrepublik. Den Dolchstoß brachte dem Sektor die Verfünffachung der Einkaufspreise für Saatgut, Dünger und die Erntemaschinen. Dessen ungeachtet verlief die Entwicklung in der Landwirtschaft extrem ungleichmäßig, in der auch einige wenige Gewinner registriert wurden, wenngleich sie keine echten Agrar-Oligarchen hervorbrachte.

- **Einkommensabsturz, Verarmung und soziale Schocks**

Die bisherige Lagebeschreibung bezog sich auf die Ressourcen. Ressourcen sind eine notwendige, wenngleich nicht ausreichende Bedingung, damit Wirtschaftssubjekte „wirtschaften" und Löhne und Gewinne erzielen können. Zwischen den Ressourcen und den wirtschaftlichen Aktivitäten gibt es viele Zusammenhänge. In Zeiten in denen Ressourcen brachliegen, erlahmt die Wirtschaftsaktivität und umgekehrt.

In Russlands Krisenjahren überlagerten und behinderten die Ressourcen und Aktivitäten gegenseitig, was zum extremen BIP-Rückgang um 42,8% im Zeitraum 1989 bis 1998 führte. Diese Zahl belegt, dass die Krise für das Land eine vergleichbare Dimension erreichte, wie 1929 - 1933 die Weltwirtschaftskrise für die westlichen Nationen. Vielleicht mit dem Unterschied, dass die erste Krise nach vier Jahren vorbei war, während die Russland-Krise die ganze Dekade der 90er Jahre andauerte.

Die sozialen Folgen waren katastrophal. Die Beschreibung der dramatischen Bevölkerungsverelendung, des Zusammenbruchs der sozialen Infrastruktur und weiter Bereiche des öffentlichen Lebens würden schnell mehrere Seiten füllen. Den interessierten Leser verweisen wir auf die „Spiegel"-Artikel aus dieser Zeit, die er beim Verlagsarchiv kostenlos abrufen kann.

Die älteren unter uns werden sich in diesem Zusammenhang noch an die Russlandshilfe dieser Tage erinnern, als Millionen Deutsche Lebensmittelpakete in den notleidenden Osten schickten. Es bedarf keines weiteren Kommentars, wie bedrohlich und beschämend die Versorgungslage sein musste, wenn eine noch vor kurzer Zeit so stolze Weltmacht diese Gaben vom ehemaligen Klassenfeind dankend annahm.

Im Übrigen, die Anfänge solcher sozialer Schocks werden auch in der Ukraine und in Griechenland sichtbar, die ebenfalls zu den IWF-Krediten gegriffen haben. Ist da nicht etwas dran, wenn dessen Rezepte in Frage gestellt werden?

- **Pawlowsche Währungsreform 1991 und Freigabe des Rubelkurses 1998 (im Klartext: Staatsbankrott)**

Walentin Pawlow, Ministerpräsident unter Gorbatschow, gab am 22.01.1991 die Währungsreform bekannt, wonach nur 1.000 Rubel in neue Scheine umgetauscht werden durften. Diese scharfe Geldabschöpfung dämmte zwar die Inflation ein, bedeutete aber faktisch eine Enteignung breiter Bevölkerungskreise. Sieben Jahre später, 1998, konnte die hochverschuldete russische Regierung den unrealistisch gewordenen Kurs des Rubels nicht länger verteidigen, den sie vergeblich mit den 5 Mrd. USD der IWF-Hilfsgelder zu stützen versuchte. Der Vorgang kam einer zweiten

Enteignung gleich, da die meisten Vermögenswerttransaktionen (Wohnungen) in Devisen erfolgten. Am 17. August 1998 erweiterte sie den Dollar-Korridor des Rubels so weit, dass dieser de facto einer Abwertung der Währung gleichkam. Der USD durfte danach zwischen 6,0 und 9,5 Rubel gehandelt werden. Zuvor konnte er um den Mittelwert von 6,2 Rubel, maximal um 15 % schwanken. Gleichzeitig wurden Rückzahlungen privater Auslandsschulden für 90 Tage ausgesetzt und die Bedienung kurzfristiger Staatsanleihen eingestellt. Die spätere offizielle Freigabe des Wechselkurses führte zu einer erneut starken Abwertung des Rubels mit einem Wertverlust von bis zu 60%. Die Extremmaßnahme verteuerte den Schuldendienst der Geschäftsbanken bei Krediten in Fremdwährung erheblich und führte zu einem Sturm der Privatanleger auf die Banken. Bis sich die Lage in einigen Monaten beruhigte, musste ein Großteil der Geschäftsbanken unter diesen Bedingungen Insolvenz anmelden.

Die Konsolidierungszeit unter Putin und Medwedew nach 2000

Es ist unstrittig, dass ab 2000 in der Ära Putins Russland in einem bis heute andauernden Konsolidierungsprozess die Krise in politischer, sozialer, aber vor allem in ökonomischer Hinsicht sukzessive überwindet. Ob die Sanierung unter einer anderen politischen Führung schneller und besser (demokratischer, gerechter?) voranginge, bleibt zu bezweifeln. Auf jeden Fall hatte die Wende sicherlich mit einer anderen Wirtschaftspolitik zu tun. Es ist gut vorstellbar, dass Russland Putin als „Retter in der Not“ sehen und ihm posthum Denkmäler aufstellen wird.

David Lane (Universität Cambridge) - wohl einer der ersten Putin-Versteher - kam schon vor gut zwanzig Jahren auf den Punkt, wenn er mit der These vom Übergang von der „Politik des (neoliberalen) Minimalstaates“ zur „korporatistischen Wirtschaft“ den Unterschied zwischen der Ära Jelzin und Putin beschreibt:

- Jelzins neoliberales Wirtschaftsmodell sah freie Märkte, eine breite Auslandsöffnung der Wirtschaft, flexible Wechselkurse und strikte Geldwertstabilität vor. Infolge der unkontrollierten Liberalisierung und Schwäche des Staates war jedoch die föderale Regierung weder imstande, ausreichend Steuern einzutreiben, noch für genügend Rechtssicherheit zu sorgen. Korruption und die maßlose Privatisierung verstärkten die Missstände. Es entwickelte sich sukzessive „eine Form des politischen Kapitalismus", - so Lane - „bei der der schwache Staat von Wirtschaftinteressen übernommen und benutzt wurde, um Profite zu sichern". Der überteuerte Präsidentschaftswahlkampf Jelzins gegen den Kommunisten *Gennadi Sjuganow* 1996 wurde von Banken und Oligarchen gestützt, die Jelzins Mannschaft dafür nach der Wahl vor den Steuerbehörden „schützte". Nur etwa fünf Millionen der Russen zahlten damals regelmäßig Steuern. Washingtoner Konsens hin, IWF-Kredite her, für den Volkswirt sind solche Entwicklungen inakzeptabel.

- Putin hat die meisten Aspekte dieser Politik trotz internationaler Kritik zurückgenommen. Das neue Modell ist eine korporatistische Wirtschaft unter Führung des Staates, was eine andere Beschreibung für den Staatskapitalismus ist. Um die politische Kontrolle zurückzugewinnen, stärkte der neue Präsident den Staatsapparat und die Kontrolle über die Oligarchen. Tendenziösen Buchautoren und oberflächlich argumentierenden Journalisten, die diese Einschätzung als Mythen bezeichnen (Beispiel: *Boris Reitschuster*), empfehlen wir die Analyse des britischen Ökonomen, so zusagen als Grundlagenlektüre.

Für die ökonomische Bewertung dieser Periode wird der Ökonom nach bewährtem Muster eine Abwägung der Pros und Cons vornehmen. Wir beginnen mit einer 10-Punkte-Positiv-Bilanz. Zu jedem Punkt wird in Stichworten eine Kurzeinschätzung der Mehrheitsmeinung der Experten genannt. Anschließend wird eine 5-Punkte-Negativbilanz (Fehlschläge, ungelöste Problemfelder, nicht genutzte Chancen) analog aufgestellt.

Die Positivbilanz (Argumente der Befürworter)

1. Rückkehr zum robusten Wachstum

Die Graphik in Abbildung 3 zeigt die BIP-Dynamik Russlands im Zeitraum 1989 - 2013. In ihr ist die durchschnittliche jährliche BIP-Steigerungsrate von 7% ablesbar. Auf die Besonderheiten des „Sanktionsjahres" 2014 - in dem das Wachstum gerechnet in Rubel noch um 1,3% stieg - und die Frage wie Russland mit der Krise und dem wirtschaftlichen Druck des Westens fertig geworden ist, wird in den kommenden Kapiteln gesondert eingegangen. Vorab folgender Hinweis: Der Leser erkennt in der Graphik, dass die BIP-Sanktionswirkungen in 2015-2016 nicht dramatisch ausfallen werden. Die Russen rechnen für 2016 - anders als der ihnen nicht wohl gesonnene IWF - sogar mit einer Trendwende und einem Wachstum in der Größenordnung von 2% bis 3%. Wir meinen, sie werden Recht behalten.

Abbildung 3: *BIP-Entwicklung Russlands 1989 – 2016*

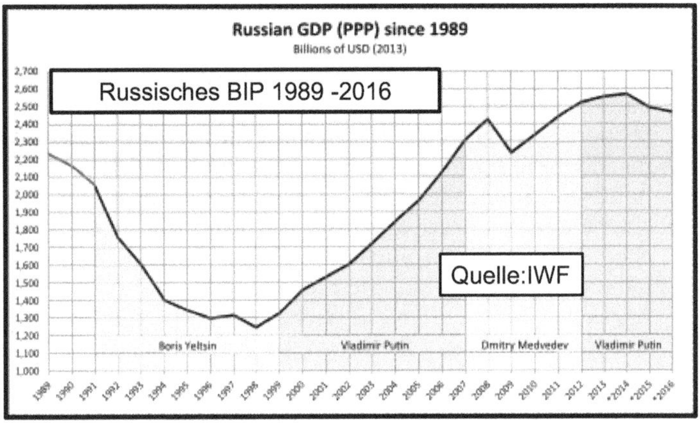

Neben den Wachstumsraten sind die absoluten Bestände des BIP genau so wichtig. Russland belegte 2013 beim auf der Basis der PPP-Kaufkraftparitäten berechneten absoluten BIP von 2.557 Mrd. USD (IWF-Zahlen) den sechsten Platz weltweit nach den USA, China, Japan, Indien und Deutschland. Zum Vergleich wuchs das deutsche BIP im gleichen Zeitraum p. a. um 3,2% auf 3.226 Mrd. USD und damit deutlich langsamer als das russische.

Bei ökonomischen Zahlen sollte der Leser vorsichtig sein. Nicht nur auf die Währung ist zu achten. Es ist zu fragen wer wie rechnet. Die signifikant abweichenden BIP-Werte in der Studie der Unternehmensberatung Pricewaterhouse & Cooper bieten hierfür ein Musterbeispiel. Diese kommt zum überraschenden Ergebnis: in 2014 liegt Russland mit absoluten BIP von 3.559 Mio. USD gleichauf mit Deutschland, das 3.621 Mrd. USD ausweist. Wahrscheinlich hat der US-Consulter mit einem anderen Devisenkurs als - beim anderen Extrem, - dem deutschen German Trade &

Invest (weiter gtai) gerechnet. Diese Stelle kommt in Euro gerade auf 64% des deutschen Bestandes. Um eine Verwirrung zu vermeiden, wollen wir weiter bei den IWF-Zahlen bleiben. Falls der Leser glaubt jetzt mehr Bescheid über das Spiel der BIP-Statistiken alles zu wissen, so wird er enttäuscht sein, wenn wir ihn über die Dimension der Schattenwirtschaft aufklären.

Exkurs: Schattenwirtschaft (Parallelwirtschaft)

Durch die Berücksichtigung der Schattenwirtschaft, die unter Jelzin- je nach Schätzung - 25% bis 35% betrug, gelingt es die statistische BIP-Erfassung generell objektiver zu bestimmen. Als Schattenwirtschaft werden privatwirtschaftliche Aktivitäten bezeichnet, die zur gesamtwirtschaftlichen Wertschöpfung zu rechnen sind und für die nur wenige oder keine Steuern entrichtet werden. Die Schattenwirtschaft wird nur unzureichend in der BIP-Berechnung abgebildet. Ihre wichtigsten Formen sind: Selbstversorgung, Nachbarschaftshilfe, Alternativwirtschaft, Schwarzarbeit und wirtschaftlich kriminelle Handlungen. In Deutschland liegt (je nach Schätzung) ihr Anteil bei 5-10% des BIP; in der russischen Wirtschaft beträgt er heute nach Schätzung von Finanzminister *Anton Siluanow* 15 - 20%. Beim europäischen Spitzenreiter Griechenland sollen bis 30% sein.

2. Trendwende bei den Anlageinvestitionen

Anlageinvestitionen dienen dem Aufbau des Kapitalstocks und bilden neben der Produktivität und der Erwerbsquote die Grundlage für zukünftiges BIP-Wachstum. Das russische Investitionswachstum lag im betrachteten Zeitraum über dem des BIP. Allerdings fehlen Angaben zum Zuwachs des relevanten Kapitalstocks. Dieser dürfte niedriger ausgefallen sein, da ein Großteil der Ausgaben in unterlassene Ersatzinvestitionen floss.

Hier wäre zu fragen, ob es wirtschaftspolitisch nicht kluger gewesen wäre, statt das veraltete Produktionserbe aus der Sowjetzeit zu „reparieren", einen neuen Produktionsapparat von Grund auf aufzubauen, wie es Rot-China im großen Stil getan hatte. Es ist irgendwann sinnvoller ein neues Auto zu kaufen, als das alte immer wieder in die Werkstatt zu bringen. Das stimmt nur vordergründig. Denn diese Mammutaufgabe wäre erst in Jahrzehnten zu schaffen gewesen sein und Russland - das glaubte wenigstens die Putin-Riege - besaß diese Zeit nicht. Mit einem alten Auto kommt man, langsamer ohne Auto aber gar nicht vorwärts.

3. Konsolidierung der Landwirtschaft

Um die Abhängigkeit des Landes von Agrarimporten, die zuletzt 12% des Importvolumens ausmachten, zu reduzieren, stand die Landwirtschaft im Reformpaket offiziell auf der Prioritätsliste an oberster Stelle. Ein bunter Mix von verschiedenen Maßnahmen, angeführt von verbilligten Krediten, sollte diese Vorrangstellung unterstreichen. Heute befindet sich der Agrarsektor im permanenten Umbau mit ungewissem Ausgang.

Wer genauer auf das Importvolumen der Agrarprodukte von 32 Mrd. € in 2013 schaut, erkennt dessen untergeordnete Bedeutung für die Devisenbilanz des Landes. Ob die Russen zukünftig für die Agrarimporte - bei einem globalen Überangebot - 35 Mrd. € oder 40 Mrd. € ausgeben werden, ist bei dieser Größenordnung zweitrangig. Das wird sich sehr bald ändern. Die Westsanktionen hatten sie für das Thema „Eigenversorgung" stark sensibilisiert.

4. Rückgewinnung der Eigentumskontrolle über den Energiesektor

Dieser Schritt war sowohl von der neuen politischen Elite (Machterhalt) als auch der Bevölkerung („Rohstoffpatriotismus") uneingeschränkt begrüßt worden. Internationale Energiemultis mit fortgeschrittenen Russland-Ambitionen werden den Trend anders beurteilt haben.

5. Anhalten der „demografischen Falle"

Laut Volkszählung von 2010 stieg Russlands Bevölkerung wieder auf 142 Millionen an und zählt heute mit der Krim etwa 148 Millionen. Um den demografischen Problemen zu begegnen, leitete die Regierung mehrere Programme ein, mit dem Ziel, die Geburtenrate zu steigern. So erhalten Eltern staatliche Beihilfen (Mutterschaftskapital), die 2007 in Höhe von fast 10.000 Euro gezahlt wurden, was damals einem Jahreseinkommen im Landesdurchschnitt entspricht. Familienpolitik wird in Russland auch heute groß geschrieben.

6. Sanierung der Staatsfinanzen, Aufbau von Stabilisierungsfonds

Russland zählt in der heutigen globalen Verschuldungsära zu den wenigen großen Industrienationen, die einen dauerhaft ausgeglichenen Staatshauhalt ausweisen. Die Einnahmen- und Ausgaben des Staates bewegten sich bis 2013 in der Größenordnung von 300 Mrd. USD. Putins Mannschaft hatte 2005 die letzten Tranchen der staatlichen Auslandsschulden - hiervon sind die Auslandsschulden russischer Unternehmen und Banken zu unterscheiden - getilgt. Umgekehrt unterhält der Staat zwei Staatsfonds von etwa 125 Mrd. € im Sanktionsjahr 2014 als Manövrierreserve, die für die Deckung unerwarteter sozialer Nöten und der Haushaltsdefizite gedacht sind.

7. Aufbau hoher Devisenreserven

Daneben gelang es der Zentralbank, bei leerem Kassenstand im Startjahr 1998 sukzessive hohe Gold- und Devisenreserven von bis knapp 500 Mrd. USD (Mitte 2013) aufzubauen. Bedingt durch die Wirtschaftssanktionen musste hier kräftig in die Kasse gegriffen werden, um zum Beispiel den Rubel zu stützen. Durch diesen Devisenabfluss schmolzen die Reserven bis März 2015 auf 360 Mrd. USD oder knapp 300 Mrd. € ab und beginnen seitdem wieder anzusteigen. Zum Vergleich: die bundesdeutschen Staatsschulden haben vor kurzem gerade die magische Grenze von 2 Billionen € überschritten. Die Devisenreserven der Bundesbank lagen 2013 bei 210 Mrd. USD. Für die USA, den globalen „Pleitegeier", belaufen sich die Zahlen auf astronomische 17 Bill. USD Staatsschulden und mickrige 144 Mrd. USD Devisenreserven.

8. Hohe Leistungsbilanzüberschüsse; Öffnung zum Westen

Russland weist genauso wie Deutschland, Japan oder China hohe Leistungsbilanzüberschüsse aus, die noch genauer beschrieben werden. Das Land zählt seit Jahren zu den globalen Netto-Kapitalexporteuren. Der Kapitalexport resultiert aus diesem Überschuss in der Leistungsbilanz. Selbst im Sanktionsjahr 2014 ist der Leistungsbilanzüberschuss überraschend um 1% auf ein neues Rekordniveau von 158,6 Mrd. € gestiegen.

Der Leser darf sich in diesem Zusammenhang nicht irritieren lassen, wenn er hört, dass die Kapitalbilanz des Landes, wie die russische, negativ sei. „Negativ" heißt in diesem Kontext „gut für die Wirtschaft". Einer negativen Kapitalbilanz stehen per definitionem Vermögenswerte im Ausland gegenüber. Auch viele Bundesbürger werden privat eine negative Kapitalbilanz haben. Die begriffliche Irritation wird durch die buchhalterischen Darstellungsregeln der Zahlungsbilanz bedingt, die sich aus den Teilbilanzen, der Leistungs- und Kapitalbilanz sowie der Veränderung der Gold- und Devisenreserven der Notenbank, zusammensetzt. Folgender Vergleich zum simplen Aktivtausch in einer Unternehmensbilanz hilft, die Aussage genauer zu verstehen: Verkauft eine Firma Waren, nimmt ihr Lagerbestand ab (Minus), was einem Leistungsbilanzüberschuss ähnelt. Gleichzeitig steht dem Abgang ein höherer Forderungsbestand aus Lieferungen und Leistungen (Plus) gegenüber, der dem Kapitalbilanzüberschuss entspricht. Beide Vorgänge gleichen sich aus. Bilanzfachleute sprechen hier von einem Aktivtausch.

So ist auch eine Zahlungsbilanz stets ausgeglichen. Hat ein Land in der Leistungsbilanz ein Plus von 100 Mrd. USD, so steht diesem - vereinfacht gesehen - ein gleiches Minus in der Kapitalbilanz (dem Importeur wurde ein Kredit eingeräumt) oder eine gleich hohe Zunahme der Währungsreserven (der Importeur zahlte bar) zu. Die Zahlungsbilanz ist ausgeglichen.

Die USA haben wegen der riesigen Löcher in der Leistungsbilanz immer eine positive Kapitalbilanz und sind der größte globale Netto-Kapitalimporteur. Sie stopfen seit Jahren ihre Exportlöcher mit den „importierten" Währungskrediten, was in diesem Fall ökonomisch negativ zu interpretieren ist.

Verschiebungen in den beiden Teilbilanzen müssen allerdings auch keinen materiellen Hintergrund haben. Als schlecht wäre zum Beispiel eine negative Kapitalbilanz dann zu interpretieren, wenn bei einer ausgeglichenen Leistungsbilanz viel Kapital ein Land aufgrund eines verschlechterten Wirtschaftsumfelds (schlechte Renditen, hohe Risiken) verlässt, was mit dem Begriff „Kapitalflucht" umschrieben wird.

9. Rechtsreformen, Sanierung der Sozialsysteme

In der Ära Putins sind zahlreiche neue rechtliche Grundlagen im Steuerrecht (Einkommen- und Unternehmensbesteuerung), Zollrecht, Gesundheitsrecht, Arbeitsrecht, Bodenrecht oder Rentenrecht geschaffen worden, die in der Praxis wohl noch eher schlecht als recht funktionieren. Genau an dieser Stelle setzen die zahlreichen Systemkritiken an, und es wäre töricht, diese Schwachstellen zu leugnen. Andererseits kommt es auf die (subjektive?) Zuordnung ihres Stellenwertes in der Zielskala der Wirtschaftspolitik an. Steuervergehen sind, wie wir wissen, ein globales Phänomen.

Denn die Sanierung der Sozialsysteme schreitet auch in Russland langsam, aber kontinuierlich voran – das ist den Lageberichten vieler westlicher Wirtschaftsrepräsentanten zu entnehmen. Auch die vorbildliche Milderung der sanktionsbedingten sozialen Härten in 2014 spricht für sich. Im Vergleich zu den meisten Entwicklungsländern liegt Russland heute bei den sozialen Indikatoren - besonders bei der Armutsbekämpfung - an der Spitze dieser Gruppe, andererseits trennen das Land von den üblichen Weststandards immer noch Welten.

Der niedrige Lebensstandard wird oft als Motivationsbremser eingestuft. Nach *Karl Marx* formiert eben „das Sein das Bewusstsein". Angesichts des generell hohen Bildungsniveaus der Russen, die durch die Westöffnung gesehen haben, wie Menschen in westlichen Industrieländern leben, wird das heutige Niveau der sozialen Infrastruktur, gekoppelt mit dem extremen Ungerechtigkeitsgefühl, wohl zuerst noch keine Leistungsanreize liefern. Dennoch ist die Arbeitslosenquote niedrig und ein Exodus von Arbeitskräften in findet nicht statt. Wohin sollten die Russen auch auswandern?

10. Inflationsstopp

Dieser Punkt wurde schon besprochen. Mit einer erwarteten Inflation von 4,5% - 5,5% und einer Arbeitslosenquote von 5,5% steht das Land im internationalen Bereich sehr gut da. Der 2014 entstandene Einbruch auf 15% aufgrund des Rubel-Verfalls (importierte Inflation) wird später beschrieben. Für 2016 wird jedoch schon eine Absenkung der Rate auf 7% geschätzt, für 2015 noch von 11%.

Die Negativbilanz (Argumente der Kritiker)

1. Die Erstarrung des marktwirtschaftlichen Prozesses

Das russische Wirtschaftssystem wird heute von den Kritikern abwertend als „bürokratischer Kapitalismus" oder „staatlicher Monokapitalismus" bezeichnet. Bemängelt werden primär die Rückschritte beim Aufbau einer modernen Marktwirtschaft, der durch die massiven Staatseingriffe behindert ist. Es fehlen aber konkrete Aussagen, welche Art von Marktwirtschaft, der Turbokapitalismus nach dem US-Vorbild oder die bewährte soziale Marktwirtschaft westeuropäischer Prägung, angestrebt werden soll. In der Duma werden, werden wie im Bundestag, die Alternativkonzepte zu Regierungsentwürfen von der Opposition vorgetragen. Darüber kann sich jeder informieren.

2. Korruption, Allmacht der Bürokratie, fehlende Rechtssicherheit

Da die erweiterte Gesetzgebung und Reformen noch gar nicht oder nur sehr schlecht funktionieren, fällt es Kritikern leicht, am Beispiel der spektakulären medienwirksamen Affären und Missstände - Bilder sagen eben mehr aus als Zahlen! - ein totales Systemversagen abzuleiten. Anders als im Falle der vormaligen osteuropäischen EU-Beitrittskandidaten fehlt in Russland der Druck, sich den gesellschaftlichen Unionsstandards unterwerfen und an ihnen messen zu müssen. Wenn ein Prozess langsam verläuft, verstärkt sich mitunter der Eindruck, es bewege sich überhaupt nichts.

3. Unveränderte hohe Monokultur der Wirtschaft

Putins Regierungsmannschaft ist unfähig, das Land auf eine breite ökonomische Basis zu stellen. Das Finanzkapital hält sich vor großen Portfolioinvestitionen im Inland stark zurück. Der dominierende Energie- und Rohstoffsektor zementiert die wenig flexiblen Warenströme im Außenhandel und die Abhängigkeit des Staatshaushaltes von diesen Einnahmequellen. Diese Vorwürfe werden immer wieder erhoben und sind im Kern nicht ganz falsch, wenn, wie gesagt, keine Entwicklungsalternativen genannt werden.

4. Fehlende Anstrengungen zum Aufbau leistungsfähiger kleiner und mittlerer Unternehmen

Durch dieses Manko ist weder ein breiter Binnenmarkt noch eine neue Unternehmerschicht oder ein Mittelstand aufgebaut worden. Es fehlt das ökonomische Gegengewicht zu den oben genannten Monokulturen. Die Thesen halten wir für zutreffend und werden sie ausführlich behandeln.

5. Ausbleibende Wettbewerbsfähigkeit russischer Unternehmen

Weil Mittelständler weltweit als Träger des technischen Fortschritts fungieren, bleiben russische Industrieprodukte auf den Weltmärkten aus Preis- und Qualitätsgründen nicht konkurrenzfähig. Die Abhängigkeit von westlicher Technologie ist in diesem Sektor genauso hoch wie zu Sowjetzeiten. Auch diese Aussagen sind, isoliert gesehen, richtig.

Wie sieht die Zwischenbilanz der Putin-Ära aus? Welcher Entwicklungsweg ist für Russland der richtige?

Wenn wir den zehn Punkten der Positivbilanz nur fünf Punkte in der Negativbilanz gegenüberstellen, so soll aus dieser Zuordnung wegen fehlender Gewichtung keine Bewertung der Putin - Regentschaft gemacht werden. Vielmehr wird damit eine Parität beim Bekanntheitsgrad der Argumente hergestellt. Der Leser wird zugeben, dass er über die negativen Argumente durch die hiesige Informationspolitik mehr Bescheid weiß, als über die positiven.

Wirtschaftliche Analysen haben immer zwei Seiten, weil es auf die Sicht des Betrachters ankommt. Die Sicht westlicher Konzerne, die in Russland maximale Profite machen möchten, wird sich von der Sicht des russischen Staates und seiner Bevölkerung - wie kommt diese zum Ausdruck? - unterscheiden. Dessen ungeachtet, streiten Ökonomen seit Jahrzehnten über die richtige Entwicklungsstrategie eines Landes. Viel ist dabei bis jetzt nicht herausgekommen.

Als Konsens gilt mehr oder weniger: freier Wettbewerb und internationale Handelsbeziehungen fördern die Entwicklung, Steuern und Inflation, Monopolstrukturen und hohe Zinsen hindern sie. Sobald es aber um den Einfluss des Staates und die Rolle des Wechselkurses geht, fängt der Expertenstreit erst richtig an. Ohne es laut auszusprechen, wird insgeheim jedem Land ein individueller Weg zugebilligt. Es gäbe nicht die Erfolgsstory der Emerging Markets, wenn sich Länder wie Brasilien, Indien, China, Südkorea und selbst Japan strikt an den liberalen Washingtoner Konsens und den Konzepten der OECD oder der Weltbank orientiert hätten. Vor allem dank des Staatsprotektionismus, der sich in diesen Ländern keineswegs auf die zugedachte Festlegung der ordnungspolitischen Rahmenbedingungen beschränkt hatte, gelang es ihnen, moderne, konkurrenzfähige Industrien und Dienstleistungen aufzubauen. Selbst wenn sich die Kontrahenten mit unterschiedlichen Sichtweisen auf einen gemeinsamen Katalog der angestrebten wirtschaftspolitischen Ziele geeinigt hätten, ginge der Streit bei der Messung des Erfüllungsgrades derselben weiter.

Denn in der Wirtschaft ist es ein wenig anders als im Sportleben. Dort ist ein Weitspringer, der im Durchschnitt konstant die Marke von 8,00 Metern erzielt, eindeutig besser als sein Konkurrent, der nur ab und zu 7,50 Meter springt. Dagegen werden unterschiedliche Ökonomen unter der Zielsetzung „wirtschaftlicher Fortschritt“ Unterschiedliches verstehen, zumal wenn ein ganzes Bündel von

Kennzahlen untersucht werden soll. Ein isoliert gesehenes BIP-Wachstum von 3% jährlich darf noch nicht als Erfolg gefeiert werden, ohne dass gleichzeitig die Vorgaben für die Inflation, Beschäftigung oder die Altersrenten festgelegt werden.

Das Meinungsspektrum zum Thema, welches Entwicklungsmodell jetzt auf Russland zugeschnitten wäre, ist breit gefächert. Es zeichnet sich bei den Kritikern des gegenwärtigen Status quo durch ein buntes Vokabular (Venezualisierung, Putinismus, Petrostaat, holländische Krankheit, Bürokratenstaat, defekte Demokratie, Gazprom-Imperialismus) aus. In Kapitel 7 werden die alternativen Entwicklungsmodelle für Russland etwas genauer untersucht.

Der ökonomische Kräftevergleich des heutigen Russland mit der Ex-Sowjetunion

Durch die Gebietsreduzierung hat Russland im Vergleich zur vormaligen Sowjetunion nicht „nur" etwa 5 Mio. km^2 Landfläche, sondern auch mehr als die Hälfte der Bevölkerung und etwa 40% seiner Wirtschaftskraft verloren. Von der Fläche her steht es dennoch mit 17 Mio. km^2 unangefochten auf Platz 1 in der Welt.

Die Kategorie Wirtschaftskraft ist eine Größe, die sich in der Theorie nur ungenau definieren lässt. Nach der klassischen Ökonomie zählen dazu neben dem Leistungspotential der Bevölkerung (Erwerbsquote, Ausbildungsstand), die auch als Humankapital bekannt ist, noch das Leistungspotential des Produktivvermögens (Fabriken, Anlagen) und die wirtschaftlich nutzbare Fläche (Rohstoffe, Land, Wald, Wasserreserven). Mit anderen Worten, finden in dieser Definition die altbekannten Produktionsfaktoren Arbeit, Kapital und Boden ihre exakte Widerspiegelung. Ein Synonym für die Wirtschaftskraft ist das Wirtschaftspotential.

In der volkswirtschaftlichen Gesamtrechnung - sie bildet das Gegenstück zu der betrieblichen Bilanzierung auf der Makroebene - gibt es den Begriff des Volksvermögens, der als Bestandsgröße eine ähnliche Aussagekraft hat. Das Volksvermögen eines Landes ist eine Bilanz und wird auf seiner Aktivseite als die Summe des Sach- und Produktionsvermögens der Unternehmen (Fabriken), der privaten Haushalte (Immobilien), des Staates (Autobahnen) zuzüglich ihres Auslandsvermögens definiert. Auf der Finanzierungsseite her wird das Volksvermögen durch das Geldvermögen der obigen Sektoren abzüglich ihrer Schulden abgebildet. Vergleichen wir das Volksvermögen mit dem Wert der Produktionsfaktoren, wird diese Rechnung das vorgenannte Humanvermögen nicht enthalten, weil hierfür kein Markt existiert.

Wie viel Wirtschaftsleistung (Produktion, BIP) eine Volkswirtschaft aus ihrem Wirtschaftspotential (Wirtschaftskraft, Volksvermögen) in einem konkreten Berichtsjahr zu erzielen vermag, ist eine jeden Volkswirt brennend interessierende Fragestellung. Im Mittelpunkt stehen dabei, wie beim Menschen, die Mobilisierung der Reserven.

Diese Leistung wird nicht allein von den Einsatzmengen der Produktionsfaktoren bestimmt. Sie wird auch von nicht messbaren qualitativen Komponenten (Leistungsmotivation, technischer Fortschritt, Organisationsgrad einer Wirtschaft, abhängen, die unten beschrieben werden. Diese Fähigkeiten werden in der Ökonomie Produktivitäten (Arbeits- und Kapitalproduktivität) genannt.

Länder mit vergleichbaren Einsatzmengen von Produktionsfaktoren - z.B. Deutschland und Frankreich - werden in der Regel unterschiedliche volkswirtschaftliche Leistungen erzielen. Der Grund für die Produktivitätsunterschiede mag zum einen die unterschiedliche Motivation und die geleistete Arbeitszeit (Streikzeit) der Deutschen und der Franzosen sein. Die Ersteren lieben „ihre" Frau Merkel, die anderen sind sauer auf „ihren" Herrn Hollande. Es kann andererseits auch außerhalb der Motivation liegende Gründe geben. Neben der Motivation ist das technische Wissen von großer Bedeutung. Wird in einem afrikanischen Land eine teure und moderne Anlage (hohe Einsatzmenge des Produktionsfaktors Kapital) betrieben, die von lokalen Kräften wegen des niedrigen Ausbildungsstandes nicht optimal bedient werden kann, sinkt notgedrungen die Produktivität dieser Anlage, sprich die Ausstoßleistung, wird geringer ausfallen. Leider liegen weder für das „Wirtschaftspotential" noch für das schon einfacher quantifizierbare Volksvermögen aussagekräftige Statistiken vor, weder im Westen noch im Osten. Dafür gibt es umso mehr unterschiedliche Zahlen zur Wirtschaftsleistung, wie dem BIP oder der Produktion.

Aufgrund dieser Lücke wird unsere Potentialanalyse erschwert. Denn nur aus dem Wirtschaftspotential ließen sich korrekterweise seriöse Rückschlüsse über den wirtschaftlichen Realitätsgehalt der russischen „Imperialismusambitionen" ableiten. Ohne ausreichendes Wirtschaftspotential ist eine imperiale Politik kaum denkbar - das lehren uns die Geschichte und die Politik seit Jahrtausenden.

Ein Rückgriff auf die Einkommensgrößen, wie das BIP, sagt wenig über die wahren Nutzungsmöglichkeiten dieses Potentials aus, zumal sie in einem Mehrjahresvergleich erheblich schwanken. Beim Zusammenbruch der Ostblockländer waren Wachstumseinbrüche von 20% jährlich keine Seltenheit. Auch im Westen wird wegen der Konjunkturschwankungen zwischen dem erwirtschafteten und dem potentiellen BIP bei einer vollen Faktorenauslastung unterschieden. Erst bei einer vollen Entfaltung (Auslastung) der Produktivkräfte wird dieses optimal genutzt und fördert Leistungen zutage, die vorher unvorstellbar wären - das lehrt die ökonomische Empirie.

Die extreme Wachstumsdynamik in vielen Entwicklungsländern beweist diese Beobachtungen eindrucksvoll. Die aufstrebenden Länder der vormaligen Dritten Welt besitzen bekanntlich viele Arbeitskräfte und wenig Kapital. Das Wachstum vollzog sich insofern vornehmlich über den erhöhten Einsatz des ersten Faktors. Diese extrem hohen Einsatzmengen an Arbeit kompensieren das fehlende Kapital und die niedrigen Produktivitäten beider Faktoren.

Die vorgenannten Begriffe und Zusammenhänge mögen isoliert banal klingen; es ist dennoch wichtig, sie auseinander zuhalten. Daher haben wir sie der Transparenz wegen in der Abbildung 4 noch einmal zusammengefasst. (Hier wird das Auslandsvermögen eines Landes nur bedingt zum Wirtschaftpotential gezählt. Besitzt ein Land kleine Aktienpakete an ausländischen Unternehmen, wird es in der Regel keinen Einfluss auf ihre Wirtschaftspolitik und die Mobilisierung der Reserven im Ausland haben.)

Abbildung 4: *Abgrenzungen zwischen den Kategorien Volksvermögen, Wirtschaftspotential und Wirtschaftsleistung*

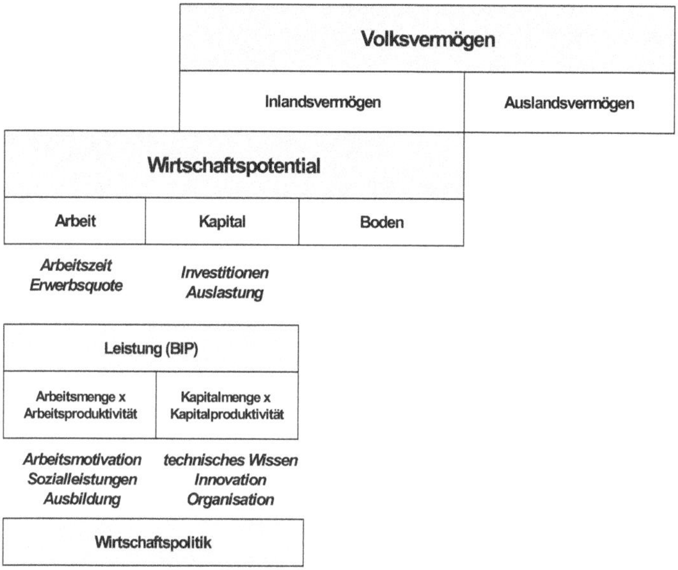

Expertenmeinungen zufolge werden in Russland hohe „schlafende" Potentiale vermutet. Wie sollen diese berechnet werden?

Freilich lassen sich formal alte Statistiken aus der Sowjetzeit mit den Zahlen der heutigen Russischen Föderation bedingt vergleichen. Nach der Umrechnung mit dem Faktor 0,6 - resultierend aus dem unterstellten 40%igen Potentialverlust durch den Zerfall der Sowjetunion - oder der alternativen Verwendung von Pro-Kopf-Größen kann formal beantwortet werden, ob das Land in den Glanzzeiten der Sowjetunion Mitte der 1970er Jahre wirtschaftlich „mächtiger dastand" als während der heutigen Putin-Ära.

Diese logisch verlockende Methode ist methodisch nicht unbedingt Ziel führend, weil sich nach vier Jahrzehnten in der Weltwirtschaft ein grundlegender Wandel vollzog. Es ist ungefähr das Gleiche, als wenn die Ostdeutschen heute ihren Landesteil mit den DDR-Zeiten in der Honecker-Periode vergleichen wollten. Im Falle der Sowjetunion kommt erschwerend die klimatische, geographische und rohstoffbedingte stark ungleiche Ressourcenverteilung hinzu. Daher wird direkt mit den Vergleichen mit dem Westen begonnen.

Der ökonomische Kräftevergleich des Ostblocks (Sowjetunion und Verbündeten) mit dem Westen

Nach „Knarus Weltspiegel. Fakten - Zahlen - Bilder 1979" lassen sich nicht einige Wirtschaftsindikatoren und Produktionszahlen zur internationalen Position der Sowjetunion im Jahr 1976 aufzeigen. Während der späten Breschnew-Ära (1964-1982), irgendwann in der Mitte der 1970er Jahre, befand sich das alte Sowjetreich auf dem Höhepunkt seiner ökonomisch-militärischen Macht, was die Wahl von 1976 als Vergleichsbasis rechtfertigt.

Wir wollen es bei unterer Zusammenstellung belassen und auf die Addition der Zahlen für den gesamten Ostblock verzichten. Für die relevanten BIP-Zahlen (BSP-Zahlen) werden getrennte Schätzungen aufgestellt.

Position	Wert	Platz 1.	Platz 2.	weitere Plätze
Erwerbspersonen (in Mio.)	117	x		
Eisenerze (Mio. t)	126	x		
Steinkohle (Mio. t)	701	x		
Elektrizität (Mrd. kWh)	2.000		x	
Rohstahl (Mill. t)	140	x		
Zugmaschinen (Mio.)	531	x		
Erdölförderung (Mio. t)	520	x		
Erdgas (Mrd. M3)	321		x	
Straßennetz (in Mio. km Länge)	1,4		x	
Handelsflotte (Mio. BRT)	20.668			5
Kfz-Bestand (Mio.)				7

Die sowjetische Weltführerschaft bei vielen Wirtschaftsindikatoren war unbestritten. Welches Gesamtbild liefern diese? Reicht die Auswahl für eine Gesamtbeurteilung aus? Oder müssen noch andre Kennzahlen genannt werden? Wer die Zahlenkolonnen um neue Positionen erweitert, gerät schnell in eine Sackgasse. Denn diese Statistiken sind zum einen lückenhaft (Beispiel: Wachstumsraten werden nicht genannt) und zum zweiten zweifelhaft (Beispiel: die von Landwirtschaftskrisen geplagte Sowjetunion fungierte angeblich gleichzeitig als weltgrößter Getreide-, Butter und Fleischproduzent). Zudem werden extreme Qualitätsunterschiede beim Straßennetz, den Standards von technischen Geräten oder im Wohnungsbau durch die nackten Zahlen nicht erfasst.

Ein Gesamturteil ist problematisch. Wir wollen dennoch der Frage, wie es sich mit der Wirtschaftsmacht des kommunistischen Riesenreichs im Vergleich zum Westen verhält, nicht ausweichen. Der Mythos von der Stärke der sowjetischen Wirtschaft basiert unseres Erachtens auf folgendem Missverständnis: Bei Vergleichen mit westlichen Industriestaaten werden Äpfel mit Birnen verglichen. Die Sowjetwirtschaft hatte viel produziert, enorme Ressourcen eingesetzt (extensives Wachstum) aber nur wenig Einkommen erzeugt. Das hohe Lied der Arbeit, nicht das des Konsums, stand auf der Agenda der Planer ganz oben.

In jedem effektiven Wirtschaftssystem darf die Produktion aber nicht zum Selbstzweck werden, sondern hat Güter für die Endnachfrager, d.h. für Konsumenten und Betriebe, Investitions- und Konsumgüter, zu erstellen. Es kommt dabei nicht allein auf die reine ökonomische Anstrengung, sondern auf die „Effekte" (Effizienz) an. In einem uneffektiven Wirtschaftssystem entsteht kein Mehrwert, weil die Produktion permanent für „sich selber" und für die Vorleistungen anderer Sektoren produziert. Plastisch wird dieser Vorgang an gescheiterten Investitionsruinen ersichtlich, denen lange Bauzeiten und hohe Kosten vorausgingen, die aber im Endeffekt nichts brachten.

In der Input-Output-Tabelle in der Abbildung 3 lässt sich diese Effektivität vereinfacht anhand des Verhältnisses der Endnachfrage (BIP = Löhne + Gewinne) - dort 150 - zum Produktionswert von 410 errechnen. Wir erhalten einen Wert von 0,366. Grob formuliert, entspricht diese Kennzahl der betriebswirtschaftlichen Bruttomarge von 36,6%. Ein Wirtschaftssystem, das unter gleichen Bedingungen einen Quotienten von 0,4 oder mehr erzielt, arbeitet demnach effektiver.

$$\text{Effektivitätsgrad} = \frac{\text{Güter der Endnachfrage}}{\text{Produktionswert}} = \frac{\text{Löhne + Gewinne}}{\text{Vorleistungen + Mehrwert}}$$

Die kommunistischen Planer waren darauf erpicht, Zahlen über die Fortschritte der Sowjetunion im Produktionsbereich zu hören und zu veröffentlichen um zu sinnieren, wann sie den Klassenfeind im Westen - man erinnere sich an gleich lautenden Wunsch von *Nikita Chruschtschow* - einholen werden. Das ist ihnen bei einigen reinen Produktionszahlen gelungen. Einkommenszahlen wie das BIP interessierten sie nicht, zumal diese vor dem Hintergrund fehlender Marktpreise ebenso wenig aussagekräftig wären.

Exkurs: Die Leistungen der Ex-Sowjetunion im Meinungsbild der russischen Bevölkerung der Gegenwart

Wenn heute in Russland die ältere Generation den früheren Sowjetzeiten nachtrauert, so ist dieses Phänomen nicht allein ökonomisch zu erklären. Denn beim BIP-Pro-Kopf belegte die Ex-Sowjetunion mit 2.100 USD in 1976 weltweit Platz 28. Das heutige Russland lag 2013 mit einem Wert von 17.780 USD dagegen auf Platz 58. Viele ältere Russen verfügen über einen geringen wirtschaftlichen Sachverstand, begreifen die systemimmanenten Schwächen einer Planwirtschaft nicht. Es fällt ihnen schwer zu verstehen, warum sie trotz ihres hohen Ausbildungsstandes und der Arbeitsmotivation den ökonomischen Wettlauf der Systeme mit dem Kapitalismus verloren haben.

Neben der gekippten bescheidenen sozialen Sicherheit wird auch die Sehnsucht nach der verlorenen Weltgeltung eine wichtige Rolle spielen. Das politische Gewicht in der Welt, die Furcht erregende Militärmacht, die führende Position in einigen Naturwissenschaften (Anzahl der Nobelpreisträger) oder selbst die Führung im internationalen Sport sind „Stolz-Indikatoren", die man so schnell nicht vergisst. Diese kann das heutige Russland nicht vorweisen. Der gesunkene Status wird nicht nur im „siegreichen" Westen, sondern ebenso in vielen Entwicklungsländern wahrgenommen, die immer weniger an den russischen Hochschulen studieren. Putins Kritiker führen diese Punkte an, wenn sie uns klarmachen wollen, der Kreml-Chef strebe die Wiedergeburt des Sowjetreiches an.

5 : 1 war 1976 der Westen dem Ostblock wirtschaftlich überlegen

Glücklicherweise können wir bei sowjetischen Einkommensgrößen auf westliche Schätzungen zurückgreifen, in erster Linie auf die Zahlen der CIA. Hiernach erwirtschaftete 1976 die Sowjetunion ein Bruttosozialprodukt (BSP) von 708 Mrd. USD, das 26% des damaligen US-Volumens entsprach. Das alte BSP-Konzept basierte, anders als das BIP (Bruttoinlandsprodukt), auf dem Inländer- und nicht auf dem Inlandsprinzip, was wegen der Autarkie des ganzen Ostblocks keinen wirklichen Unterschied ausmachte.

Unterstellen wir eine jährliche Wachstumsrate von 4%, so kommen wir in 1980 für die im Rat für Gegenseitige Wirtschaftshilfe (RGW) vereinten Ostblockländer mit einer Bevölkerungszahl von über 320 Millionen Einwohnern nach optimistischen Schätzungen auf ein BSP von 1.300 Mrd. USD. Das entsprach ungefähr 40% der BSP-Leistung der europäischen NATO-Staaten. Rechnen wir die USA und Kanada dazu, fällt dieser Anteil auf 20%. Wir liegen mit unseren Schätzungen nicht ganz falsch, wenn wir eine wirtschaftliche Überlegenheit der NATO-Staaten im Ost-West-Konflikt von 5 : 1 annehmen. Gemäß den Zahlen in der Abbildung 5, würde das Verhältnis für den Ostblock sogar noch ungünstiger ausfallen

Militärisch zog der Osten allerdings bei einer etwa halb so großen Bevölkerungszahl mit dem Westen gleich. Wie wir wissen überstieg diese Anstrengung auf Dauer die wirtschaftlichen Möglichkeiten des Bündnisses. Der Ostblock soll nicht zuletzt durch den ihm aufgezwungenen Rüstungswettlauf auseinander gefallen sein.

Im Lichte der gegenseitigen Imperialismus-Anschuldigungen beider Militärblöcke, der NATO und des Warschauer Pakts, fällt es einem heute schwer, den „Hauptschuldigen" auszumachen. Das ist auch nicht die Frage, die uns zu interessieren hat.

Abbildung 5: Anteile der UdSSR und Russlands am Weltprodukt 1950 bis 2058 (Prognose)

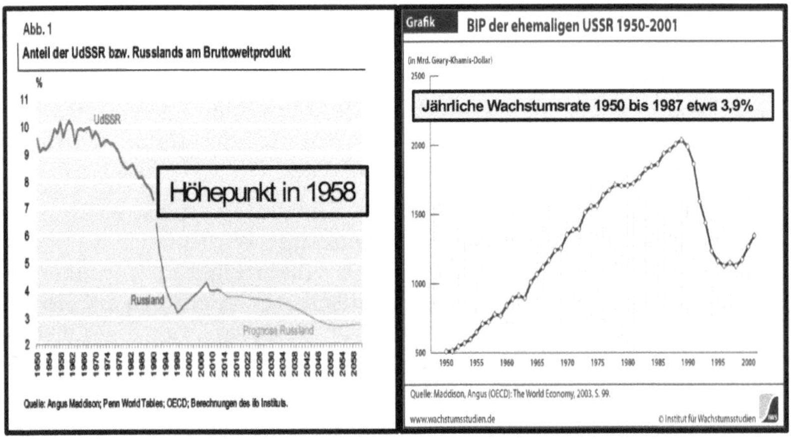

Vielmehr wollen wir wissen, ob sich in den letzten 10 - 15 Jahren, seit Putin am Ruder ist, die Zeiten für Russland wirtschaftlich so günstig geändert haben, dass dieses in die Lage versetzt wird, sich eine Neuauflage der alten Imperialpolitik zu leisten. Um das zu erfahren, wird zuerst eine grobe „Kräftegegenüberstellung" mit dem (erweiterten) Westen gemacht und im Kapitel 8 die Militarismus-These genauer unter die Lupe genommen. Glaubt man der Abbildung 5 wird die Entwicklung in den kommenden Dekaden gerade umgekehrt verlaufen: Der BIP-Weltanteil des Ostreiches soll in kommenden Jahrzehnten weiter von derzeit 3% auf 2% fallen. Das geschieht aber nicht, abermals durch den Anteilzuwachs des Westens, sondern der großen Emerging Markets.

10 : 1 beträgt die heutige ökonomische Überlegenheit des Westens gegenüber Russland

Ab 1980 liegen genauere IWF-Zahlen vor, die es erlauben, einen neuen „Überlegenheitsmultiplikator" für den Westen zu errechnen. Wenngleich das neue Russland durch die geopolitischen Veränderungen (Zerfall des Warschauer Pakts, Ost-Erweiterung der NATO) in einer Neuauflage des Ost-West-Konflikts „weniger zu verteidigen" hätte, so spricht doch der korrigierte Indikator für die ökonomische Überlegenheit des Westens von 13:1 erneut Bände. Selbst wenn das russische BIP bei einer Berücksichtigung der Schattenwirtschaft und der Verwendung optimistischer Statistiken, um 30% unterschätzt wäre, sind es immer noch 10 : 1.

Die wirtschaftliche Überlegenheit des Westens hat sich seit der Mitte der 70er Jahre somit verdoppelt. Beim Bevölkerungspotential fällt der Vergleich noch günstiger aus; das Verhältnis sinkt von etwa 2:1 auf mehr 5:1. Zur Erinnerung: In den NATO-Staaten leben heute fast 800 Millionen Einwohner, in Russland bekanntlich nur 148 Millionen. Soll ein derart unterlegenes Land den Westen bedrohen? Alleine nicht aber vielleicht mit China - darauf gehen wir später ein.

Jeder ökonomische Laie erkennt im Lichte dieser Zahlen sofort, wie sinnlos für den Kreml zum jetzigen Zeitpunkt eine (alleinige) Konfrontation mit einem dermaßen überlegenen Gegner wäre. Die These von Russlands Wunsch, das alte Sowjetimperium wieder herzustellen, entbehrt jeder Realität. Diese Behauptung wird von der Politik und den Systemmedien immer wieder getrommelt. Leider hat der Bürger nicht die Möglichkeit, den politischen Scharfmachern das Handlungsmandat zu entziehen, und muss hilflos zusehen, wie Politiker unisono solche Theorien verbreiten.

Um sicherzugehen, dass wir uns nicht durch Emotionen und Sympathien leiten lassen, wird geprüft, wie die Lage aussähe, wenn es dem autokratischen Russland gelänge, in absehbarer Zeit - sagen wir, in fünf Jahren - alle seine Potentiale zu mobilisieren. Könnte es dann mit dem Westen gleichziehen? Dafür müsste rein rechnerisch folgendes Wunder passieren müssen: Russlands BIP steigt jährlich um 40%, und das des Westens stagniert. Solche Wunder sind in der Wirtschaftsgeschichte des Menschen bislang nicht vorgekommen. Ein gleich hohes BIP wäre zudem erst der erste Schritt, was ist mit den anderen Indikatoren?

Wenn wir auf dem Boden der Realität die Frage beantworten wollen, ist die finale Aussage um die Potentialanalyse d. h um die Frage wie viel Reserven mobilisiert werden können, zu ergänzen.

Russland ist noch immer ein Entwicklungsland - Eindrücke eines westlichen Beobachters

Wie vorgeschlagen, sollte der Leser auch Bilder und nicht allein nackte Zahlen auf sich wirken lassen, wenn er eine Vorstellung über den Entwicklungsstand eines Landes gewinnen will. Vieles klärt sich von selbst, wenn er Russland weiterhin durch die Brille eines „Entwicklungslandes" beobachtet. Diese Einstufung entspricht nicht den internationalen Kriterien der UNO, OECD, EU, IWF oder des Bundesministeriums für Wirtschaftliche Zusammenarbeit, die die Ex-Ostblockstaaten als Transformationsländer bezeichnen. Diese Ländergruppe befindet sich im Zwischenstadium, sprich in der Transformation, zwischen der Plan- und der Marktwirtschaft.

So manchem Westler sind die vielen Entwicklungsländer, aus seinen Fernreisen und den vielen Fernsehberichten gut bekannt. Er wendet bei der Beurteilung ihrer Entwicklung andere ökonomische und soziale Maßstäbe als für die hoch entwickelten Länder an. Auch wenn er ihnen nach der BRICS - Story große Entwicklungserfolge zutraut, Wunder - wie bei den vorherigen Zahlenmärchen - wird er auch hier nicht erwarten. Einen Über-Nacht-Sprung in die erste Liga kann es nicht geben; dafür würden selbst die superreichen Golfstaaten einige Jahrzehnte benötigen. Oft sind auch schmerzhafte Rückschläge zu erwarten. Manche vormals als aussichtsreich eingestufte Kandidaten scheitern auf dem Weg nach oben.

Was ist in diesem Kontext mit Russland?

Wer länger durch die russische Provinz reist, sieht das klassische Entwicklungsland auf Schritt und Tritt. Schon in den Großstädten Moskau und Sankt Petersburg fällt jedem neugierigem Landesfan außerhalb der Einkaufsmeilen, der bewachten Luxus-Siedlungen und der Plätze um die bekannten Sehenswürdigkeiten die tiefe Kluft zu den heimatlichen Standards auf.

In der Provinz, selbst im wirtschaftlich höher entwickelten europäischen Landesteil, bemerkt er die Rückständigkeit an dem Äußeren der Wohngebäude, den Zuständen der Straßen, Bahnhöfe, Brücken, den Marktplätzen, den Schlangen vor den Pendler-Bussen und der Bewirtschaftung der Felder. Dem Wohnungssuchenden, der sich aus Neugierde von Maklern Billigangebote zeigen ließe, garantiert der scharfe Blick auf den Zustand der Mietwohnungen - besonders der Gemeinschaftsküchen und Sanitäreinrichtungen - ein unvergessliches Abenteuer. Jedes deutsche Gesundheitsamt würde hier sofort eine Schließung anordnen. Im Land beruflich tätige Ausländer, so viele Deutsche, leben noch immer wie zu Zaren- und Sowjetzeiten in geschlossenen Wohnbezirken; heute nicht mehr, damit sie besser überwacht werden, sondern weil ihnen der heimische Lebensstandard schwer zuzumuten wäre.

Wir beobachteten die postkommunistische Entwicklung in den Ländern Osteuropas seit geraumer Zeit und haben für die Großstädte der Region unseren eigenen „populär-ökonomischen" HW24-Index entwickelt. Der hört sich etwas lustig an. H steht für die vielen Hähnchenbuden, W für die zahlreichen Wechselstuben und 24 für die rund um die Uhr geöffneten Kleingeschäfte. Dieses zuletzt vor zwanzig Jahren in Danzig noch stark präsente Bild ist heute von den Straßen der polnischen Ostsee-Metropole völlig verschwunden. Die Weltstadt Moskau hätte dagegen in einigen Stadtteilen noch vor kurzem einen extrem hohen Indexwert gezeigt. Sie begrüßte den vom Flughafen Vnukowo eilenden Touristen an der Metrostation Yougosapadnaja im Süden der Stadt genau mit diesen drei Merkmalen. Wenn Polen heute viel weiter entwickelt ist, verdankt es seinen Status nicht zuletzt der EU-Mitgliedschaft und den Gemeinschaftsgeldern, die reichlich ins Land fließen. Der höhere Wirtschaftsstatus Polens hat also wenig mit dortigen politischen Verhältnissen zu tun, wie heute in hitzigen Debatten von Putin-Gegnern behauptet wird. Aber auch Moskau ist seit den vergangenen fünf Jahren kaum noch zu erkennen.

Ein nächstes visuelles Beispiel: Das Moskauer Ausstellungsgelände WDNH (Ausstellung der Errungenschaften der Volkswirtschaft), auf dem vormals stolz die ganze Leistungsstärke der sowjetischen Planwirtschaft dem Besucher präsentiert wurde, reduzierte sich bis vor kurzem auf wenige kommerzielle Verkaufssalons und verödete in großen Teilen. Trefflicher wäre zu diesem Zeitpunkt die Bezeichnung „Ausstellung des Niedergangs der Volkswirtschaft" nicht gewesen. Erst seit 2013 wird dieses mit 500 ha Fläche größte Ausstellungsgelände der Welt langsam von Investoren entdeckt.

Das Beschriebene ist Russland für Anfänger. Das Russland für Fortgeschrittene beginnt für den Moskau-Besucher - so ein beliebter Spruch - hinter dem dritten Autobahnring, der mit 180 km Länge die, neben Istanbul, Europas größte Metropole umschließt. Gleich hinter dem Ring beginnt die russische Provinz. Sind schon in den Großstädten partielle Wohlstandinseln nicht zu übersehen, besticht das Territorium hinter dem Ring, wie zu Zaren- und Sowjetzeiten, durch neue Extreme und Abgründe. Dem Leser, der einen Schnellkursus über die Zustände in der Provinz wünscht, ist auch hier kostenloses Filmmaterial auf Youtube oder Fernseh-Reportagen zu empfehlen. So manche Bilder werden ihn erstaunen.

Die Russen haben heute ganz andere Sorgen, als sich für die (relative) Rückständigkeit ihres Landes zu schämen oder diese gar zu verbergen. Ihnen wird egal sein, ob der Westen ihre Heimat als Entwicklungsland, Schwellenland oder eben Transformationsland tituliert. Formal-statistisch ist es mit einem Pro-Kopf-Einkommen von 1.500 USD monatlich ein mittelentwickeltes Land (*Middle Income Countries*). Die niedrige Grenze für diese Gruppeneinstufung liegt bei 9.000 USD jährlich und wurde 2013 soeben von China erreicht.

Ebenso wenig dürfte es die Russen gekränkt haben, als sie von *Barack Obama* als Regionalmacht degradiert wurden. Was bedeutet da schon pure Semantik? Sie ist nicht die reale Wirtschaft und nicht die Zukunft. Altkanzler *Helmut Schmidt* hatte seinerzeit die Sowjetunion ebenfalls als „Obervolta mit Kernreaktoren" verglichen.

Ein Entwicklungsland kann auf Russisch auch als ein sich entwickelndes Land - der Unterschied wäre ein stagnierendes Land - übersetzt werden. In diesem Zusammenhang ist festzuhalten, dass sich Russland sehr wohl entwickelt und nicht stagniert, wie in den späten Sowjetzeiten. Man darf gespannt sein, wie es in 20 Jahren aussehen wird. Rückständigkeit hin, Nachholbedarf und Regionalmacht her - die meisten Russen sind optimistisch gestimmt, und nicht wenige sehen ihre Heimat als „einen blühenden Fleck auf diesem Planeten". Das mag übertrieben und euphorisch klingen; die positive Grundstimmung ist in dieser Einstellung nicht zu übersehen. Mehr über Befragungsergebnisse ist in den Analysen der Universität Bremen („Russland aktuell") zu finden.

Wir sind uns im Klaren, wie subjektiv und „legal manipulierbar" solche Sondierungen sind und wie schnell Gegenbeispiele gefunden werden können. Trifft das aber nicht auf alle Länder zu, zumal wenn ein Propagandakrieg im Spiel ist?

4. KGB (Kosten, Gesetze, Binnenmarkt) auf Betriebsebene: Woran kränkeln die russischen Betriebe?

Die Kapitel 4 und 5 bilden den Kernpunkt unserer Analyse. Hier werden betriebs- und die volkswirtschaftlichen Potentiale identifiziert, quantifiziert und gezeigt, wie die russische Wirtschaftspolitik versucht, diese zu heben. Wir beschränken uns auf qualitative Trendbeschreibungen. Die Abstellung auf die qualitative Methode bringt einen Vorteil mit sich. Der Analyst braucht die Korrelationen, sprich die Stärke der Abhängigkeiten zwischen den einzelnen Variablen (Faktoren), nicht zu messen. Es genügt, wenn er auf diese hinweist. Was mit ökonomischen Korrelationen gemeint ist, lässt sich am Beispiel des Außenhandels veranschaulichen. Im quantitativen Modell wären die Wachstumseffekte der Öffnung eines Auslandsmarktes oder der Einfluss des variablen Wechselkurses auf die Ex- und Importströme zu bestimmen. Wer quantitativ arbeitet, muss schätzen wie stark die Exporte bei einem fallenden Wechselkurs der Inlandswährung (z.B. des Rubels) zu- und die Importe abnehmen. Allein der errechnete Saldo ist BIP-wirksam. Solche Berechnungen sind sehr mühsam und erfordern eine breite Datenbasis. Wer dagegen qualitativ analysiert, hat lediglich darauf hinzuweisen, dass beide Aspekte zu berücksichtigen sind. Die qualitative Methode wird primär in populär-wissenschaftlichen Sachbüchern, die quantitative in wissenschaftlichen Fachbüchern angewendet.

Unter den qualitativen Verfahren hat sich besonders die S.W.O.T.-Methode als aussagekräftiges Analyseinstrument bewährt. Sie ist heute bei jeder Länder- und Unternehmensanalyse ein kaum wegzudenkendes Analyse- und Planungswerkzeug. Die vier Buchstaben des Begriffes stehen im Englischen für Strengths (Stärken), Weaknesses (Schwächen), Opportunities (Chancen) und Threats (Gefahren). Der erste methodische Ansatz wurde in den 1960er Jahren an der amerikanischen *Harvard Business School* für Strategieentwicklungen in den Industrieunternehmen entwickelt. Die Manager hatten hiernach die Stärken auszubauen, Schwächen zu beseitigen, Chancen zu nutzen und Risiken zu meiden. Irgendwie hört sich das alles selbstverständlich an.

Es gibt viele Analyseformen, weil feste Aufstellungskriterien nicht vorliegen. In der Abbildung 6 wird die S.W.O.T.-Analyse für Russland nach der gtai-Version dargestellt. Die dortige Zuordnung der Argumente mag den Laien in einigen Fällen irritieren (wachsender Mittelstand versus zu wenig Unterstützung für den Mittelstand) und ihm in anderen unverständlich (welche Art von Entwicklung der Regionen ist gemeint?) erscheinen. Schließlich ist die Bewertung einzelner Überschriften nicht unstrittig (sind 5% Preissteigerung wirklich schon eine hohe Inflation?). Trotz dieser Schwächen ist die Matrix als Ganzes ein praktikables Analysewerkzeug. Sie bringt uns auf die Spur, wo nach Potentialen in der russischen Wirtschaft zu suchen ist.

Abbildung 6: S.W.O.T-Analyse für Russland (gtai)

SWOT-Analyse Russland	
Strengs (Stärken) - großer Binnenmarkt - konsumfreudige Verbraucher - Entwicklung der Regionen - Stabilisierungsfonds - geordnete Staatsfinanzen - politische Stabilität	Weaknesses (Schwächen) - Rohstoffabhängigkeit - Bürokratie und Korruption - zu wenig Unterstützung für Mittelstand - hohe Inflation - Wirtschafts- und Industriepolitik auf Großkonzerne konzentriert
Opportunities (Chancen) - Modernisierungsoffensive des Präsidenten (Energieeffizienz, Gesundheit, IT, Infrastruktur) - wachsender Mittelstand - Energieeffizienz - boomende Regionen, z.B. Sotschi als Austragungsort der Olympischen Winterspiele 2014 - miliardenschwere Zielprogramme (Transportsektor, Wasserwirtschaft)	Threats (Risiken) - langsame Implementierung von regulativen und rechtlichen Normen - Anfälligkeit für exogene Schocks im Rohstoffsektor - schwach entwickeltes Bankensystem/Kreditvergabe - demographische Entwicklung (Massiver Rückgang von Hochschulabsolventen) - Trend zu Protektionismus (z.B. Pharmazie)

Wenn wir stattdessen auf S.W.O.T verzichten und auf die eigene KGB-Methode zurückgreifen, so hat dieses Vorgehen drei praktische Gründe. Erstens reduzieren wir die Zahl der Argumente von 21 auf 6. Weil in der gtai-Version einige Argumente ähnlich klingen, wird der Leser nicht unbedingt die Nuancen auseinander halten. Zweitens kann die Begründung je nach Betrachtung umgedreht werden; eine Schwächenbeseitigung wird zur Stärke, eine Chance birgt Risiken usw. Was war aber zuerst? Diese Monographie konzentriert sich wegen ihrer Fragestellung auf die Chancen, da sie die Aufgabe hat, die Mobilisierungschancen russischer Ressourcen in einem Best Case-Szenario zu eruieren. Drittens möchten wir, dass sich der Nicht-Ökonom mit den Anfangsbuchstaben K – G – B die

Wirtschaftszusammenhänge besser merkt. Dahinter steckt ein wenig Marketing. Dem Westbürger wird der im Kalten Krieg berühmt-berüchtigt gewordene sowjetische Geheimdienst KGB nicht nur aus den James-Bond-Filmen mehr als der wissenschaftliche Begriff der S.W.O.T.-Analyse bekannt sein.

Dies vorausgesetzt, wird dem Leser den Unterschied zwischen den nachfolgenden sechs Potentialfaktoren eher behalten:

- KGB steht betriebswirtschaftlich (Mikroanalyse) für: **K**osteneffizienz implementieren (1), **G**esetze funktionieren lassen (2), **B**innenmarkt reformieren (3)
- KGV steht volkswirtschaftlich (Makroanalyse) für: **K**apitalmarkt aufbauen (4), **G**eographievorteile intensiver nutzen (5), **B**evölkerungswachstum fördern (6)

Die Unterscheidung in Mikro- und Makroanalyse ist trotz bestehender Abhängigkeiten zwischen den beiden Methoden unumgänglich, weil hiermit unterschiedliche Größen, Ursache-Wirkungs-Ketten und Zukunftsaussichten angesprochen werden. Es ist einleuchtend, dass die Summe der betriebs- und volkswirtschaftlichen Potentiale das gesuchte Reservenpotential der russischen Volkswirtschaft ergeben muss. Wie groß dieses sein könnten kann nur grob vermutet werden. Bei einer Analyse der Wachstumsrate des Potential - BIP, wird der Anteil der Reserven bis zu 50% des Ist-Wachstum betragen. Aus den angenommenen 2,5% Ist-Wachstum für Russland in den kommenden Jahren, können da schon 3,5%- 4% jährlich werden.

Über die einzelnen Entwicklungspotentiale (1) bis (6) herrscht nicht nur in Deutschland ein unterschiedlicher Wissensstand. Der Bundesbürger wird in den letzten Monaten im Zusammenhang mit der Ukraine-Krise vieles über die Gefahr eines „Gaskrieges" mit Russland gehört haben. Dadurch wird er automatisch mehr über den Faktor (5) wissen. Was kann er aber schon über die Alltagsprobleme eines russischen Musterbetriebes - Potentiale (1) bis (3) - sagen, wenn sein Interesse hier aus verständlichen Gründen gegen Null tendiert? Insgesamt ist es nicht einfach, darzulegen, wie die einzelnen Faktoren - wenngleich auf sehr weiten Umwegen - unsere „Imperialismusfrage" direkt tangieren. Ein indirekter Bezug wird dennoch sehr entfernt vermutet werden.

Selbstverständlich gilt es bei solchen Erklärungsversuchen, den Bogen nicht zu überspannen, weder zu pseudo-wissenschaftlich zu argumentieren noch zu nackten Dogmen zu greifen. Im Unterschied zur Politik darf der Ökonom keine dubiose Zielsetzung wie „Einhaltung der Staatsräson" oder eine „Handlung im Sinne der nationalen Sicherheit" anführen, die jeden nur erdenklichen ökonomischen Unsinn rechtfertigen könnte.

Nachfolgend werden die einzelnen Potentiale untersucht.

4.1. Fehlende Kosteneffizienz als Entwicklungsbremse

Volkswirtschaftliche Auswirkungen

Das fehlende betriebliche Kostendenken gehört zum klassischen postsowjetischen Erbe und ist auf den genannten planerischen Produktionsfetischismus zurückzuführen. In der Input-Output-Tabelle in der Abbildung 2 bestehen die Kosten - betriebswirtschaftliche Aufwand - aus Vorleistungen (Sachkosten) und Löhnen (Lohn- oder Personalkosten). Löhne sind Kosten in betriebswirtschaftlicher und gleichzeitig Teil des Sozialproduktes (Mehrwertes) in volkswirtschaftlicher Sicht.

Unterstellen wir, der Mehrwert wird hälftig auf die Löhne und Gewinne verteilt, so ergeben sich für die Einzelsektoren folgende Kostenquoten (Kosten in Relation zum Produktionswert) und Sozialprodukte:

- Energiesektor Gesamtkosten 120, davon 100 Sachkosten und 20 Lohnkosten, Kostenquote 85,7%
- Schwerindustrie Gesamtkosten 145, davon 110 Sachkosten und 35 Lohnkosten, Kostenquote 80,6%
- Leichtindustrie Gesamtkosten 70, davon 50 Sachkosten und 20 Lohnkosten, Kostenquote 77,8%
- Sozialprodukt (BIP) als Gesamteinkommen der Wirtschaftssubjekte (Löhne 75 und Gewinne 75) 150
- Produktionswert aller Sektoren als Summe aus Vorleistungen 260 und Sozialprodukt 150 = 410

Wie verändern sich die Komponenten, wenn die Kosten um einen bestimmten Prozentsatz steigen (fallen)?

Eine sektorenübergreifende Sachkostenersparnis von zum Beispiel 10% brächte der Volkswirtschaft eine überproportionale Steigerung des BIP (Sozialproduktes) um 26 auf 176, also um stolze 17,3%! Das wäre nach marktwirtschaftlichem Verständnis ein toller Erfolg. Die Planer dachten jedoch in kostenfeindlichen Kategorien: Ihnen war ein Anstieg des Produktionswertes von 10% wichtiger, als der der Löhne und Gewinne, da sie diese und damit das Sozialprodukt ohnehin zentral bestimmten. Produktionsgrößen waren wichtiger als Einkommensgrößen.

So konnten im Extremfall bei einem Produktionsanstieg von 10% auf 451 die Löhne und Gewinne und das Sozialprodukt mit 150 theoretisch unverändert bleiben. Der gesamte Produktionszuwachs von 41 wäre dann durch die gestiegenen Sachkosten aufgezehrt und hätte keinen Beitrag zur Erhöhung der Endnachfragegüter im Konsum- und im Investitionsbereich geleistet.

Es klingt grotesk, die Orientierung der betrieblichen Anreizsysteme an der reinen Produktion lädt förmlich zur Kostenverschwendung ein. Je höher die Vorleistungen, also die Kosten, desto höher der Produktionswert. Die Planer bekommen widersprüchliche Signale, wenn die Produktion steigt obwohl der Betrieb Verluste macht. Im Westen wäre ein solches Ergebnis ein klassisches Anzeichen von Misswirtschaft, im Osten wird es als Erfolg gefeiert, das Management und die Belegschaft bekommen Prämien. Alle wären zufrieden, nur der Endverbraucher nicht.

Nach westlichen Effizienzmaßstäben bedeutet ein unverändertes Sozialprodukt (BIP) von 150 bei einem um 10% auf 451 gestiegenen Produktionswert einen ökonomischen Rückschritt. In diesem Fall verschlechtert sich der Effektivitätsgrad (Bruttomarge), also die Relation von Sozialprodukt zur Produktion, von 36,6% auf 33,3%. Steigt der Output (Sozialprodukt) schneller als der Input, sprach man in der Planwirtschaft vom intensiven Wachstum; war es umgekehrt, hatten wir es mit dem extensiven, für Planwirtschaften typischen Wachstumstypus zu tun.

Im Normalfall wird bei jeder Produktionsausweitung selbst in einer ineffizienten Zentralverwaltungswirtschaft das Sozialprodukt dennoch „etwas" ansteigen, oft jedoch nur unterproportional. Es darf nicht übersehen werden, dass die Sachkosten unter anderem die Amortisationskosten der Investitionsobjekte enthalten und damit zum Teil - wenigstens kalkulatorisch - objektiv waren.

Die systemimmanente kostenfeindliche Denkweise war im Ostblock weit verbreitet und hatte sich jahrzehntelang in den Köpfen aller Wirtschaftssubjekte festgesetzt. Sie ist aus eben diesen Köpfen auch nach fast einem Vierteljahrhundert nur schwer zu verbannen. Wenn

Betriebswirte heute noch von einem Niveaugefälle im Kostenbereich zwischen Russland und den westlichen Industrieländern sprechen, meinen sie das obige Phänomen, welches sich selbst graphisch darstellen lässt (unten).

Sicher wird ein Kostensparen (Kosteneffizienz) durch Wettbewerb stimuliert. Warum fördert der russische Staat so wenig den Wettbewerb, wo doch eine höhere Kosteneffizienz, wie gezeigt, ein höheres Sozialprodukt und damit höhere Lohn- und Ertragssteuern impliziert? Umgekehrt spült das schädliche Denken in veralteten Produktionskategorien nur die leistungsfeindlichen Umsatzsteuern in die Staatskassen. Diese Steuer hat letztendlich der arme Endverbraucher - nicht anders war es in der Sowjetunion - zu zahlen, was seinen Lebensstandard mindert.

Vorab der erste banale Erklärungsversuch auf der Basis einer logischen Argumentation: Wäre es so einfach, würde der Staat von dieser Option schon längst Gebrauch gemacht haben. Demnach muss die Zurückhaltung andere Begründungen haben. Es wird unten gezeigt, dass selbst der omnipotente russische Staat vielen Selbsterhaltungszwängen unterliegt. Denn eine radikale Umstellung auf eine wettbewerbsfähige Marktwirtschaft würde eine Bedrohung der etablierten Machtstrukturen implizieren. So viel zum Anfang.

Betriebswirtschaftliche Auswirkungen

Um die betriebswirtschaftlichen Auswirkungen besser zu verstehen, ist es sinnvoll, auf die in der Allgemeinen Betriebswirtschaftslehre (ABWL) bekannten Kostenfunktionen zurückzugreifen, die, anders als in der Vorstellung der Planer, einen nicht-linearen Verlauf aufweisen. Betriebswirtschaftliche Grundkenntnisse helfen, die unteren Bezüge besser zu verstehen, sind aber nicht notwendig.

In der Marktwirtschaft bieten bei einem externen Marktpreis die im Wettbewerb stehenden Unternehmen so viel an, bis die Grenzkosten - das sind die Kosten der letzten Produktionseinheit - dem Marktpreis (PM in Abbildung 7) entsprechen. Es leuchtet ein, dass der „kostenbewusste" Betrieb niedrigere Grenzkosten (Grenzkosten 2) als der „Kostenverschwender" (Grenzkosten 1) aufweisen wird. Gleiches gilt für ihre Durchschnittskosten (Durchschnittskosten 2 und 1). Im Endeffekt bieten beide Marktteilnehmer unterschiedliche Mengen an (M2 und M1) und erzielen unterschiedliche Gewinne (Gewinn 2 und 1). Die Gewinne errechnen sich aus der Differenz zwischen Marktpreis und Durchschnittskosten multipliziert mit der angebotenen Menge.

Betriebswirtschaftlich gesehen, befinden sich bei diesem logischen Verhalten beide Unternehmen im Gleichgewicht (Betriebsoptimum). Das idealtypische Modell funktioniert nur unter den Bedingungen des vollkommenen Wettbewerbs und stellt daher eine grobe Annäherung an die Wirklichkeit einer realen Marktwirtschaft dar. Dennoch erlaubt es, einige Schlussfolgerungen über die Folgen einer Umstellung der Betriebe von der Plan- auf die Marktwirtschaft abzuleiten. Unterstellt wird, dass beide Betriebe die Marktnachfrage (M1 + M2 = 60 + 40 = 100) voll ausschöpfen und keine Qualitätsunterschiede bei den Produkten vorliegen. Es lassen sich dann folgende Aussagen ableiten:

1. Nicht-lineare Kostenkurven gelten unabhängig vom Land und Wirtschaftssystem. Sie resultieren aus der Tatsache, dass es fixe (z.B. Lohnkosten) und variable Kosten (z.B. Energie- und Materialverbrauch) gibt. Mit steigender Produktionsmenge fallen zunächst die fixen Stückkosten und damit die gesamten Stückkosten.

Abbildung 7: *Unternehmensgleichgewicht in einer Marktwirtschaft beim unterschiedlichen Verlauf der Kostenkurven.*

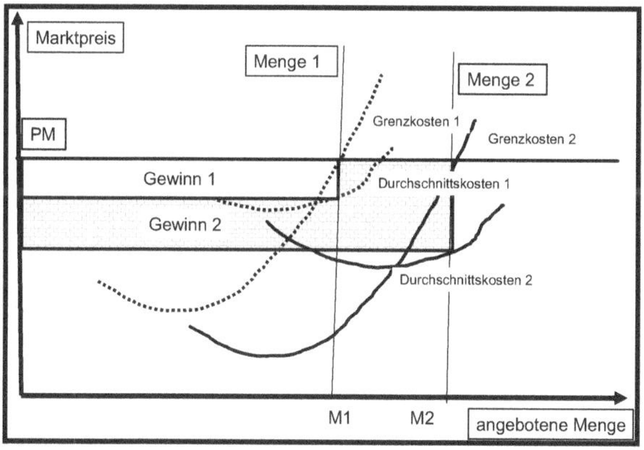

Diesen Sachverhalt beschreiben die Betriebswirte mit dem Fachbegriff Kostendegression. Ab einer gewissen Ausbringung beginnen die Kosten wieder anzusteigen.

2. In einer Planwirtschaft wird der „kostenbewusste" Betrieb „mauern", seine Möglichkeiten einer Angebotsausweitung der

Zentrale verheimlichen und stille Reserven aufbauen. In der Marktwirtschaft weitet der Kosten-Champion die Produktion bis M2 (Gleichgewichtsmenge) aus und erzielt einen höheren Gewinn als der Kostenverschwender. Die Gesamtproduktion wird in der Planwirtschaft nur 80 betragen, da beide Unternehmen jeweils 40 produzieren (einer mauert, der andere ist nicht in der Lage, mehr zu leisten), in der Marktwirtschaft 100.

3. Der Kostenverschwender hat in einer Planwirtschaft solange eine Existenzberechtigung, wie es Nachfrage für sein Produkt gibt. Beide Unternehmen konkurrieren nicht miteinander. Der bessere Betrieb kann und will den schlechteren nicht verdrängen. Sie produzieren die gleichen, von Jahr zu Jahr um die Planvorgaben erhöhten Mengen von 80 + Erhöhung. Wenn der Bessere mehr Kosten spart, baut er heimlich weitere stille Reserven auf. Wenn sich der Schlechtere weiter verschlechtert, macht er zwar weniger Gewinn oder sogar Verlust, bleibt aber dennoch am Markt (weiche Budgetrestriktionen).

4. Eine externe Änderung der Preise hat in einer Planwirtschaft die gleiche Auswirkung wie die interne Verschiebung der Kostenkurve in einer Marktwirtschaft. Sie ändert die Reserven- und Gewinnlage beider Betriebe. Ein Abrutschen in die Verlustzone bei einer (zentralen) Preissenkung ist für beide unschädlich, weil sie entweder subventioniert werden oder der lediglich auf „dem Papier stehende" Verlust keine Auswirkungen hat. An zukünftigen Planvorgaben und den angebotenen Mengen wird sich nichts ändern. Die Preisänderung kann allerdings das Verhalten der Nachfrager beeinflussen, was von der Zentrale oft beabsichtigt wird. Sinkt die Nachfrage, müssen beide Betriebe womöglich weniger produzieren, und der Staat wird Subventionen sparen.

5. In der Marktwirtschaft werden bei den Kosten- und Preisbewegungen (nach oben, nach unten) die dazugehörigen Gleichgewichtsmengen M1 und M2 verschoben; es kommt zu Anpassungsprozessen; neue Wettbewerber drängen auf den Markt, alte verschwinden, weil sie Verluste erwirtschaften.

6. Vielen Zeitgenossen erscheint es schleierhaft, warum heute in Russland Kapitalismus und extreme Kostenverschwendung nebeneinander bestehen können, gilt doch nach der reinen Lehre das kapitalistische Wirtschaftssystem als sehr effektiv.

Des Rätsels Lösung liegt in dem Phänomen der Existenz von „Kosteninseln", die grundsätzlich in vom Weltmarkt isolierten Marktwirtschaften (Teilmärkten) mit einem begrenzten Wettbewerb anzutreffen sind (Abbildung 8). Auch auf einer „Kosteninsel" herrscht bei einem höheren Kosten- und Preisniveau Wettbewerb unter den Betrieben. Wird hier der isolierte Inlandsmarkt für die Auslandskonkurrenz geöffnet, passen sich die Inlandspreise den niedrigeren Weltmarktpreisen an. Diese Anpassung erinnert an das System der kommunizierenden Röhre, in dem die Röhre die Produzenten und die durchfließende Wassermenge die Nachfrage darstellen.

Abbildung 8: *Anpassungsprozesse der Kosten, Gewinne und Angebote bei einer Öffnung des Inlandsmarktes für die Auslandskonkurrenz*

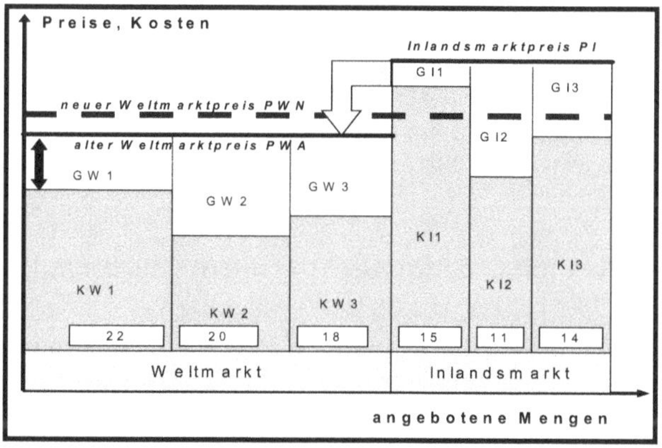

In der Abbildung 8 decken jeweils drei konkurrierenden Betriebe die Weltmarkt- und die Inlandsnachfrage von jeweils 60 und 40 ab. Das Inland zeichnet sich durch einen höheren Preis PI aus, der auf das höhere Kostenniveau einer „Insel" zurückzuführen ist. Dennoch erwirtschaftet hier jeder Betrieb Gewinne, der sich z.B. beim Betrieb I1 pro Produkt als die Differenz PI - K1 = G1 errechnet. Durch die Öffnung des Inlandsmarktes (Pfeil) für die Auslandskonkurrenz entsteht ein neuer Weltmarkt mit einer gestiegen Gesamtnachfrage von 100 und einem leicht höheren Weltmarktpreis PWN. In der neuen Preis-Kosten-Konstellation geht der Inlandsbetrieb I1 in Konkurs, da seine Kosten KI1 jetzt über dem Weltmarktpreis liegen. Die von ihm bis dato gedeckte Nachfrage von 15 wird bei linearen Kostenfunktionen gleichmäßig auf die restlichen fünf Anbieter aufgeteilt. (Bei einem nicht-linearen Kostenverlauf erfolgt eine andere Aufteilung. Dieser Effekt ist in der Graphik nicht zu sehen).

Im Endeffekt werden am Ende des Anpassungsprozesses neben der Insolvenz von I1 die verbliebenen Inlandsbetriebe I2 und I3 Gewinneinbußen hinnehmen müssen - falls es ihnen nicht gelingt, die Kosten zu senken -, während die Auslandsbetriebe W1 bis W3 ihre Gewinne leicht steigern. Dieses Ergebnis war zu erwarten.

Die Summe aller Kostendifferenzen zwischen den Weltmarkt- und den Inlandsmarktanbietern ergibt den „Verschwendungszuschlag", der in der Input-Output-Tabelle die Differenz zwischen den Vorleistungen darstellt. Jetzt ist der Bezug zur volkswirtschaftlichen Betrachtungsweise endgültig hergestellt.

Summa summarum gilt: Höhere Kosten bei einzelnen Betrieben ergeben in der Summe auf der Makroebene weniger BIP und umgekehrt. In den ineffizienten „Kosteninseln" schlummern hohe Potentiale trotz eines funktionierenden Inlandswettbewerbs. Auch dieses Ergebnis ist vom „Gefühl her selbsterklärend", es lässt sich andererseits auch betriebswirtschaftlich sauber ableiten.

Die Kosten-Realität in der russischen Unternehmenslandschaft

Bisherige Ausführungen lieferten die theoretischen Grundlagen für die Parallelität von Wettbewerb und Kostenineffizienz in einer vom Weltmarkt isolierten Volkswirtschaft. Wie sieht in diesem Kontext die russische Praxis aus?

Für Russlands Volkswirtschaft wird die Kostensituation in den Großkonzernen des Energiesektors und anderen Oligopolen, also den „strategischen Wirtschaftszweigen", entscheidend sein. Für diese Bereiche gelten - wie übrigens für Oligopole schlechthin - andere Regeln als in einer Marktwirtschaft mit freiem Wettbewerb. Einer aussagekräftigen Kostenanalyse lassen sich nur mittlere und kleine russische Betriebe (KMU) in Wirtschaftszweigen unterziehen, in denen tatsächlich Wettbewerb herrscht.

Beginnen wir mit der Wettbewerbsfähigkeit. Russland kann mit einer „Hochkosteninsel" mit wenig Auslandskonkurrenz verglichen werden. Die Kostenineffizienz zementiert der Status quo, da die Nachfrage voll von den bestehenden Betrieben und den Importen gedeckt wird. Nennenswerte inländische Markt-Newcomer gibt es angesichts der schleppenden Gründungswelle und des Desinteresses der Wirtschaftspolitik kaum. Die letzten spektakulären Pleiten heimischer Unternehmen in der Jelzin-Zeit hatten exogene Ursachen, sie waren auf die Währungsturbulenzen und die ruinöse Importkonkurrenz zurückzuführen.

Die wenigen Ausländer im Konsumsektor (McDonalds & Co.) sind heute längst positioniert. Im Investitionsbereich gibt es dagegen kaum ausländisches Engagement ohne russische Beteiligung. So scheint im Inland schon alles verteilt zu sein. Und auf den Auslandsmärkten?

Auf den Weltmärkten sind die russischen Massenprodukte derzeit nicht konkurrenzfähig. Als Musterbeispiel können hier PKWs genannt werden. Allenfalls lassen sich diese Gefährte in den Ländern mit ähnlich „defekten Kostenstrukturen" - so in der GUS (Gemeinschaft Unabhängiger Staaten) - verkaufen. Auf westlichen Märkten sind die russischen „Ladas" trotz attraktiver Preise selten anzutreffen. Die Konsumenten im früheren Ostblock haben sich zuhauf über die Qualität russischer Konsumwaren lustig gemacht und sie als „einfach, robust und für die Ewigkeit bestimmt" beschrieben. Wenn sie schon gekauft werden mussten, so geschah das oft aus politischen und propagandistischen Gründen.

Die Kostenineffizienz russischer Betriebe im Vergleich zu der ausländischen lässt sich mit zahlreichen betriebswirtschaftlichen Indikatoren, wie den Kostenquoten, Intensitätskennzahlen oder Produktivitätskennzahlen - auch die Weltbank entwickelte hier eigene Kennzahlen - belegen. Im internationalen Kontext sind vor allem Vergleiche wie „Wie viel kostet ein Kilometer Straßenbau in Russland und in Westeuropa?" oder „Wie viel Energie verbraucht ein durchschnittlicher russischer Betrieb, um einen US-Dollar Gewinn zu erzielen?" beliebt. Das Universum solcher Indikatoren ist immens und führt immer zu gleich schlechten Ergebnissen für die russischen Vergleichsbetriebe. In den letzten Jahren verstärkten zudem die steigenden Lohnkosten den ohnehin ungünstigen Trend. Zu fragen bleibt, ob diese Unterlegenheit für alle erdenkliche Güter- und Dienstleitungen gilt.

Exkurs: noch zur Konkurrenzfähigkeit russischer Produkte auf den Weltmärkten

Auch in den kommenden Jahren ist nicht zu erwarten, dass russische Firmen bei Gebrauchs- oder Verbrauchsgütern, so wie die Chinesen, auf dem Weltmarkt konkurrenzfähig werden, geschweige denn Teile desselben erobern. Ebenso ist ein mittelständischer russischer Maschinenbieter oder Hersteller von Präzisionsanlagen auf dem westlichen Markt zunächst kaum vorstellbar.

Dessen ungeachtet klaffen die Expertenmeinungen über die Konkurrenzfähigkeit Russlands bei bestimmten Investitionsgütern auseinander. Das Land verfügt über ein ausreichendes Know-how und qualifiziertes technisches Personal, um im globalen Wettbewerb in einer Reihe von High-Tech-Branchen zu bestehen, in denen die Kostenfrage nicht im Vordergrund steht. Dazu zählen neben der erwähnten Rüstungsindustrie und Kernenergie die kommerzielle Luftfahrt- und Raumfahrttechnik (Satelliten und GPS), IKT-Hard- und Software, Elektrofahrzeuge, zivile Hochgeschwindigkeitszüge, Petrochemieanlagen und generell schweres Bergbaugerät. Alle diese Industriezweige dürften von dem enormen Nachfragewachstum auf großen Märkten wie China, Afrika und Indien profitieren. Die ungünstigen Kostenstrukturen sind ein wichtiges, aber nicht ein entscheidendes Hindernis für die Produktion, wenn Bestellungen sich am Preis-Leistungsverhältnis orientieren. Es gibt Kunden, die sich teure moderne Westtechnik nicht leisten können und dafür auf billigere Lösungen mit geringerem Leistungsprofil ausweichen. Die Investitionsrechnung als Spezialfach der Betriebswirtschaftslehre befasst sich mit diesem klassischen Thema seit Jahrzehnten.

Es ist bemerkenswert, dass Russland mit den hoch entwickelten Ländern Ungarn und Finnland Abkommen zum Bau von Atomkraftwerken schloss - hier schritt die EU erneut als Störenfried ein - und in der Türkei wahrscheinlich auch zum Zuge kommt. Aufgrund der Bemühungen zur „Entkarbonisierung" (Verzicht auf Kohlekraftwerke) des globalen Energiesystems wird die Nachfrage nach Atomenergie zunehmen. Russlands Atomreaktoren scheinen sicherer und konkurrenzfähiger zu den anderswo produzierten Anlagen zu sein.

Ebenso könnten in Russland gebaute Zivilflugzeuge in Partnerschaft mit internationalen Firmen, die mit hiesigen Unternehmen im Bereich hochentwickelter IKT-Avionik arbeiten, auf den weltweiten Markt bestehen. „Russland hat sich zu einer stabilen Marktwirtschaft ... entwickelt und mit einer vernünftigen Wirtschaftsstrategie bestehen gute Aussichten für jahrzehntelanges rasches BIP-Wachstum und Fortschritte im High-Tech-Bereich", urteilt *Jeffrey Sachs*, Professor für Sustainable Development, Health Policy und

Management sowie Direktor des Earth Institutes an der Columbia University in New York.

Zudem sind die hohen Kosten in Russland nicht überall und immer systembedingt und zum Teil mit externen Störfaktoren wie ungünstigem Klima, langen Verkehrswegen, fehlenden Fachkräften oder dem veralteten Produktionsstock objektiv zu erklären. Hier ist eine Effizienzsteigerung nur bedingt möglich.

Nach der Weltmarktöffnung - Russland ist seit 2013 Mitglied der WTO - aus der Kostenfalle im Konsumbereich zu entkommen, wird für viele Inlandsbetriebe nicht einfach sein. Soll teures Kosten sparendes Know-how importiert werden, um die Kostenstrukturen zu verbessern, sind finanzielle Kraftakte und Investitionsrisiken einzugehen. Die meisten, in der Sowjetzeit kaum existenten KMU-Betriebe haben aber keine Tradition im Investieren und sind sich bezüglich der weiteren Geschäftsentwicklung unsicher. Sie fürchten nicht in erster Linie die Inlandskonkurrenz, sondern die unstetige Wirtschaftspolitik der eigenen Regierung.

Wer behindert die Etablierung eines neuen Kostenbewusstseins?

Das Kostenproblem ist landesweit seit langem bekannt. Es fehlen jedoch Kräfte in Wirtschaft und Politik, die ernsthaftes Interesse hätten, diesen Zustand endlich zu verbessern. Der Staat tut hier pro forma seine Pflicht, indem er stets seine Anstrengung bei der Modernisierung der Wirtschaft beteuert. Das Programm „Russland 2020" will, durch die linearen Steigerungen öffentlicher Ausgaben im sog. 4I-Bereich – Innovation, Institutionen, Infrastruktur und Investitionen – die betrieblichen Wachstumskräfte beleben. In der harten wirtschaftlichen Realität fließt das Gros der Budgetmittel fast nur in die beiden letzten Bereiche des staatlichen Sektors. In die Förderung des KMU-Sektors kommt wenig an.

Der Grund für diese Aversion ist der fehlende Glaube an den Erfolg einer Entwicklung „von unten", die Eigendynamik der Marktkräfte und die Entwicklungskraft einer Zivilgesellschaft. Diese drei Zustände kann sich die herrschende Bürokratie ganz schlecht vorstellen. Ferner erkennen die Bürokraten das (noch) kaum präsente Kleinunternehmertum nicht als die tragende Säule eines kostenfördernden technischen Fortschrittes an. Umgekehrt fallen die Oligarchen als Investoren im KMU-Bereich aus. Sie beziehen ihre Dividenden-Millionen aus sicheren Beteiligungen und gehen nicht das

Risiko ein, sich im „small business“ zu verzetteln. Wer soll sich da noch um die Kosten kümmern?

Gleiches gilt mehr oder weniger für ausländische Direktinvestoren außerhalb des dominierenden Energie- und Rohstoffsektors, die über genügend Gründungskapital verfügen. Sie könnten theoretisch in die konsumnahe Branchen investieren und im Kostenbereich eine Vorbildfunktion einnehmen. Das ist für diese Gruppe nicht so aufregend. Die meisten der westlichen Geschäftsleute wollen im Land „etwas verkaufen und nicht investieren. Volumenstarke Direktinvestitionen aus dem Ausland in anderen Sektoren kommen in Russland nicht häufig vor. Für 2013 soll die deutsche Wirtschaft in Russland ein kumuliertes Volumen an Direktinvestitionen von gerade 10 Mrd. € ausgewiesen haben. Das ist sehr wenig.

Reinen russischen KMU-Unternehmen fehlen dagegen oft die Mittel für eine einfache Geschäftsführung, geschweige denn für eine Expansion. Neben den Finanzierungslücken behindern Korruption und mangelnde Rechtstaatlichkeit - darüber unten mehr - den schleppenden Gründungsprozess.

Als Zwischenfazit bleibt festzuhalten: Russlands Wirtschaft ist in den Augen der Verantwortlichen gegenwärtig auf KMUs und Kosteneffizienz nicht angewiesen. In vielen konsumnahen Sektoren wird dagegen zu wenig investiert.

Dennoch sind die riesigen Mittelverschwendungen, besonders im Energiebereich, das augenfälligste Charakteristikum der russischen Betriebswirtschaft. Darüber sind sich die in Moskau ansässigen westlichen Bildungs-, Marketing-, Controllings-, Unternehmens- und Personalberater im Klaren, die für ihre Firmen das große Geschäft wittern. Für solche betriebswirtschaftlichen Beraterdienste herrscht(e) hierzulande eine wahrhafte Goldgräberstimmung. Viele Adressen unterhalten im Land Dependenzen und hoffen auf Großaufträge, falls sie nur an die richtigen Leute in den Ministerien herankommen. Ihre Zielgruppen sind neben Firmenniederlassungen (Siemens & Co.) der Heimatländer, die öffentlichen Verwaltungen, Banken und eventuell auch russische Großunternehmen. Wäre also die obige „Potentialthese“ eine reine Utopie, würden diese scharf kalkulierenden Consulter schnell ihren Standort schließen. Die fixen Kosten für ein Moskauer Büro sind hoch.

Als Dozent an der ANX-Akademie in Moskau, der primär auf Börsenfragen spezialisiert ist, war ich nicht schlecht erstaunt, als ich statt über die Kapitalmärkte Vorlesungen in Controlling und Kosten- und Leistungsrechnung lesen sollte. Im Deutschen MBA-Studium an dieser Hochschule war die Logistik ein sehr gefragtes Fach. Wo man nicht hinschaute, Betriebswirtschaft und Beratung!

4.2. Rechtsstaatlichkeit, Ordnungspolitik und Wirtschaftsentwicklung hängen eng zusammen

Großkonzerne und Ausländer genießen mehr Rechtsschutz

Ein verlässlicher Rechtsrahmen ist ebenso eine Grundvoraussetzung für den Aufbau einer funktionierenden Marktwirtschaft wie ein freier Wettbewerb. Zu diesem Rahmen zählt neben den fördernden Charakteren der Rechtsnormen deren Zuverlässigkeit. Die Kenntnis der Spielregeln ist dabei häufig wichtiger als der formale juristische Status. In vielen Entwicklungsländern mit wirtschaftsfeindlichen Gesetzen funktioniert die Marktwirtschaft trotzdem ausgezeichnet, weil die Gesetzesbrüche, ähnlich der Kontraindikatoren an der Börse, „berechenbar" sind. Das Erfordernis der Regelkonstanz geht so weit, dass die Bestechungsgelder als geltendes Gewohnheitsrecht in einigen westlichen Ländern wie der Schweiz inoffiziell akzeptiert werden. Fallen diese nicht aus dem Rahmen, werden beleglose Angaben von Finanzämtern als Betriebsausgaben honoriert.

Westler wissen wenig über den gesetzlichen Rahmen der russischen Wirtschaft. Allgemein hat sich bei uns der wohl nicht ganz falsche Eindruck durchgesetzt, im Land herrsche allgemeine Korruption und eine defekte Rechtstaatlichkeit. Sickert etwas mehr durch, so sind das Infos über spektakuläre Prozesse, in denen Oligarchen (Fall Chodorkowski von 2004) oder große Westkonzerne (BP in 2006) in Konflikt mit der russischen Staatsmacht geraten waren. Das wird nur die Spitze des Eisberges sein. Meistens geht es in diesen Fällen um für Außenstehende undurchsichtige Steuerdelikte. Unsere Systemmedien liefern dann neben dem Tatsachenbericht in der Regel die „richtige" Interpretation direkt mit. Fragliche Anklagen wegen Wirtschaftsstrafdelikten kommen weltweit vor, „politisch willkommen" Steuerflüchtlinge erhalten häufig im Westen Asyl. Wer kennt da schon die Einzelheiten? Selbst gegen den Super-Oligarchen Chodorkowski sollte in Deutschland irgendwann ein Geldwäscheverfahren anhängig gewesen sein (?).

Kann das defekte Rechtssystem die russische Wirtschaft behindern? Zu unterscheiden ist hier die Lage zwischen den Großkonzernen und dem Kleinbusiness.

Da der russische Staat heute als Eigentümer die Großkonzerne über das Top-Management kontrolliert, ist die juristisch bedingte Bremswirkung in diesem Sektor ausgeschlossen. Größe schützt auch in Russland vor Willkür. Ebenso ist bekannt, dass das ausländische Kapital besser als das einheimische vor der Bürokratie und korrupten Beamten geschützt wird. Die Politik ist hier mehr auf Reputation bedacht. Das klingt selbstverständlich.

Auch internationale Investitionsschutzabkommen gewähren den Auslandsinvestoren Schutz, wie der Name schon sagt. Zudem bringt der Status des Auslandskapitals reichen Insidern einen weiteren Vorteil. Es ist ein offenes Geheimnis, dass mit staatlicher Billigung das russische Schwarzgeld und steuerflüchtiges Kapital der superreichen Inländer - via Zypern und Niederlande neu als „ausländisches" Kapital gewaschen und so legalisiert - wieder ins Land zurückkommt und reinvestiert wird. Diese Variante scheint der Politik immer noch effizienter zu sein, als wenn das Kapital für immer das Land verlässt. Kehrt es zurück, wird es schon irgendwo in der legalen Wirtschaft investiert - beruhige sich die Offiziellen. Vor diesem Hintergrund haben nur Kenner der Materie verstanden, warum sich 2013 ausgerechnet der russische Präsident in der Krise der zypriotischen Banken aus dem weiten Kreml einmischte. Putin hatte sich gegen die Erhebung einer Abschlagsteuer auf private Einlagen auf der kleinen Mittelmeerinsel ausgesprochen.

Im Kleinbusiness soll sich in den autokratischen Putin-Zeiten nach der chaotischen Jelzin-Ära auf dem Gebiet der Rechtsstaatlichkeit einiges gebessert haben. Wenn das so stimmt, hat das Land noch einen weiten Weg vor sich, bis es die westlichen Standards erreicht. Einem Ausländer, der das russische Fernsehen schaut, fällt vor allem die Dreistigkeit auf, mit der die neue Nomenklatur Gesetze bricht. Besonders im Straßenverkehr zählt(e) da menschliche Leben immer noch wenig. Er wird es grotesk finden, wenn hohe Beamte und Minister jahrelang unbemerkt stehlen und sich mit seinem Privatflugzeug ins Ausland absetzen. Die Russen wundern solche Affären nicht. Das „süße Leben" der Neureichen und mafiöse Strukturen gehören zum Alltag und könnten in so manchen Fällen als Vorlage für einen Bestseller dienen.

Dem Westler, der von den Details wenig verstehen mag, ist nur eins klar: Ohne das Wegsehen, Ordnungshüter, der Gerichte, des Geheimdienstes und der obersten Steuerbehörden geht so etwas wohl nicht! Ist es aber in anderen Entwicklungsländern viel anders?

Der „juristische Alltag" eines russischen Kleinunternehmens - die Betriebe als Opfer und Täter?

Vorgenannte Privilegien und Schlupflöcher genießen inländische KMU-Unternehmen nicht. In der Literatur wird im Gegenteil weit und breit über die juristischen Hindernisse im Alltag, vor allem über die Probleme mit den Steuerbehörden und der Allmacht der Bürokratie, berichtet. Diese hören sich, was die Ausübung der unternehmerischen Freiheit anbelangt, nicht gerade ermutigend an.

Nach solchen Berichten scheinen selbst elementare Grundrechte wie die Eigentumsfragen nicht gesichert zu sein. In Fernsehreportagen wurde oftmals über Exzesse berichtet, wie Existenzgründer nach der Rückkehr aus dem Wochenende ihre Lokale durch andere beurkundete Besitzer „wild besetzt" vorfanden. Die Alteigentümer hatten die Wahl, sich entweder mit bezahlter Gewalt durch kriminell-gewerbliche Räumungs- und Sicherheitsdienste ihre Objekte zurückzuerobern oder auf die weitere Geschäftsfortführung zu verzichten. Unklare Eigentumsfragen hemmen Kreditvergaben, da Banken belastete Objekte nicht als Sicherheiten akzeptieren.

In anderen Fällen waren laut Unternehmensbefragungen in Moskau bei Gewerbegründungen 250 Genehmigungen notwendig. Da jede solche Genehmigungsprozedur dauert und Bestechungen im Spiel sind, kann sich der Leser ein Bild über „Markteintrittskosten" machen. Umgekehrt fängt mit der Betriebseröffnung das echte unternehmerische Risiko erst an.

Wer als Interessierter ein wenig mehr über die Alltagssorgen des russischen Small Business und der Mid Caps erfahren möchte, der sei auf die Webseiten und Veröffentlichungen der Deutsch-Russischen Auslandshandelskammer oder des russischen KMU-Verbandes *Opora Rossiji* verwiesen. Die erste Quelle informiert in Hochglanzbroschüren über mit hochkarätigen Wirtschaftsnamen besetzten Symposien und Tagungen. In solchen Veranstaltungen wird gerne über formale und abstrakte Probleme wie die „Symbiose von Groß und Klein" oder den „Paradigmenwechsel in der Innovationsfrage" debattiert. Mit der Alltagspraxis hat das alles wenig zu tun. Als Kontakt- und Geschäftsanbahnungsadresse ist die Förderstelle mit gut 20 Angestellten für deutsche Interessenten in Moskau dennoch erste Wahl.

Die zweite Quelle wird schon konkreter. Dort erfährt der Leser mehr über die wahren Probleme des hiesigen KMU-Sektors. Aus den Gerichtsurteilen, den Hauptthemen des Klagewesens oder den regulären Unternehmensbefragungen zur Geschäftslage gewinnt er einen Einblick in das rechtliche Umfeld der Kleinbetriebslandschaft. Erstaunlicherweise stehen juristische Fragen nicht im Mittelpunkt des Sorgenkatalogs des Sektors. So wurden Korruption und organisierte Kriminalität von gerade durchschnittlich 5% und Horrorauflagen, wilde Betriebsprüfungen und Kontrollen von 10% der Befragten als ernstes Entwicklungshindernis angesehen, während sich über 20% der Unternehmer über den Mangel an qualifiziertem Personal beschwerten. Ohne Zweifel sind die rechtlichen Probleme eines hiesigen Kleinbetriebes und Mittelständlers viel größer als die seines deutschen Pendants.

Daraus allein zu schließen, die russischen Mittelständler seien nur „Opfer" der Bürokratie und der mangelnden Rechtsstaatlichkeit, wäre unlogisch und verkürzt. Schauen wir auf Ländern mit ähnlicher Entwicklungsstufe, genießen erwartungsgemäß auch in Russland nicht nur Großunternehmen Vorteile, die aus der Unterentwicklung der Märkte und anderen Wettbewerbsschwächen resultieren. Diese resultieren aus den unzureichend gesicherten Arbeitnehmer- und Konsumentenrechten. Im Vergleich zu den westlichen Staaten implizieren beide Schwachpunkte signifikant höhere Gewinnmargen. Die Liste der Begründungen, wie das ordnungspolitische Umfeld die russischen Unternehmen zu „Täter" machen kann, ist sehr lang. Schwarzarbeit, Hinterziehung von Steuern und Sozialausgaben, Vorenthaltung von Lohn- und Lohnfortzahlungen, Verletzung der Urlaubsansprüche, niedrige Zahlungsmoral, massive Ausbeutung von Gastarbeitern aus den GUS-Ländern, ein durchlässiges Arbeitsrecht sind die Alltagsbilder, über die der westliche Leser selten etwas erfährt.

Diese Missstände werden nicht von Dauer sein. Wie die spannende Wirtschaftsgeschichte anderer Emerging Markets lehrt, stabilisiert sich in diesen Ländern das desolate Rechtssystem im Laufe der wirtschaftlichen Entwicklung, und die Profite fallen ebenfalls. Schon Karl Marx sah die fallende Profitrate als ein Hauptgesetz des Frühkapitalismus an. Das kann heute gut am chinesischen Beispiel beobachtet werden, wo die Wende mit steigenden Löhnen und der Gründung von Gewerkschaften beginnt. Den besten Schutz bietet in der Phase des Qualitätswachstums die steigende Nachfrage nach qualifizierten Fachkräften. Es bleibt also festzuhalten: Wo es in der Gründungsphase höhere Risiken gibt, sind auch die Geschäftschancen (Gründerdividenden) höher.

Die Sentimentindikatoren: Russland hat beim Doing Business- und dem „Bestechungsindikator" viel Nachholpotential

Der Geschäftsklimaindizes „Doing Business für KMU-Unternehmen der Weltbank" und der CPI-Index (*Corruption-Perception-Index),* auch Bestechungsindex genannt, von der Gesellschaft Transparency International helfen, die Attraktivität Russlands als Wirtschaftsstandort im globalen Vergleich zu bestimmen.

Beide Sentimentindikatoren korrelieren generell mit dem BIP einzelner Länder. Reiche (arme) Länder weisen in der Regel hohe (niedrige) Rankingpositionen aus. Damit sind zeitliche Verschiebungen in der globalen Rangskala ein zuverlässiger Indikator für die Entwicklung des untersuchten Landes. Ungeachtet dessen gibt es immer wieder markante Ausnahmen. So belegte 2013 das hoch entwickelte Italien nur Platz 65 im ersten Index und Frankreich den 52. Platz in demselben.

Obgleich beide Messkonzepte nicht unumstritten sind, finden sie eine breite Anwendung in der Länder- und Regionen-Analyse. Es fällt auf, dass die hinteren Plätze in beiden Indizes „im Bedarfsfall" und Medienleuten von Analysten gerne als Argument für die ökonomische Rückständigkeit und schlechte Zukunftsaussichten eines Landes herangezogen werden. (Im Research herrschen vergleichbare Abhängigkeiten, wie im Medienbereich).

Damit der Leser mehr über die Aussagekraft der beiden Sentimentindikatoren erfährt, wird der erste Index in seinen Komponenten genauer beschrieben.

1. Russland hat sich 2013 und 2014 im Doing Business Index stark verbessert

Das Land verbesserte sich 2013 um 19 Ränge auf Platz 92 von 189 Staaten. Ein ähnlich starker Fortschritt war bei der aufstrebenden Türkei zu beobachten. Die Unternehmensgründung ist einfacher geworden. Insgesamt dauerte es nur 15 Tage, um ein Geschäft zu eröffnen. Bei den einzelnen Komponenten war die Steigerung noch ausgeprägter. So ging es gleich um 29 Ränge nach oben bei der Eintragung von Immobilien in die öffentlichen Grundbücher. Daneben wurden Verbesserungen bei der Bearbeitungsdauer und der Standardisierung der Anmeldungen realisiert. Den größten Sprung nach vorne machte Russland beim Zugang zu Elektrizität (von 188 auf 117). Erstaunlich bleibt die Spitzenposition mit Platz 8 bei der Rechtsdurchsetzung von Verträgen. Schwach bleibt es weiterhin im Teilsegment „Erhalt von Baugenehmigungen“ (178). Der zweite Schwachpunkt ist der grenzüberschreitende Handel (157). Hier sind die Kosten sowohl für den Import als auch für den Export höher als im europäischen Durchschnitt. Durch die standarisierte Nutzung der elektronischen Erfassung der Export- und Import-Dokumente konnte das Grenzabfertigungsverfahren beschleunigt werden.

Der Vergleich zu anderen BRICS-Staaten (China Platz 96, Brasilien 116, Indien 134) zeigt, welches Nachholpotential diese Länder auf diesem Gebiet besitzen. Ob sie es praktisch nutzen wollen – an die Wettbewerbsbeschränkungen ist zu erinnern –, ist eine andere Frage. Auch darf nicht übersehen werden, dass der Index nur die Bedingungen für KMU-Unternehmen, nicht aber für die großen Konzerne misst.

Nachtrag: Ungeachtet der Sanktionen rechnet die Weltbank für 2014 und 2015 mit einer Verbesserung der Indexwerte und einem Aufrücken Russlands im globalen Ranking. Das gilt auch für den unteren Corruption Perceptions Index.

2. Corruption Perceptions Index 2013 (2014 besser)

Bei diesem nicht so stark beachteten Indikator liegt Russland mit Platz 127 von 177 insgesamt im internationalen Vergleich immer noch weit abgeschlagen zurück. Hier nehmen die BRICS - Kontrahenten bessere Positionen ein (Brasilien 72, China 80, Indien 94). In der EU belegt Italien mit Platz 69 erneut die unrühmliche Ausreißerposition unter den hoch entwickelten Ländern. Der wirtschaftliche Asien-Champion Vietnam, der seit Jahren erfolgreich die Variante des Kapitalismus „von unten" umsetzt, brachte es auch gerade einmal auf Platz 132. So kann der niedrige Indexwert täuschen!

Analysen zufolge korreliert der Korruptionswahrnehmungsindex auffallend stark mit der Höhe der Schattenwirtschaft eines Landes. Eine diesbezügliche Liste wird in der OECD von Griechenland (2013er Schätzung: 26% des BIP-Anteils) angeführt, dicht gefolgt von Italien (21%) und den skandinavischen Ländern (?). Russland belegt mit gut 15% in diesem Vergleich wider Erwarten keinen Spitzenplatz. Diese Fakten verwundern nicht.

Als vorläufiges Ergebnis steht fest, dass eine Höherplatzierung des Landes in beiden Indizes einen Hinweis auf die theoretisch bessere Potentialnutzung auf der Betriebsebene liefern kann.

Dennoch darf man sich nicht der Illusionen hingeben, ein besseres Ranking kann per se material etwas bewegen. Nur zu oft werden Rankings wie Ratings im politischen Propagandaspiel missbraucht.

4.3. Ein funktionierender Binnenmarkt stärkt die Wirtschaftskraft

Ein wenig Historie: Vom Binnenmarkt zur Wirtschaftsmacht? – Die Beispiele Großbritanniens, der USA und Chinas

USA und China sind zuerst „von innen" gewachsen, bevor sie zu globalen Industrie-, Handels- und heute zu Wirtschaftsmächten aufstiegen. Die Orientierung am Binnenmarkt kann ebenso ein erfolgreicher Entwicklungsweg sein, wie die Spezialisierung auf den Welthandel (Merkantilismus).

Großbritannien lieferte seit dem späten XVII. Jahrhundert ein Paradebeispiel für den zweiten Weg. Dort haben die Väter der Makroökonomie, *Adam Smith* und *David Ricardo*, vor einem guten Vierteljahrtausend die theoretischen Grundlagen für den Wohlstand der Nationen ausgearbeitet. Der Handel mit den Kolonien lieferte die gleichen Impulse für das Wachstum, die Investitionen und Industrialisierung wie heute die staatlichen Konjunkturprogramme in Flautezeiten.

Die Idee, dass die Binnenwirtschaft genauso hohe Wohlstandeffekte erzeugen kann, fand in der Wirtschaftstheorie und -politik relativ spät ihren Eingang. Bei der Spitzenposition im Welthandel geht es bei der Entwicklung schneller voran, während beim Binnenmarkt-Konzept primär ein großes und kapitalistisches Land bessere Entwicklungschancen hat. Mit „groß" wird das Vorhandensein einer großen und leistungsfähigen Bevölkerung (Humankapital) sowie von viel Sachkapital verstanden. Dann kann eine Volkswirtschaft gleichzeitig signifikante Nachfrage- und Angebotskräfte erzeugen. Der Binnenmarkt fördert die für das Sachkapital benötigte Kapitalakkumulation und umgekehrt.

Hier ist folgende Feinheit zu beachten: Wirtschaften allein darf mit einer Marktwirtschaft (einem Binnenmarkt) nicht verwechselt werden. Bei den asiatischen Bevölkerungsgiganten, Pakistan und Bangladesh - beide haben heute mit 160 Millionen eine höhere Bevölkerungszahl als Russland - von einer funktionierenden Marktwirtschaft zu sprechen, wäre illusorisch. Sie besitzen eine zu geringe Kapitalbasis (defekte Angebotsstruktur) und haben kein funktionierendes marktwirtschaftliches Regelwerk.

Der Binnenmarkt als die am meisten verbreitete Variante einer funktionierenden Marktwirtschaft entsteht durch kontinuierliche Reformen und ist kein automatisches Geschenk der sozialen Evolution. Ein derartiger Markt hat sich in den USA im XIX. Jahrhundert innerhalb von hundert Jahren etabliert.

China des XIX. Jahrhunderts mit einigen Hunderten Millionen fleißiger Bauern beweist dagegen, dass pures aufopferungsvolles Arbeiten ohne Binnenmarkt und stetige Kapitalakkumulation kein Wohlstandsrezept per se bringt. Ein echter Binnenmarkt als Träger der wirtschaftlichen Entwicklung musste dort erst sukzessive aufgebaut werden, was dem Reich der Mitte in den vergangenen 30 Jahren auf eindrucksvolle Weise gelungen ist.

Wenn beides vorhanden ist, die Spitzenposition im Welthandel und ein funktionierender Binnenmarkt, sind die Entwicklungschancen noch besser. Der Binnenmarkt war es, der in Kombination mit dem Außenhandel (Stichwort: Lohndumping und Werkstatt der Welt) als Verstärker die Grundlage der chinesischen Wirtschaftsmacht schuf. China liefert ein Musterbeispiel, wie aus einem Entwicklungsland innerhalb einer Generation eine Wirtschaftsmacht werden kann. Wie stark bei diesem Konzept die Asiaten international vorgerückt sind, beweist der Sprung in der Weltrang-Liste der BIP-stärksten Länder von Platz 12 in 1980 (absolute Zahlen) auf Platz 1 in 2014. Der Nachbar Indien konnte in diesem Zeitraum dagegen nur eine wenig spektakuläre Höhereinstufung von Platz 5 auf Platz 3 vorweisen. Nota bene: China war schon vor 200 der ökonomische Weltführer, bevor es von den imperialistischen Westmächten zur „Quasi-Kolonie" degradiert wurde.

Hat Russland auch die Chance einen blühenden Binnenmarkt aufzubauen? Welchen speziellen Entwicklungsweg die Wirtschaft hier geht, erfährt der Leser in den folgenden Kapiteln.

Bestandteile eines Binnenmarktes in pragmatischer Sicht

In einer Marktanalyse wird zwischen den Marktakteuren (Anbieter und Nachfrager), Produkten (Waren und Dienstleistungen) und Marktregeln (staatliche Ordnungspolitik, endogene Marktgesetze wie Preisbildungsgesetze) unterschieden. Diese drei Elemente befinden sich im ständigen Wandel.

Damit ein Binnenmarkt in einer engen Abgrenzung vorliegt, müssen gleichzeitig Güter- und Dienstleistungsteilmärkte (Teilmärkte) existieren, auf denen inländische Anbieter und Nachfrager gleichstark agieren. Diese Marktelemente werden von Land zu Land unterschiedlich sein, da jedes von ihnen seine wirtschaftlichen Stärken und Schwächen besitzt. Folglich kann in einer tabellarischen Darstellung, die wir unten vornehmen, für eine starke Position eines Elements das Plus und für eine schwache Position das Minus vergeben werden. Handelt es sich nicht um einen Ist-Zustand, sondern um Erwartungen, bringt der Zusatz e (*estimated*) ein weiteres Unterscheidungsmerkmal. Nur für die Volkswirtschaft als Ganzes macht es Sinn von einem vorhandenen oder nicht vorhandenen Binnenmarkt zu sprechen. Nach dieser Definition ist ein gesamtwirtschaftlicher Binnenmarkt dann nicht vorhanden, wenn ein Land nur aus Anbietern oder nur aus Nachfragern besteht (Monokultur im Export, Rentier-Staat) also nur einen Anbieter- und Nachfragermarkt hat. Eine solche Einstufung hat mit dem konkreten Vermögensstatus des Landes nichts zu tun. Hiernach besitzt weder das reiche Saudi-Arabien noch ein armes afrikanisches Land, das nur von der Entwicklungshilfe lebt, noch die südamerikanische Bananenrepublik einen echten Binnenmarkt. Alle drei Länder mit völlig unterschiedlichen Wirtschaftsprofilen haben gemeinsam, dass sie - übertrieben formuliert - entweder nur konsumieren und Finanzinvestitionen tätigen oder nur produzieren.

Auf den Teilmärkten sind demgegenüber die Positionen der Nachfrager und Anbieter unterschiedlich stark ausgeprägt und können mit einem Bündel aus mehreren Indikatoren gemessen werden. Beispiele hierfür sind: der Produktionswert, der Export- oder Importüberschuss, der Selbstversorgungsgrad bei bestimmten Gütern oder die Inlandsproduktion (alles pro Einwohner). In Abhängigkeit davon, ob die Anbieter oder die Nachfrager den Teilmarkt dominieren, sprechen die Ökonomen vom Anbieter- oder vom Nachfragemarkt.

Ein Nachfragemarkt liegt vor, wenn der Nachfrager (Konsument) eine stärkere Position als der Produzent besitzt und den Preis diktiert. Ein Indikator für einen solchen Markt wäre eine gestiegene Lagerhaltung, so dann, wenn Japan seine Autohalden nicht mehr abbauen kann. Nachfragemärkte kommen dort vor, wo die Margen gering sind (z.B. in der Unterhaltungsindustrie), Überkapazitäten herrschen und viele Insolvenzen vorkommen.

Der Angebotsmarkt oder Anbietermarkt ist dann gegeben, wenn die Nachfragedeckung aus finanziellen (keine Mittel) oder technischen Gründen (Bestellungen können zeitlich nicht befriedigt werden) nicht gewährleistet ist. In der Zentralverwaltungswirtschaft mit ihrer permanenten Unterversorgung (Mangelwirtschaft) waren die Konsumgütermärkte klassische Anbietermärkte. Heute ist in Deutschland der Immobilienmarkt in Ballungsräumen ein typischer Anbietermarkt.

Auf welchen Teilmärkten besitzt Russland die größten Entwicklungsreserven?

Für Russland zeigt folgende Tabelle, welche Teilmärkte dort als Anbieter- und welche als Nachfragemärkte anzusehen sind. Liegt ein Anbietermarkt vor (- -Zeichen), wird das Entwicklungspotential in der Importsubstitution und dem damit einhergehenden Ausbau einer eigenen Produktion bestehen. Auf einem Nachfragemarkt (+ -Zeichen) wird dagegen die entwickelte Bedürfnisstruktur der zukünftigen Konsumenten erst geweckt. Auch hier kann der Konsumwunsch zur Leistung anspornen und das Potential an einer anderen Stelle fördern. Der Wunsch der Bedürfnisbefriedigung ist also der Wirtschaftsimpuls. So ist nach den Erfahrungen hoch entwickelter Volkswirtschaften der Wunsch, bestimmte Luxusgüter zu besitzen, häufig ein konjunktureller Entwicklungsmotor.

Beide Motive mobilisieren die Wirtschaftskräfte und die Reserven. Grundsätzlich bergen allerdings die Anbietermärkte höhere Entwicklungschancen für ein Land als die Nachfragemärkte, besonders dann wenn die Nachfrage schon gesättigt ist. Gut für die Entwicklung ist es auch, wenn sowohl auf der Nachfrage- als auch der Angebotsseite Wettbewerb herrscht und keine oligopolistischen und monopolistischen Strukturen vorliegen. Auch ein stetiger und hoher Exportüberschuss wäre wünschenswert. Ein Land kann jedoch nicht immer alles haben!

	Gütermärkte				Dienstleistungsmärkte					
	Landwirtschaft	Rohstoffe Energie	Technologie	Konsumgüter	Investive Güter	Finanzen	Touristik	Transport	IT Media	Außenhandel
Anbieter	- e	+	-	- e	+	-	-	+	-	-
Nachfrager	+	+	+	+	+ e	-	-	+ e	+ e	-

+ - vorhanden, - - nicht vorhanden, e - erwartet

Russland ist ein Land, das einen hohen Bedarf in vielen Wirtschaftsbereichen anmeldet, da es generell mehr verbraucht als produziert. Deswegen wird es seit Jahrzehnten im großen Stil von westlichen Geschäftsleuten besucht, die dort ihre Investitions- und Konsumgüter verkaufen wollen. Darauf haben wir oft hingewiesen. Die im Russlandgeschäft tätigen Individuen waren in der schöngeistigen Literatur schon immer von einer Aura des Reichtums, Geheimnisses und Erfolges umwittert. Der Befund über die Dominanz des Nachfragemarktes bezieht sich auf die ganze Volkswirtschaft.

Auf russischen Teilmärkten fällt die Lagebeschreibung wesentlich differenzierter aus. Nachfolgend werden vier Teilmärkte mit den größten Entwicklungspotentialen in wenigen Stichworten erläutert werden. Weitergehende fundierte Branchenstudien findet der Leser auf den Webseiten der vielen amtlichen Stellen (AHK, Außenhandelförderstellen, Ostausschuss der deutschen Wirtschaft) und der in Russland tätigen Unternehmensberatungen.

1. Anbietermarkt von Landwirtschaftsprodukten

Nur 4% von den möglichen 24% der Landfläche Russlands sind heute landwirtschaftlich genutzt. Das ist zwar immer noch ein

Areal von der doppelten Größe Deutschlands; die ungenutzten Reserven sind andererseits enorm. Gründe für diese „Unterauslastung" liegen in den beschriebenen hohen Nahrungsmittelimporten - in der Sanktionsdebatte ein sehr aktuelles Thema -, den strengen klimatischen Bedingungen, dem Arbeitskräftemangel und der zu niedrigen Rentabilität, die viele potentielle Investoren abschrecken. Staatliche Ambitionierte Förderprogramme erweisen sich als unzureichend. Ein Ausbau der Agrarwirtschaft würde signifikante Multiplikatoreffekte für die Herstellung von landwirtschaftlichen Maschinen erzeugen, die noch im großen Stil importiert werden.

2. Anbietermarkt von Konsumgütern

Das große private und staatliche Investitionskapital konzentriert sich auf die Transport- und Energiesektoren. Institutionelle und finanzielle Barrieren bei der Unternehmensgründung schrecken das Privatkapital vom Engagement in die Konsumgüterindustrie ab. Folglich unterdrückt die zu schmale Produktionsbasis den Wettbewerb und zementiert die alte Kosteninneffizienz. Im Endeffekt wird, wie oben, der Bedarf größtenteils durch bekannte EU-Importe gedeckt. Keine Frage, auch in diesem Bereich liegt ein hoher Nachholbedarf vor. Unter den 50 größten Weltkonzernen im Konsumbereich ist keine einzige russische - auch keine chinesische! - Adresse zu finden.

3. Nachfragemarkt bei Investitionsgütern

Russlands Wirtschaftsinfrastruktur (Verkehr, Straßen, Industrie- und Wohnungsbau, Bauten, Brücken, Leitungsnetze) hat wegen des maroden Altbestandes, der klimatischen Bedingungen und der weiten Verkehrswege permanenten Lieferbedarf. An diesem Zustand sind die Züge eines Entwicklungslandes zu erkennen.

Da die Investitionsprojekte fast ausschließlich über <u>Staatsaufträge</u> realisiert werden, sind sie in der Regel überteuert und stellen aus heutiger Sicht ein Fass ohne Boden dar. Der Staat diktiert als Nachfrager die Konditionen. Geld ist ausreichend da und die Nachfrage wird von Finanzierungsseite nicht behindert. Streng genommen ist der Investitionsgütermarkt ein oligopolistischer Markt, wo beide Seiten starke Positionen haben. Es fehlt der Wettbewerb. Die Berücksichtigung der effizienteren Ausländer bei der Auftragsvergabe würde Kosteneinsparungen implizieren. Dennoch übersteigen die Infrastrukturinvestitionen selbst die

Möglichkeiten des Staates. Dessen Gelder sollen in den liquiden, aber niedrig verzinsten ausländischen Portfolioinvestitionen - nicht aber in Rubel bei einheimischen Banken! - angelegt sein (?). Wenigstens wird diese Strategie soll bis zur Krise gegolten haben. Die staatlichen Finanzmanager werden dabei wenig überlegt haben, ob die Umlenkung dieser Anlageströme in die heimischen Großprojekte nicht rentabler wäre. Das könnte jedoch zu Lasten der Sicherheit gehen. Zusammen mit der Staatsverschuldung bei Inländern und bei Eignern des „russischen Fluchtkapitals" wären die Gelder in Infrastruktur- und Importsubstitutionsprojekten gut investiert. Wie bei klassischen Zielkonflikten jeder Kapitalanlage wird immer zwischen der Rendite, Sicherheit und Liquidität (Fungibilität) abzuwägen sein.

4. Nachfragemarkt nach Transportleistungen

Dieser Teilmarkt ist mit den obigen Infrastrukturinvestitionen eng verbunden. Beide Bereiche zählten schon in der Sowjetzeit zu den strategischen Entwicklungsfeldern. Eine Steigerung der Förderung und die beschleunigte Erschließung neu entdeckter Rohstofffelder Sibiriens werden durch häufig unzureichende Transportkapazitäten gebremst. Die Chancen, die die Allianz aus intakter Verkehrsinfrastruktur und breiter Transportmittelbasis bietet, sind seit Jahrzehnten bekannt und kommen nicht zuletzt der riesigen Produktionsstätten für LKW (Hersteller: UAS, Marussia, Kombat, Lada) und Nutz- und Industriefahrzeugen (Russo-Balt, Kamaz, UAZ, ZIL, Ural, Lebied), oft auf der Basis ausländischer Lizenzen, zum Ausdruck. Der finanzstarke Käufer kann sich also mehreren Anbieter aussuchen und diktiert die Marktkonditionen. Einige der vorgenannten Konzerne stehen auf der westlichen Sanktionsliste, da sie auch die Rüstungsgüter herstellen (duale Güter).

Die sonstigen Teilmärkte

1. Energiesektor: Bedingt durch die bestehende Kostenineffizienz, meldet Russland, der Exportriese per se, temporäre Engpässe. Sowohl die Nachfrage als auch das Angebot bewegt sich auf hohem Niveau. So merkwürdig das klingt: das Land wird mit eigenem Verbrauch sparsamer umgehen müssen, wenn dieser nicht zur Wachstumsbremse werden soll.

2. Im Technologiesektor verlässt sich Russland bewusst auf den Transfer aus dem Westen und bezahlt die Einfuhren mit den Exporteinnahmen aus Erdgas, Erdöl und Rohstoffen. Diese seit den 70er Jahren des letzten Jahrhunderts praktizierte und bewährte Langfriststrategie hatte auch in den Zeiten des Kalten Krieges Bestand (Motto: Wandel durch Handel). Wegen der jetzigen Westsanktionen ist ein Wandel denkbar.
3. In den Sektoren Finanzen, Touristik und Außenhandel besteht weder ein auffallend hoher Bedarf noch ein steigendes inländisches Angebot an solchen Dienstleistungen, was durch den realwirtschaftlichen Charakter der Ökonomie, das relativ niedrige Einkommen und die nicht strategisch wichtigen und daher niedrige Außenhandelsaktivitäten erklärt wird. Der BIP-Jahresbeitrag dieser Zweige ist mit bis 10% relativ niedrig.
4. Der Nachfrageüberhang im Bereich IT, Media, Telekommunikation verwundert nicht, da er ebenfalls typisch für alle Emerging Markets ist. Nur wenige hochentwickelte Länder und kleine Spezialisten (Estland, ostasiatische Tiger-Staaten) konnten sich hier zu globalen Trendsettern hervorarbeiten. Isoliert ist hiervon der weitgehend als Selbstversorger agierende militärische Komplex zu sehen.

Abschließend präsentiert Abbildung 9 eine nach dem US-Magazin *Forbes* wiedergegebene internationale Positionierung der 17 russischen Großunternehmen in 2013 nach einem aus Umsatz, Gewinn, Aktiva und dem Börsenwert gewichteten Kriterium. Die Aufstellung, die 2.000 Firmen umfasst, untermauert klar die dominante Stellung der Öl- und Gasindustrie.

Abbildung 9: Russische Großunternehmen im internationalen Vergleich in 2013

Rang	Rang Forbes 2000	Name	Hauptsitz	Umsatz (Mrd. $)	Gewinn (Mrd. $)	Aktiva (Mrd. $)	Marktwert (Mrd. $)	Branche
1.	19.	Gazprom	Moskau	81,76	23,30	201,72	306,79	Öl und Gas
2.	108.	Lukoil	Moskau	54,11	7,69	47,88	62,25	Öl und Gas
3.	151.	UES of Russia	Moskau	34,00	3,17	58,48	47,09	Versorger
4.	165.	Sberbank	Moskau	14,75	3,15	131,70	71,88	Banken
5.	170.	Rosneft	Moskau	21,96	3,63	46,68	77,94	Öl und Gas
6.	235.	Surgutneftegas	Surgut	19,01	2,93	32,65	32,94	Öl und Gas
7.	252.	TNK-BP	Moskau	22,77	6,58	21,71	27,82	Ol und Gas
8.	314.	MMC Norilsk Nickel	Moskau	11,93	6,19	16,28	51,45	Bergbau
9.	413.	Severstal	Tscherepowez	12,76	1,21	18,78	26,20	Stahl
10.	506.	VTB Bank	Sankt Petersburg	4,44	1,17	52,31	25,89	Banken
11.	524.	Sistema JSFC	Moskau	11,16	0,84	20,06	15,34	Telekommunikation
12.	606.	Transneft	Moskau	7,69	1,96	21,87	8,15	Öl und Gas
13.	635.	Novolipetsk Steel	Lipezk	6,21	2,12	8,72	28,77	Stahl
14.	652.	Tatneft	Almetjewsk	8,54	1,13	12,12	13,49	Öl und Gas
15.	798.	Vimpelcom	Moskau	5,00	0,83	8,44	20,35	Telekommunikation
16.	835.	Magnitogorsk Iron & Steel	Magnitogorsk	6,60	1,46	5,68	13,18	Stahl
17.	1003.	Mechel	Moskau	4,54	0,62	4,61	18,11	Bergbau

Die Liste für das Jahr 2014 wird nicht fortgesetzt da sie von der Methode her keine neuen Erkenntnisse bringt. Zudem führt eine unterschiedliche Einstellung der Selektoren Umsatz, Gewinn, Aktiva und Börsenwert immer zu unterschiedlichen Positionen. Man beachte, dass Umsatz- und Bilanzgiganten nicht immer gewinnstark sind. So belegte Gazprom 2014 bei einzelnen Selektoren weltweit die Plätze 15 - 4 - 75 und 88. Damit rangiert der Energiemulti beim Gewinn weltweit auf Rang 4, bei der Börsenbewertung aber nur auf Platz 88! Ein klassischer Fall von Unterbewertung fliegen in solchem Fall die Börsianer zu behaupten.

Darüber hinaus liefern die Statistiken von *Forbes* dem Betriebswirt wertvolle Informationen über die Renditesituation in der russischen Wirtschaft, da sie die Berechnung wichtiger betriebswirtschaftlicher Kennzahlen ermöglicht:

- Umsatzrentabilität (*Return on sales*) = Gewinn/Umsatz in %
- Gesamtkapitalrentabilität (*Return on Assets*) = Gewinn/Aktiva in %
- Kurs - Gewinn - Verhältnis (*price earnings ratio*) = Gewinn/ Marktwert (Börsenkapitalisierung). Diese Kennzahl ist das Hauptkriterium für die Bestimmung der Börsenattraktivität von Aktien.

Die für einen Kapitalanleger sicherlich interessanten Kennzahlen werden hier nicht weiter diskutiert, da sie nicht Gegenstand dieser Monographie sind.

Unternehmergeist und Arbeitsethos des russischen Volkes

Mit der Beantwortung dieser Frage wird unsere Suche nach den Entwicklungspotentialen im Betriebsbereich beendet.

Soll der Kapitalismus nicht allein durch Entscheidungen der Top-Bürokraten „von oben", sondern auch durch die Schaffenskraft seiner Wirtschaftssubjekte „von unten" (freie Marktwirtschaft) wachsen und gedeihen, werden Unternehmerpersönlichkeiten benötigt. Nur echte Kapitalisten lenken effektiv den Einsatz der Produktionsfaktoren, organisieren und überwachen den Produktionsprozess und gehen Investitionsrisiken ein. Es heißt, zum Unternehmer muss man geboren werden, Unternehmertum kann nicht einfach in Managerakademien erlernt werden oder durch reinen Besitz entstehen. Hierin liegt der Unterschied zwischen einem Unternehmer und einem Manager und Investor (Rentier), die alle reich sein mögen und über eine hohe Verfügungsmacht disponieren.

Auch gehören leistungswillige Arbeitnehmer zum Alltagsbild des modernen Kapitalismus, die ihren Arbeitsplatz als Leistungsstätte und nicht allein als Beschaffungsort von Existenzmitteln betrachten.

Oft werden die Unternehmensfähigkeit und der hohe Arbeitsethos nur bestimmten Völkern und Glaubensangehörigen zugesprochen. So weiß der verallgemeinernde Volksmund, dass Amerikaner, Deutsche, Juden und Protestanten das echte Zeug haben, gute Kapitalisten zu werden, während die Chinesen einfach fleißig, die Muslime „faul" sind und die Schwarzafrikaner nur unter Aufsicht etwas leisten werden. Seriöse Wirtschaftswissenschaftler lehnen selbstverständlich solche diskriminierenden Aussagen ab. Dennoch werden sich die im Laufe der Jahrhunderte beobachteten Unterschiede in der zivilisatorischen Leistung einzelner Völkern und Nationen nicht so einfach wegdiskutieren lassen. Zumal wenn die Bewertungen von den großen Geistern dieser Welt (Gelehrten, Schriftstellern, Wissenschaftlern, Philosophen, Künstlern) stammen.

Schließlich versuchen Wirtschaftshistoriker eine Brücke zwischen den beiden extremen Betrachtungen zu schlagen und verbinden die Wirtschaftsleistungen konkreter Völker mit den spezifischen geographischen, historischen und zivilisatorischen Gegebenheiten, die auf einem konkreten Territorium in einer konkreten Epoche herrschten. Die zivilisatorisch-wirtschaftlichen Errungenschaften der Araber zu Zeiten Karls des Großen werden andere sein als diejenigen in der Gegenwart. An einigen Universitäten wird das interdisziplinäre Fach Zivilisationslehre unterrichtet. Die Frage nach dem Unternehmergeist und dem Leistungsethos eines Volkes zu stellen, ist ein legitimes wissenschaftliches Vorgehen.

Wie entsteht gewöhnlich Unternehmertum?

Um diese Frage auf logischer Ebene beantworten zu können, werden der Blick in die Geschichte und die Parallele zum Sportleben gutes Anschauungsmaterial liefern. Anlässlich der Beschreibung des Humankapitals haben wir gehört, dass dieses auf den im Wirtschaftsprozess gemachten Erfahrungen (erworbene Kenntnisse, akkumuliertes Wissen) und der bestehenden Entwicklung (Ausbildung, ständiger Lernprozess) basiert. Wo das Humankapital reichlich vorkommt, ist auch die Wahrscheinlichkeit groß, dass aus seiner Mitte namhafte Unternehmer hervorgehen.

Diese Aussondierung lässt sich durchaus mit Spitzensportlern vergleichen. Möchte eine Nation aus Prestigegründen weltberühmte Spitzensportler (fähige Unternehmer) haben, darf sie nicht auf den Zufall warten, sondern sollte die Bedingungen für den Breitensport (Marktwirtschaft) schaffen. Sie wird bei diesem Plan systematisch vorgehen, viele Sportanlagen (Produktionsvermögen) bauen, Trainer ausbilden, junge Sportler fördern (Humankapital) und schließlich den Sport in der breiten Bevölkerung (Marktnachfrage) popularisieren. Umgangssprachlich formuliert, wird die sportliche Leistung unter diesen Umständen zur einer stark nachgefragten Ware. Ob es der ambitionierten Nation letztendlich gelingen wird, hierdurch Top-Sportler vom Weltrang (weltbekannte Unternehmen) zu kreieren, ist eine andere Frage.

Wenn die Nation die oben genannten Vorbereitungen nicht trifft, hat sie auf jeden Fall geringere Erfolgschancen. Dem Zufall muss geholfen werden. Ist erst einmal eine breite Unternehmerbasis entstanden, stehen die Chancen gut für weitere Erfolge. Denn Erfolg kann ansteckend sein. In dem Maße, wie die Sportler (Unternehmer) Erfolge erzielen, steigt die Motivation des Nachwuchses, das Vertrauen in eigene Stärke („Yes, you can!"), das Know-how der Trainer und wächst die ruhmreiche Tradition. Der Vater des chinesischen Wirtschaftswunders *Deng Xiaoping* soll einmal seinem Volk die weise Empfehlung gegeben haben „Werdet reich!". Die Russen können einen solchen weisen Führer nicht vorweisen.

Unternehmerische Tradition und Arbeitsethos

Das feudale Russland hat relativ spät, etwa in der zweiten Hälfte des XIX. Jahrhunderts, den Weg der Industrialisierung eingeschlagen. Als Startpunkt kann die Abschaffung der Leibeigenschaft durch den Zar Aleksander II. in 1861 gelten. Zu diesem Zeitpunkt hatte England seit dem Anfänger der industriellen Revolution schon einen Vorsprung von fast 100 Jahren und Westeuropa, wo die kapitalistische Wirtschaftsordnung gleich nach den napoleonischen Kriegen so richtig an Fahrt gewann, von ungefähr 50 Jahren. In Preußen fand die Bauernbefreiung 1807 statt. Die Transsibirische Eisenbahn wurde erst 1916 fertiggestellt, während in den USA schon 1869 die erste Dampflokomotive den nordamerikanischen Kontinent von Ost nach West durchquerte. Diese wenigen Meilensteine mögen ausreichen, um Russland als Spätzünder zu identifizieren.

Die erste russische Industrialisierung - die zweite wurde dann unter Stalin in den 1920er und 1930er Jahren brutal durchgesetzt - begann nicht nur später, sondern sie verlief auch langsamer und war schmaler angelegt. Wegen der enormen Landesgröße wuchs Russland seit 1890 allein aufgrund seiner „Masse" allmählich zu einer industriellen Großmacht heran. Getragen wurde diese Entwicklung durch die wirtschaftliche Strategie des Finanzministers *Sergej J. Witte*, eines deutschstämmigen Unternehmers und Staatsmanns, Durch das Einfließen ausländischen Kapitals im großen Umfang konnte die industrielle Produktion schon bis 1900 verdoppelt konnte. Die Westländer entwickelten sich dennoch wesentlich schneller. Hatte Russland zu Beginn des XIX. Jahrhunderts etwa einen Anteil von 12% an der Weltproduktion an Gusseisen, waren es gegen 1860 nur noch 4%.

Der Nachholbedarf gegenüber dem Westen war aus mehreren Gründen nicht so schnell zu nivellieren; die russische Bevölkerung blieb rückständig. Die überwiegende Mehrheit des Volkes konnte weder lesen noch schreiben, und der größte Lebensunterhalt wurde noch in der Landwirtschaft verdient. Im letzten halben Jahrhundert der Zarenherrschaft war der eurasische Riese somit de facto ein Agrarland mit einer dominierenden Bauerngesellschaft, einer dünnen und herrschenden Adelsklasse, einem fehlendem Bürgertum und nur wenig Proletariat. *W.I. Lenin*, der Vater der Großen Oktoberevolution von 1917, glaubte nicht so recht an das Gelingen eines gesellschaftlichen Umsturzes unter der Führung der „ausgebeuteten Arbeiterklasse" in seiner so rückständigen Heimat.

Wer im XIX. Jahrhundert einen gebildeten Europäer gefragt hätte, womit er einen Amerikaner assoziiert, dem wäre wohl ein Yankee im Zylinder mit einem dicken Bündel von Dollarscheinen beschrieben worden. Beim Russen käme da schon eher ein bärtiger, kräftiger Bauer in einer langen rubaschka (Hemd) zum Vorschein, das weltverbreitete Ebenbild des russischen Bären. Außer wenigen cleveren Kaufleuten aus Deutschland, Holland oder England, die im Handel mit russischen Getreide, Pelzen und Holz dicke Geschäfte machten, blieb das ferne östliche Land dem Westbürger eher geheimnisvoll und verschlossen.

Kaum ein anderes literarisches Zeugnis des XIX. Jahrhunderts beschreibt den gewaltigen Mentalitätsunterschied zwischen einem lethargischen russischen Adligen und einer dynamischen westlichen Unternehmenspersönlichkeit trefflicher als der Roman von *Ivan Gontscharow* „Oblomow". Die jungen Romanhelden im besten Schaffensalter, der patriarchalische, schläfrige Gutsherr Oblomow und sein Freund, der Deutschrusse Stolz, ständig irgendwelchen Geschäften nachjagend, könnten in ihrem Bezug zur Leistung nicht unterschiedlicher sein.

Unter den geschilderten Gegebenheiten fehlte einfach die Zeit für die Entstehung eines funktionierenden Binnenmarktes und einer echten Unternehmerschicht. Anders als in den USA (Ford, General Electric, ATT), Deutschland (Daimler, Siemens, Bayer), Frankreich (Dassault, Citroen) oder selbst Italien (Ferrari, Fiat) sind in der damals im Lande keine Konzerne von Weltrang entstanden. Es traten keine russischen Großindustriellen in Erscheinung, die in der Weltwirtschaft eine bleibende Spur hinterlassen hätten. Auch den Dynastien der Eisenbahnkönige der *Poljakows, Kokorews* oder *Gubonins* ist es nicht gelungen in der Wirtschaftsgeschichte einen dauerhaften Platz einnehmen. Davon sind allerdings russische und später sowjetische Leistungen in Wissenschaft und Technik mit Namen wie *Mendelejew, Kalaschnikow, Tupolew, Koroljow, Sacharow, Tamm, Pavlow oder Asimow* zu unterscheiden.

Der junge Kapitalismus stieß auf keine breite Entwicklungsbasis trotz der riesigen Bevölkerung des Zarenreiches von 160 Millionen, die damals noch weit vor den USA lag (75 Millionen). Eine nennenswerte Konsumentengesellschaft und ein Binnenmarkt sind niemals entstanden. Den Bauern und dem industriellen Proletariat fehlte die Kaufkraft, die dünne Adelsschicht hatte wenig Bedarf für industrielle Massenprodukte und versorgte sich mit Luxusgütern im Ausland. In der sowjetischen Kommandowirtschaft gab dagegen ex definitionem keinen Platz selbst für die kleinste unternehmerische Gestaltungsfreiheit. Das System erwies sich als Erzfeind jeder Arbeitsmotivation. Dieser fehlende Leistungswille blieb bis in die heutige Zeit im russischen Volk tief verwurzelt.

Auch die Entwicklung eines hohen Arbeitsethos braucht ihre Zeit und günstige Anreizsysteme. Aus geschilderten Gründen konnte dieser im Zaren- und Sowjetreich nicht entstehen. Im heutigen Russland dürfte sich dieser Sachstand unter den gegenwärtigen „amerikanisierten" Arbeitsmarktbedingungen - wie übrigens zunehmend auch in den westlichen Ökonomien - und des lahmen Staatskapitalismus auch bessern. Ein hohes Arbeitsethos ist aber entwicklungsrelevant. Es heißt nicht umsonst, die vorbildliche deutsche Wirtschaft zehre noch heute von der Arbeitsmoral, die sich in den Zeiten der sozialen Markwirtschaft unter Adenauer und Erhard herausgebildet hatte. Auch der weltbekannte Fleiß und die anderen Tugenden der Deutschen sollen auf die Jahrhunderte langer Tradition unserer Vorgänger als Kaufleute, Handwerker, freie Bauern und Kolonisten zurückzuführen sein. Das waren allesamt Entwicklungskräfte, die den Kapitalismus „von unten" aufbauten und die in Russland fehlten.

Oligarchen sind keine Unternehmer

Die Oligarchen in Russland und der Ukraine wird niemand ernsthaft als Unternehmer bezeichnen wollen, nicht einmal als Manager. Sie sind als simple „Gewinner" in dem brutal geführten Verteilungskampf um das zur Disposition stehende Staatvermögen nach dem Zusammenbruch des Sowjetreiches zu betrachten. Ganz ähnliche Bataillen sind vor zwanzig Jahren im ganzen postsowjetischen Raum ausgebrochen und konnten in der Ex-DDR nur durch das Einschreiten der bundesdeutschen Treuhand verhindert werden. Anderenfalls hätten wir eigene (ost)deutsche Oligarchen gehabt. Ihre ersten USD-Millionen erwarben die russischen Superreichen durch dubiose Spekulationsgeschäfte, Devisen- und Preisanomalien in kaum existenten Märkten. Das erzielte Startkapital investierten sie in der Jelzin-Ära anschließend auf nicht minder schleierhafte Art in Anteilspaketen am privatisierten Volksvermögen und warteten entspannt auf die sichere Wertsteigerung. Angesichts gezahlter Spottpreise war das alles kein Wunder. Wie ersichtlich, haben wir es bei der Oligarchie mit einem relativ übersichtlichen Geschäftsmodell zu tun. Wenn man über die richtigen Kontakte verfügte!

Auch die Galionsfigur dieser Epoche, *Michail Chodorkowski*, soll seinen Jukos-Konzern, der wenige Monate später schon einen Börsenwert von 6 Mrd. USD hatte für mickrige 300 Mill. USD erworben haben. Auf diesen schleierhaften „todsicheren" Kauf beschränkt sich die unternehmerische Leistung dieser Person. Arbeitsplätze, Modernisierungsinvestitionen, Produktinnovationen - alles Fehlanzeige. Es ist schon ein Unterschied zwischen den Milliarden die von *Jack Ma*, dem chinesischen Gründer der heute, auch in New York börsennotierten Alibaba Group, und denen die von Chodorkowski verdient wurden.

Es wäre in diesem Zusammenhang interessant näheres über die Vermögen der ukrainischen Oligarchen der Kategorie Poroschenko & Co. zu erfahren. Ob deren Leistung den westlichen Werten entspricht, die von der Bundeskanzlerin Merkel so leidenschaftlich bei den Russen eingefordert wird?

Das Fazit ist unschwer zu erraten. Für echte Unternehmer ist in Russland auch heute die Zeit noch nicht reif. Dafür sind der so oft angesprochene Aufbau des Binnenmarktes, besonders im Konsumbereich, und die Schaffung eines echten funktionierenden Wettbewerbs die notwendigen Voraussetzungen. Erst mit ihrer dauerhaften Etablierung dieser Elemente wird ein Unternehmertum und steigendes Arbeitsethos einhergehen. Die Frage, warum es den Chinesen gelungen ist, in dieser Beziehung mehr zu erreichen lässt sich leider so ad hoc nicht beantworten.

Eine lehrreiche Schlussbemerkung: Durch die menschenverachtende Herrschaft der Sowjetzeit hat Russland die Chance vertan, Teile seiner Zivilisation unter den Völkern des vormaligen Zarenreiches friedlich zu verbreiten. Keiner spricht heute von einem russischen Zivilisationsmodell. Die Russen werden heute von ihren Nachbarn mehrheitlich als ein aggressives, „rückständiges" und oft „dummes" Volk stigmatisiert. In den baltischen Ländern Estland und Lettland werden sie gering geschätzt und in der eigenen Heimat als „Nichtbürger" mit eingeschränkten staatsbürgerlichen Rechten eingestuft. Selbst dem Sowjetreich war eine solche Diskriminierung fremd. Die

EU scheint damit keine Probleme zu haben. Das kränkt eine so große Nation, deren zivilisatorischer und kultureller Beitrag zur Weltzivilisation unbestritten ist.

Wenngleich schwer quantifizierbar, können durch die jetzige Ukraine-Krise in Russland patriotische und nationalistische Kräfte geweckt werden, die das politische Regime eher stärken. Die durch diese Aufbruchstimmung erreichten Wirtschaftseffekte könnten beträchtlich ausfallen. Krise als Chance - warum soll dieses Phänomen nicht bei den Russen zur Geltung kommen? Die Russophoben werden sie dagegen als ersten Schritt in Richtung Systemzerfall sehen wollen. Wo liegt die Wahrheit?

4.4. Zusammenfassung

Wenngleich sich ihre Auswirkung auf das Wachstum kaum messen lässt, werden hohe Potentiale (Reserven) in der russischen Volkswirtschaft bereits auf betriebswirtschaftlicher Ebene zu erwarten ein. Es wäre dennoch unseriös zu meinen, allein deren Mobilisierung würde ausreichen Russlands Wirtschaft im Welt-Rating um mehrere Plätze nach oben zu katapultieren. Dieses Kunststück versuchten alle Sowjetherrscher erfolglos mit Kraftakten bei der Industrialisierung (Chruschtschows These vom Überholen des Kapitalismus) zu vollbringen.

Betriebswirtschaftliche Potentiale stecken in den Kostenreserven, den Synergien der Rechtsstaatlichkeit und den Wachstumseffekten eines funktionierenden Binnenmarktes. Schon die Sowjets erkannten die Thematik der Ressourcenmobilisierung. In der damaligen Zeit wurden unzählige Reformversuche zur Steigerung der Betriebseffizienz in Angriff genommen. Sie scheiterte allesamt an der Priorität der makroökonomischen systemkonformen Denkweise der Planer, an den falschen Entwicklungsprioritäten und dem bekannten Systemversagen.

Es ist offenkundig, dass die heutigen Wirtschaftspolitiker im Kreml ebenso wenig an einen Wirtschaftserfolg „von unten" glauben, wie ihre kommunistischen Vorgänger. Sie trauen, mit anderen Worten, auch im kapitalistischen Russland nicht dem freien Spiel der Marktkräfte. Im Unterschied zu den Planern bevorzugen die heutigen Machthaber die Variante des kontrollierten Staatskapitalismus, also auch eine Entwicklung „von oben".

Ob die nicht gewollte volle Deregulierung der Märkte tatsächlich mit einem Machtverlust oder ihrer Einschränkung bei der politischen Elite verbunden wäre, wie Experten glauben, lässt sich ex ante schwer sagen. Wir vermuten vielmehr, dass die russischen Entscheidungsträger, wie alle Politiker dieser Welt, sich opportun verhalten und kein übermäßiges Risiko eingehen wollen. Die gut betuchten Apparatschiks dürften primär an der Erhaltung des Status quo und erst danach an dem unsicheren Experiment der „Hebung betriebswirtschaftlicher Entwicklungsreserven" interessiert sein. So lange das auf dem Primat des Energie- und Rohstoffsektors aufbauende System betriebswirtschaftlich mehr schlecht als recht funktioniert, wird es nicht schnell geändert.

Summa summarum bleiben die betriebswirtschaftlichen Störfaktoren, die eine Hebung der Reserven verhindern, weiterhin systembedingt. Es gibt nur wenige Gegenkräfte. Der im Westen so innovationsstarke Mittelstand steckt in Russland noch in den Kinderschuhen. Wann sich hier Besserungschancen abzeichnen, ist schwer abzuschätzen.

Für die genannten Entwicklungshindernisse ist nicht nur die schwache staatliche Ordnungspolitik verantwortlich. Zum einen besteht auch auf der Betriebsebene kein akuter wirtschaftlicher Zwang zum Kostensparen, solange der Wettbewerb nicht funktioniert. Erst eine überzeugende Auslandsöffnung - wonach es heute wohl auch wegen der Ukraine-Krise nicht aussieht - könnte ihn fördern. Zum anderen stecken in Russland Unternehmergeist und Leistungsethos noch in den Kinderschuhen.

Die gute Nachricht lautet: Russland bleibt unumkehrbar im kapitalistischen Wirtschaftssystem, das sich kontinuierlich - auch ordnungspolitisch - fortentwickelt. So wie zu hoffen ist, dass das kapitalistische System im Westen auf Dauer die Extrem-Verzerrungen seiner Turbovariante nicht „dulden" wird, so ist mit gleichem Recht zu erwarten, dass es im Osten auf Dauer die betriebswirtschaftliche Ineffizienz abschafft oder nivelliert. Die Wirtschaftsgeschichte der großen Emerging Markets lehrt, dass die Reservennutzung zuerst hoch im Trend steht und später zur Effizienzsteigerung führt. Vor diesem Hintergrund ist ein Fortschritt wahrscheinlicher als ein Rückschlag.

5. KGB (Kapitalmarkt, Geographie, Bevölkerung) auf Makroebene: Risiken und Chancen bleiben gleich verteilt

Die Suche nach mikroökonomischen Potentialen ist sowohl für den Researcher als auch den ökonomischen Laien nicht so spannend wie die nach den makroökonomischen. Denn mikroökonomische (betriebswirtschaftliche) Analysen sind in der Regel etwas langweilig, unverständlich, ihre Thesen weniger spektakulär (Kostensparen versteht sich von selbst!) und mit nicht immer einfach nachvollziehbaren Kennzahlen überflutet. Die unteren Makroanalysen werden den Leser eher ansprechen.

Die makroökonomische Potentialanalyse eines Landes beschreibt die zukünftige Leistungsfähigkeit der Produktionsfaktoren Kapital, Boden und Arbeit. Unser KGB-Ansatz für die Makroebene stellt eine Version dieser Vorgehensweise dar, die hier anders bezeichnet wird. So werden in den Folgekapiteln der Kapitalmarkt, die Geographie und die Bevölkerung stellvertretend für die Produktionsfaktoren behandelt.

5.1. Börse und das Gründungskapital stecken noch in den Kinderschuhen

Solange das Anlagemotiv (Gelverdienen) das Börsengeschehen und die Kursbildung bestimmt, sind die Zusammenhänge zwischen der Wirtschaft und dem Kapitalmarkt leicht nachvollziehbar. Sie wurden durch die Forschung bislang hinreichend untersucht. Der klassische Lehrsatz der Fundamentaltheorie reduziert sich in diesem Fall auf die simple Gleichung: gute Konjunktur, gute Börsenkurse. Sobald die Spekulation und die Charttechnik ins Spiel kommen, wird das Bild verwirrender.

Unsere Ausführung beschränkt sich auf diese Fundamentalanalyse und auf die börsennotierten Wertpapiere. Der Kapitalmarkt kennt neben den Wertpapieren alternative Anlagen in Währungen, Krediten oder in den nicht notierten Unternehmensbeteiligungen, die ebenfalls lukrativ und/oder risikoreich sein können. Auch auf Rohstoff- und Immobilienmärkten kann der Anleger sein Glück versuchen.

Die Börse: Akteure, Finanzprodukte – Wechselwirkungen zwischen Real- und Finanzwirtschaft

Nach der klassischen Fundamentaltheorie liefern Kapitalanbieter (Verkäufer von Wertpapieren) den Kapitalnachfragern (Käufer derselben) Finanzkapital gegen Erwerb der Unternehmensanteile (Aktien) oder Schuldtiteln (Anleihen), die verzinst und rückgezahlt werden. Solche Tauschtransaktionen werden über die Börse abgewickelt. Woher die Nachfrager das Kapital nehmen (Sparen, Kreditaufnahme, nicht ausgeschüttete Unternehmensgewinne) und was die Anbieter mit dem Börsenerlös der Wertpapieremissionen vorhaben (Finanzierung von Investitionen und Umlaufmittel, Stopfung von Budgetdefiziten) ist eine rein technische Frage.

Die Börse befindet sich im ständigen Wandel. Tagtäglich werden weltweit Milliardenvolumina an Wertpapieren zu unterschiedlichen Kursen umgesetzt. Auch die Anzahl der teilnehmenden Akteure variiert ständig, genauso wie die Zahl gehandelter Wertpapiertitel. Im Laufe der Börsengeschichte ändern sich auch die Verhaltensregeln der Börsianer. Panta rei! oder alles bleibt im Fluss – der bekannte Spruch des griechischen Altphilosophen *Heraklit* – findet auf jedem Parkett seine absolute Verinnerlichung. Abbildung 10 gibt die Zusammenhänge vereinfacht wieder.

Abbildung 10: Akteure und gehandelte Finanzprodukte an einer klassischen Wertpapierbörse (theoretisches Beispiel)

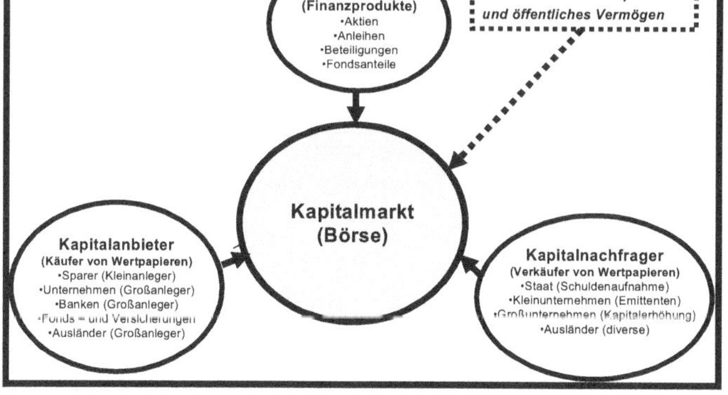

Was die Wechselwirkung zwischen Realwirtschaft und Börse anbelangt, so glaubt die Mehrheit der Laien immer noch an das Primat der ersten und an den positiven Einfluss der Finanzmärkte auf die Realwirtschaft. Das geschieht etwa nach dem Motto: hohe Aktienkurse sind die Vorboten einer nahenden Konjunkturhausse, weil sie steigende Unternehmensgewinne im Voraus antizipieren. Weiterhin behaupten die Optimisten, die Börse ist eine Kapitalsammelstelle - und nicht als Tummelplatz für Spekulanten aller Schattierungen - und stelle die von der Wirtschaft benötigten Finanzierungsmittel (Risikokapital) bereit. Der Zugriff auf die Börse als Finanzierungsquelle ermöglicht erst die Durchführung von wachstumsrelevanten Sachinvestitionen und befreit viele Startups von den Launen der Banken.

Diese Idealvorstellung gerät zunehmend ins Wanken. Nach den Finanzkrisen setzt sich die Meinung durch, von den unberechenbaren und manipulierten Finanzmärkten gingen enorme Gefahren für die Realwirtschaft aus. Die Börse sei nicht der Freund der Realwirtschaft, sondern ihr Feind! - meinen die Pessimisten. Es kommt auf den Charakter des konkreten Teilmarktes an (Aktienmarkt, Technologiesektor, Regionalbörse) an, wenn gesagt werden soll, ob die Börse mehr Risiken als Chancen bietet. Mehr Risiko muss nicht per se verwerflich sein. Manche Anleger bevorzugen mehr Risiko, weil sie damit größere Gewinnchancen bei ihren Baisse-Derivaten, das sind Finanzprodukte die bei fallender Börse im Kurs steigen, verbinden.

Heute gewinnt an der Börse das schnelle Geldverdienen (Trading) zunehmend an Bedeutung und verdrängt das eingangs erwähnte ehrwürdige Anlagemotiv. Die spekulativen Handelsumsätze steigen, die Tricksereien werden raffinierter, Wertpapieraufsichten (in Deutschland die BaFin) haben volle Hände zu tun.

Die Prüfung der Frage, ob diese Börsenaussagen allesamt auf den russischen Kapitalmarkt zutreffen, ist zweifelsohne interessant. Sie wäre jedoch für die Aufspürung der gesuchten makroökonomischen Potentiale nicht sehr hilfreich. Daher wird uns die jeden Börsianer interessierende Frage, welche Kurschancen der russische Kapitalmarkt dem Anleger bietet, nicht primär beschäftigen.

Vielmehr soll die untere Kurzanalyse im Rahmen der Potentialsuche andere Aspekte beantworten:

1. Welche Schlussfolgerungen können aus der Wertentwicklung der russischen Aktienindizes auf die Wachstumschancen und

das Wirtschaftspotential des Landes im internationalen Vergleich (Westen, BRICS) gezogen werden? Wie repräsentativ ist das hiesige Börsengeschehen für eine bildgetreue Abbildung der wirklichen Landeskonjunktur?

2. Liefert der russische Aktienmarkt Indikatoren für die Finanzierung einer möglichen Gründungswelle? Erfolgt die Finanzierung der dortigen Wirtschaft primär über die Bankkredite oder über die Börse?

3. Ist Russlands Wirtschaft von ausländischen Finanzinvestoren abhängig? Kann an den Besitzverhältnissen der börsennotierten russischen Großkonzerne der „Souveränitätsgrad" des russischen Staates abgelesen werden?

Der russische Aktienmarkt (1): Warum die Börse nur begrenzt das Wirtschaftgeschehen des Landes abbildet?

Börse und Konjunktur

Ein Aktienmarkt spiegelt nur dann bildgetreu das tatsächliche Wirtschaftsgeschehen wider, wenn die Mehrzahl seiner Konzerne an der Börse notiert ist. Dies wird von Land zu Land und von Branche zur Branche unterschiedlich sein. So wird z.B. die deutsche Konjunktur - besonders im exportstarken Maschinenbau - aufgrund der starken Position des Familienbesitzes und des nicht börsennotierten Mittelstandes in den Aktienindizes DAX, MDAX, SDAX, oder TecDAX nur unzureichend abgebildet.

In Russland, wo sich viele große Unternehmen mehrheitlich im Staatsbesitz befinden, wird das gesamte Börsengeschehen durch die Aktienkursnotierung weniger Konzerne bestimmt. Der staatliche Mehrheitsanteil wird nicht notiert, der Streubesitz aber schon.

Der Grad der „Börsendurchdringung" einer Volkswirtschaft lässt sich anhand des Vergleiches der Marktkapitalisierung des Aktienmarktes mit dem BIP einfach bestimmen (Koeffizient K). Im globalen Vergleich - genaue Zahlen liefert die internationale Börsenvereinigung WFE (*World Federation of Exchanges*), zuletzt für 2012 - weist Russland, wie erwartet, einen niedrigen K-Wert aus. Die Marktkapitalisierung (Börsenwert) zeigt, wie der russische Aktienmarkt, auch im BRICS-Vergleich deutlich „nachhinkt". Das kann daran liegen, dass es entweder zu wenig börsennotierte Unternehmen gibt oder diese im Verhältnis zum BIP „zu billig" sind, sprich russische Aktien im internationalen Vergleich unterbewertet bleiben. Insgesamt haben heute weltweit 18 Länder eine höhere Aktienmarktkapitalisierung als Russland; in Europa z.B. sind es auch die kleinen Länder Schweiz oder die Niederlande.

Hat ein konkreter K-Wert mit der Entwicklungsstufe eines Landes etwas zu tun? Eine Abhängigkeit muss nicht immer bestehen. Auch bleibt unklar ob die Börsenkapitalisierung die Wirtschaft stimuliert, oder umgekehrt. Ursache und Wirkung bleiben unklar, Nimmt man den Fall Deutschland mit einem niedrigen K-Wert von 0,5, kann nicht generell behauptet werden, allein hochentwickelte Länder hätten eine hohe Börsendurchdringung.

Vielmehr trifft die hohe Börsendurchdringung auf angelsächsische Volkswirtschaften zu, welche eine lange Parketttradition besitzen und in denen die Finanzierung der Wirtschaft primär über die Aktien und Anleihen und nicht über Bankkredite erfolgt.

Nachfolgend die K-Werte für die acht wirtschaftlich stärksten Länder der Welt nach den absoluten BIP-Zahlen (2013):

- USA 1,14* (Marktkapitalisierung 18,6 Bill. USD)
- Deutschland 0,5 (Marktkapitalisierung 1,5 Bill. USD)
- Japan 0,83 (Marktkapitalisierung 3,8 Bill. USD)
- Großbritannien 1,43 (Marktkapitalisierung 3,3 Bill. USD)
- China 0,44* (Marktkapitalisierung 6,5 Bill. USD)
- Indien 0,52*(Marktkapitalisierung 2,5 Bill. USD)
- Brasilien 0,51 (Marktkapitalisierung 1,2 Bill. USD)
- Russland 0,33 (Marktkapitalisierung 0,8 Bill. USD)

* - Wert zu hoch wegen Doppelerfassung gleicher Titel an mehreren Börsenplätzen.

Kursentwicklung des russischen Aktienindizes RTS

Unter vorgenannten Prämissen wird der russische Aktienmarkt-Index RTS (*Russian Trading System Index*) - gerechnet in der USD- und der Rubel-Version - die Wirtschaftsentwicklung Russlands nur unkorrekt abbilden, weil er zu wenig Unternehmen enthält. Die Börsianer sprechen in diesem Fall von fehlender Repräsentativität. Das muss aber nicht immer so sein, denn die BIP-Entwicklung kann mit der RTS-Entwicklung rein „zufällig" hoch korrelieren, selbst wenn keine Repräsentativität vorliegt. Die Frage nach Ursache und Wirkung wäre damit, wie oben, immer noch nicht geklärt.

In Abbildung 11 hat sich das Börsenbarometer in kurzfristiger Sicht (Zeitraum Mai 2014 - Mai 2015) anders als in langer Sicht (2000 -

Mai 2015) entwickelt, was zu unterschiedlichen Interpretationen führt. Die Abbildung stellt die Indexverläufe in Form der %-Raten (Basis 2000 = 100%) in USD und Rubel dar.

Die Kursgraphiken erlauben folgende Kommentare:

langfristige Sicht (2000 - Mai 2015)

Hier schlägt der RTS in der USD-Version die großen internationalen Vergleichsindizes MSCI (*Morgan Stanley Country Index*) World und den deutschen DAX haushoch, konkret um mehr als das Dreifache. Auf der Jahresbasis errechnet sich damit eine durchschnittliche Steigerung von mehr als 13%. Diese bestätigt die überproportionale Wirtschaftsentwicklung des Landes in der Ära-Putin eindrucksvoll. Der russische Aktienmarkt ist zwei bis drei Mal stärker als die Realwirtschaft gestiegen, was bei den BRICSs keine Überraschung war. Ein Grund für die Überlegenheit gegenüber den Westbörsen wird nicht zuletzt die niedrige Ausgangsbasis sein. Wer ganz unten ist, kann schneller steigen. In der Graphik ist zudem ersichtlich, dass der Index trotz dieser Avancen heute noch weit von seinem Allzeithoch in 2008, von damals 1400, entfernt ist, während die Vergleichsindizes deutlich zulegen konnten. Der Lehman-Crash von 2009 hat demnach Russlands Aktienmarkt „brutaler" getroffen. Das ist die schlechte Nachricht dieses Langfristvergleiches.

kurzfristiger Jahresvergleich (Mai 2014 - Mai 2015)

Der RTS in USD gab in diesem Zeitraum um 20% nach, stieg aber umgekehrt um 20% auf der Rubel-Basis. Damit ist ersichtlich, wie der Kursverfall der russischen Währung den langfristigen Vergleich nach unten verzerrt hätte. Auf den Währungsaspekt ist bei jedem Vergleich zu achten.

Aus dem kurzfristigen Indexfall in USD einen Schluss über die Verfassung der russischen Wirtschaft im letzten Jahr zu ziehen, wäre grundfalsch. Denn: Einen Landesindex in Fremdwährung zu berechnen ist immer problematisch. So wäre auch die 20%ige DAX-Hausse im gleichen Zeitraum auf der USD-Basis nicht sichtbar, weil der Euro sich gegenüber dem USD um den gleichen Satz verbilligte. Die Indexberechnung in Fremdwährung ist nur für ausländische Investoren interessant. In unserem Beispiel würden ein US-Investor am deutschen Aktienmarkt kurzfristig 40% verdient haben, davon jeweils 20% als Index- und als Währungssteigerung.

Abbildung 11: *Kurz- und langfristige Entwicklung des russischen Aktienmarktes im internationalen Vergleich*

Entwicklung RTS, MSCI World und EuroStoxx50 1999 - 2014

Entwicklung RTS, MSCI World und EuroStoxx50 Juni /2013 - Juni 2014

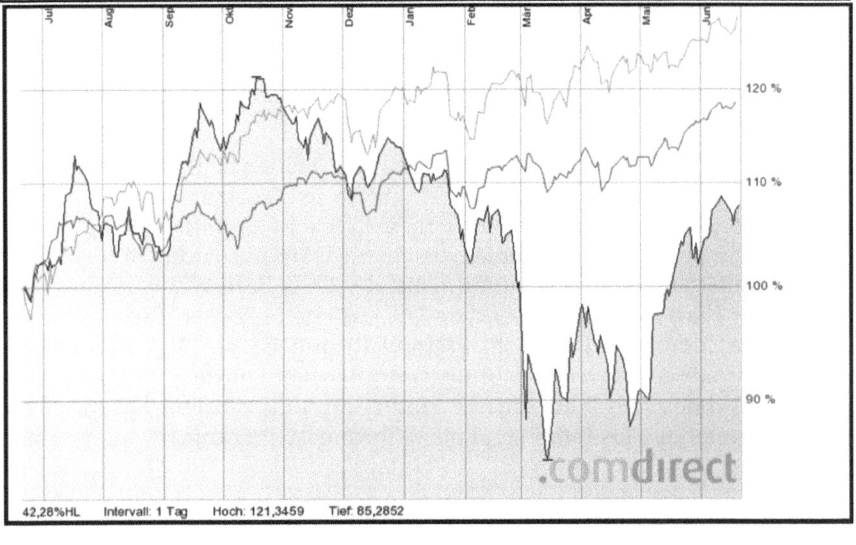

Ungeachtet der beschriebenen Verzerrung, stürzten sich Ende 2014 alle systemkonformen Westmedien genüsslich auf das Thema „Börsen- und Rubelcrash in Russland". Dazu unser Rat: Allen politisierenden Medienleuten mit pseudoökonomischen Fachwissen empfehlen wir einen Grundlagenkurs in Einmaleins der Börse! Selbstverständlich berichteten die gleichen „Experten" nichts über die rasante Erholung - seit dem Tief in Dezember 2014 bis Mai 2015 um 70% - dem Rubel gegenüber dem USD und Euro.

Wie sich der Devisenkurs des Rubels und der RTS weiter entwickeln werden, wissen wir nicht. Wir könnten hier als im Thema engagierte Researcher Prognosen anstellen, wollen darauf mit Blick auf das Gesamtthema jedoch verzichten.

Auf folgende Besonderheiten sollte noch hingewiesen werden: der niedrige Börsendurchdringungsgrad hat zur Folge, dass der russische Aktienmarkt sich relativ unabhängig vom Geschehen an den Weltbörsen entwickelt. Diese Autonomie bringt den Anlegern Vor- und Nachteile. Denn der Begriff „unabhängig" bedeutet, dass der Index sowohl die Haussen an den Weltbörsen (was schlecht ist) als auch die Baissen (was gut ist) nicht mitmacht.

Der Leser merkt, welches Hintergrundwissen nötig ist, um die Kursverläufe plausibel zu erklären. Gleiches gilt für den Rubel der keine Weltwährung ist und als eine wenig liquide Valuta nicht zuletzt von westlichen Bank- und Handelsadressen manipulierbar ist. Das ist jedoch ein anderes Thema.

Die russischen Aktienindizes: Konstruktion und Aussagekraft

Für die Beschreibung der russischen Aktienindizes erscheinen uns drei weitere Kernaussagen aufschlussreich, auf die weiter zurückgegriffen wird. Der weniger interessierte Leser darf diese börsentechnischen Einzelheiten (Stand Ende 2013) auslassen.

- der RTS-Index ist im Vergleich zu anderen Aktienindizes sehr „energielastig". Über die Hälfte der Marktkapitalisierung in dem 50 Einzeltitel zählenden Börsenbarometer entfällt auf die großen Energiekonzerne, allein 30% davon auf *Gazprom* und *Lukoil*, deren Gewicht auf 15% (sog. Kappungsgrenzen) limitiert wurde. Mit Abstand folgen die Finanzbranche (*Sberbank*) und die Metallindustrie (*MNC Norilsk Nickel*). Der Anteil des kleinsten RTS-Wertes, der V.Bank, beläuft sich gerade auf

0,15% der Indexkapitalisierung. Die Konzentration auf große Titel ist extrem. Insgesamt enthält der RTS nur 5 klassische Konsumaktien in den Branchen Einzelhandel Telekommunikation und Konsumgüter. Das Gewicht der 5 Banken beträgt etwa 6% und das der 10 Versorger gerade 7%.

- repräsentativ für die Abbildung der Volkswirtschaft eines Landes sind breite Aktienindizes, die mehr als 50 Titel enthalten. Für die USA wäre der S&P500 mit 500 Titeln hierfür aussagekräftig. Dagegen enthält der einem breiteren Publikum bekannte Dow Jones Industrial Index nur 30 Werte. In Deutschland ist der HDAX mit 110 Titeln repräsentativer als der populäre DAX. Für den russischen Aktienmarkt gibt es mehrere Indizes, die sich die Repräsentativität streitig machen. Als Kandidaten kommen der MICEX (*Moscow Interbank Currency Exchange*), der RTX (*Russian Traded Index*), der RDX (*Russian Depositary Index*) - beide von der Wiener Börse betrieben - und der *DaxGlobal Russia Index,* der von der Deutschen Börse AG entworfen wurde, in Frage.

  Wozu diese ausländischen Indizes für die russische Börse? Häufig hat ein Land keinen Einfluss darauf, ob ein von ausländischen Adressen konstruierter Index mehr Beachtung findet und die einheimischen Barometer. Grund für diese Diskrepanz sind die oftmals höheren Aktienumsätze an den ausländischen Handelsplätzen. In Wien oder London werden mehr russische Aktien gehandelt als in Moskau. Dies ist nichts Außergewöhnliches, da auch die Aktienumsätze deutscher Großkonzerne (Allianz, Bayer, Deutsche Bank, Daimler, Siemens, BMW) an internationalen Plätzen häufig höher sind als daheim. Für ein Land sind nicht die Handelsumsätze entscheidend, sondern die Ausübungen der Stimmrechte. Der Mutterstaat hat nur dann einen (direkten) Einfluss auf seine Großkonzerne, wenn diese seiner Jurisprudenz unterliegen. Er kann zur Abwehr eines unerwünschten ausländischen Einflusses die Ausübung der Stimmrechte oder den Anteilserwerb beschränken, z.B. auf 25% des Grundkapitals. Wie noch gezeigt wird, ist dieser Aspekt im Falle Russlands besonders wichtig.

- je nach Index und Untersuchungszeitraum werden sich recht unterschiedliche Kursverläufe und Schlussfolgerungen ergeben. Für den Wertpapieranalysten wird es einfacher, mit der tendenziösen Indexwahl und des manipulierten Zeitraumes eine „opportune Börsenthese zu beweisen“.

Der russische Aktienmarkt (2) : Noch keine Finanzierungsquelle für den Mittelstand und mutige Existenzgründer!

Wie steht es mit der Nutzung der Börse als Finanzierungsplattform für russische Mittelständler und Börsenkandidaten? Kapitalerhöhungen, Börsenersteinführungen - die gängige Bezeichnung hierfür ist IPO (*Initial Public Offering*) - und Emissionen von Unternehmensanleihen erlauben oftmals Wirtschaftssubjekten, der restriktiven Kreditpolitik der Banken auszuweichen.

Um diese Frage zu beantworten, sind entsprechende Börsendaten und Aktienindizes im Mittelstandssegment - in Deutschland sind es die Barometer MDAX, SDAX und TecDAX - zu finden und zu analysieren. In jedem dieser Fälle wird der Leser bei den WFE-Statistiken jedoch nicht besonders findig und hat zudem noch auf die umständlichen definitorischen Abgrenzungen zu achten.

Aus unserer Sicht untermauern die unteren Zahlen und Quellen nachfolgende Aussagen (Stand 2014):

- es gibt keinen „echten“ Index für russische Mittelstandsaktien. Der hierfür begrenzt in Frage kommende RTXMid der Wiener Börse enthält gerade einmal 8 Werte mit einer Kapitalisierung von 7 Mrd. €.

Abbildung 12: *Kursverlauf des RTXMid im Vergleich zum RTX 2009 – 2014 (Wiener Börse)*

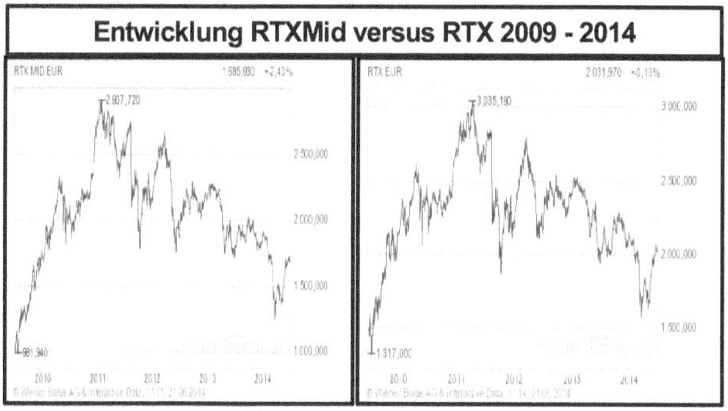

Der 5-Jahres-Vergleich mit dem breiteren, 15 Werte zählenden RTX in Abbildung 12 ergibt ein ähnliches Chartbild. Zudem sind die 8 „Mittelständler" im Index Unternehmen aus den Sektoren Stahl, Energie, Rohstoffe und Verkehr (Aeroflot) und als solche kaum zu identifizieren.

- Diese Quellenknappheit irritiert eigentlich. Da von den 293 offiziell in Moskau notierten Aktien nur 50 im vorgestellten RTS-Index enthalten sind, bleibt offen, warum keine weiteren Branchen- und Subindizes gebildet werden. Das alles kann mit verschiedenen Restriktionen und Standards, die ein Index aufweisen muss (obligatorische ad hoc Informationen, Quartalsberichte, hoher Streubesitz, regelmäßiger Handel, einheitliche Kursusancen, Haftung), verbunden sein. Ohne Detailnachforschungen lassen sich diese Fragen nicht klären.
- WFE-Statistiken nennen für 2012 und 2013 keine russischen Neuemissionen im Aktienbereich. Gleichzeitig sollen 15 Gesellschaften neu gelistet - es handelt sich hierbei wohl um Börseneinführungen des vorher zugelassenen Kapitals - und 19 vom Börsenhandel genommen worden sein. Diese Zahlen sind ebenfalls interpretationsbedürftig.
- Für das Jahr 2014 nennt die Webseite der KMU-Unternehmen Opora Rosiji eine Eigenkapitalerhöhung im Sektor von etwa 17 Mrd. USD. Das ist sehr wenig.
- Unternehmensanleihen: Ist der KMU-Sektor bereits auf der Aktienseite wenig transparent, so wirft der Markt für die Unternehmensanleihen noch mehr Fragen auf. Die Statistiken nennen für 2012 ein Marktvolumen von 120 Mrd. USD, die sich auf 792 private Anleihen und 307 Emittenten aufteilen. Im Durchschnitt beläuft sich damit das Emissionsvolumen einer Anleihe auf 400 Mio. USD. An dieser Größenordnung wird erkennbar, dass die Emittenten (Schuldner) in erster Linie Großunternehmen sein dürften. Eine Detailklärung wäre ebenfalls zu machen.

Fazit: Wie großzügig die Zahlen auch nicht interpretiert wären, sie belegen, dass die Finanzierung russischer KMU-Unternehmen über den inländischen Kapitalmarkt noch in den Kinderschuhen steckt. Vor dem Hintergrund fehlender Ausweichmöglichkeiten werden die in den Befragungen oftmals angeführten Probleme mit den Banken bei der Kreditgewährung verständlich.

Russland ist unabhängig von ausländischen Finanzinvestitionen
Wenn die Realwirtschaft durch den Finanzsektor stimuliert werden soll, was eine klassische Aufgabe der Geld- und Finanzpolitik ist, muss der Staat eine funktionierende Ordnungspolitik schaffen, und diese gegen die mächtige Konzerne und Lobbyisten verteidigen. Solange seine Großunternehmen ihren juristischen Sitz im Inland haben, hat er die Macht, seine legitimen Interessen durchzusetzen. Ob die kleinen und armen Staaten ihre Souveränität gegen global agierende Konzerne behaupten können, ist eine andere Frage.

In Zeiten harten Wettbewerbs sind selbst große Volkswirtschaften und umso mehr die Entwicklungsländer gut beraten, sich in ihren internationalen Wirtschaftsbeziehungen breiter aufzustellen. Das geschieht in der Regel durch die Diversifizierung der Handels- und der Finanzströme, den Anschluss an größere Wirtschaftsräume (EU), eine gesunde Handelsbilanz und starke Währung und durch die Erzielung guter Schuldner-Ratings. In diesen Punkten besitzen die Staaten eine gewisse Handlungsfreiheit. Gegen andere Daten, wie die Abhängigkeit im Energiebereich oder die klimatischen Bedingungen, wird die Volkswirtschaft weniger ausrichten können.

Die sicherste Methode für einen hohen Souveränitätsgrad ist immer noch, so weit wie möglich gegenüber dem Ausland schuldenfrei zu bleiben. Ein Schuldner, bei dem nichts zu pfänden ist, wird nur theoretisch und kurzfristig unabhängig sein. Wie die Fälle der akut gefährdeten Euro-Schuldner (Griechenland & Co.) oder zuletzt Argentiniens (Abwehr der Hedgefonds-Ansprüche) zeigen, werden sie früher oder später dem harten Diktat der Kreditgeber (rigorose Sparauflagen) oder anderen Finanzierern anheimfallen. Die Kritik an den Kreditvergaberegeln der internationalen Finanzinstitutionen (IWF, Weltbank) zielt ebenfalls in diese Richtung.

Wie ist in diesem breiten Kontext die Ab- bzw. die Unabhängigkeit Russlands vom Auslandskapital zu sehen?

Mit seinen bekannten 500 Mrd. USD Devisenreserven in der Spitze war und ist der russische Staat auf den ersten Blick unabhängig vom Wohlwollen internationaler Finanzkreise. Auf den zweiten Blick ist die These genauer unter die Lupe zu nehmen, da nicht nur die finanzielle Unabhängigkeit des Staates, sondern auch die Auslandsverschuldung seiner Großunternehmen von Bedeutung sind. Sind diese Subjekte im Ausland hoch verschuldet, färbt deren Schwäche auf die Staatsfinanzen ab. Die Schulden eines von ihm beherrschen

Unternehmens sind de facto Schulden des Staates. Ein Staat, der zudem durch eine permanente Kapitalflucht in seiner Steuerhoheit gestört wird, ist finanziell nur formal unabhängig.

Es gibt zwei Hauptwege, auf denen die finanzielle Einflussnahme des Auslandes auf die einheimische Wirtschaft erfolgen kann, über die Besitzverhältnisse und über die Kreditgewährung. Im ersten Fall geht es um das direkte wirtschaftliche „Sagen" in den beherrschten Wirtschaftssubjekten. Dazu gehört die Geschäftspolitik (hier primär die Gewinnverteilung), die in den Kapitalgesellschaften von Mehrheitsaktionären und Aufsichtsräten bestimmt wird. Im zweiten Fall wird formal die Kontrolle schwächer ausfallen, wenn die Schulden ordnungsgemäß bedient werden. Dennoch können inländische Unternehmen in ihrer Handlungsfreiheit bei der Kreditverlängerung und den Besitz der Anleihenemission durch die Ausländer gestört werden.

Ohne Einzelheiten zu nennen, sind beide Abhängigkeitsvarianten im Falle russischer Großkonzerne im Energie- und Rohstoffsektor strikt zu verneinen. Zum einen besitzt der russische Staat die entsprechenden Anteilsmehrheiten, zum zweiten zählen die russischen Kreditnehmer aufgrund ihrer unbedenklichen Bonität zu den beliebtesten Schuldnern weltweit. Wie sich die Schuldenlage anderer Unternehmen außerhalb des Sektors darstellen, wäre von Fall zu Fall zu untersuchen. Die generell positive Einschätzung hat sich im Zuge der westlichen Finanzsanktionen - bestimmte russische Konzerne dürfen vorläufig im Ausland keine Anleihen emittieren und sind damit bei der Refinanzierung beeinträchtigt - nur marginal verändert.

Der Befund lässt sich exemplarisch am Beispiel des Energieriesen Gazprom nachvollziehen, dessen Aktien zu den fundamental global am günstigsten bewerteten Energie-Titeln (Kurs-Gewinn-Verhältnis 2014 < 3) zählen. Es muss an dieser Stelle gesagt werden, dass die Kursentwicklung von Gazprom in den letzten Jahren für einen westlichen Anleger schlecht verlief, was allerdings primär auf die Rubelschwäche zurückzuführen ist. Bei einem massiven Kursverfall wird die Bewertung immer günstiger ausfallen. Langfristig ist der Titel jedoch ein klarer Kauf. Auch die US-Aktienlegende *Warren Buffet* hält die Gazprom-Aktien in ihrem Musterdepot.

Leser, die mehr über russische Aktien erfahren wollen, sind auf die Börsenportale von onvista, maxblue oder comdirect zu verweisen.

Beispiel: Gazprom
(Webseite www.gazprom.com, auch in Deutsch)
Im Unterschied zu den börsennotierten Mittelstandsunternehmen gewährt das Studium der Geschäftsberichte der großen, nach den internationalen Rechnungsstandards IFRS bilanzierenden globalen Konzerne wie Gazprom formal mehr Transparenz über die Geschäftstätigkeit. Real gesehen, kann ein Geschäftsbericht mit 300 Seiten Umfang aber manchmal mehr Fragen aufwerfen, als klären.

Nach dem Börsenwert mit 101 Mrd. USD (Ende 2013) nahm der russische Erdgasgigant in der Energiebranche weltweit erst Platz 9 direkt nach Sinopec/China (106) ein. Die Führungstroika bildeten Exxon/USA (404), Petrochina/China und Chevron/USA (231). (Vom Börsenwert sind die realwirtschaftlichen Fördermengen von Gas zu unterscheiden). Gazprom wird gerade in Zeiten der Ukraine-Krise nur zu gerne mit Korruption, Affären, Druckausübung auf schwache Abnehmer und säumige Zahler und einer ganzen Reihe anderer negativer Schlagzeilen („Gazprom-Imperialismus“) in Verbindung gebracht. Über den Giganten sind schon einige Bestseller geschrieben worden, auch von „betriebswirtschaftlich blinden“ Autoren. Sicherlich treffen diese Vorwürfe weitgehend zu und sprechen nicht gerade für musterhaftes und ethisches Geschäftsverhalten. Andererseits befindet sich Gazprom hinsichtlich dieser Praktiken in bester Gesellschaft mit den westlichen Multis Texaco, Chevron oder BP.

Eigentümerstruktur: Die Gesamtzahl der Aktionäre beträgt über 500.000 juristische und natürliche Personen. Solche Angeben sind in jedem Geschäftsbericht eines Konzerns nachzulesen. Der russische Staat kontrolliert über den Aufsichtsrat das Management. Der Anteilsbesitz verteilte sich Ende 2014 wie folgt: Russische Föderation: 50,002%, Bank of New York Mellon: 26,955%, andere Aktionäre: 23,043%. Die Begrenzung des Aktienanteils von Ausländern auf höchstens 20% wurde Ende 2005 aufgehoben. Bis 2010 war der E.ON-Konzern einer der größeren ausländischen Aktionäre. Zwischen 1998 und 2003 kauften die Essener 6,4% der Gazprom-Aktien, die sie später abstießen. Alle Paketverschiebungen an in- und ausländischen Börsen und die nicht minder aufregenden Kursbewegungen tangieren die Frage der Unternehmenslenkung bei Gazprom nicht, solange der Mehrheitsaktionär keine Aktien verkaufen wird und die Kontrolle behält.

Verschuldung im Ausland: Gazprom war 2013 mit einer Summe von annähernd 80 Mrd. USD über Kredite und Anleihen im Ausland verschuldet, die 20% der Auslandsschulden aller russischer Unternehmen ausmachten. Aktuelle Zahlen sind der Webseite des Unternehmens zu entnehmen. Im Geschäftsbericht 2013 wurden allein 35 Fremdwährungspositionen genannt. Dennoch ist das hohe Verschuldungsniveau bei einer Eigenkapitalquote von über 70% - von einem solchen Wert können Konkurrenten nur träumen! - unbedenklich. Die ordentliche Kreditbedienung ist bei einem Gewinnausweis von knapp 28 Mrd. USD in 2013 (2014 immer noch 3 Mrd. USD) gesichert.

Warum trotz der exzellenten Bilanzzahlen die internationale Rating-Bonität des Konzerns nur im mittleren Wertebereich liegt, ähnelt der unteren Frage nach der grundsätzlichen Objektivität der Rating-Vergabe durch die marktbeherrschenden US-Agenturen.

Exkurs: Die Ratings und CDSs von Russland

Die Graphik in Abbildung 13 zeigt den Einstufungsvergleich von USA, China und Russland aus US- und aus chinesischer Sicht. Bekanntlich erfreuen sich chinesische Rater nicht der gleichen Marktstellung wie ihre US-Pendants S&P und Moody's oder die britische Fitch. Hohe Ratings erleichtern den Zugang zum Auslandskapital und senken die Finanzierungskosten. Wenn ein Land auf dieses angewiesen ist, hat es bei schwachen Ratings schlechte Karten. Bei Russland stellt sich die Rating-Frage bei der Finanzierung nur marginal. Auf der Anlageseite kann es wichtig sein, welche Ratings russische Staatsanleihen ausweisen. Im Internet können auf den Seiten bekannter Onlinebanken ein Dutzend in Euro oder USD notierende Anleihen der Russischen Föderation gefunden werden. Der Leser wird feststellen, dass es zwischen dem Rating und deren Kursentwicklung wohl keine Korrelation geben wird.

Es klingt fast banal: Die globalen Kapitalgeber und Anleger sind selbst schuld, wenn sie sich freiwillig an den US-Ratings orientieren.

Abbildung 13: Länder-Rating von USA, China und Russland (Die Welt)

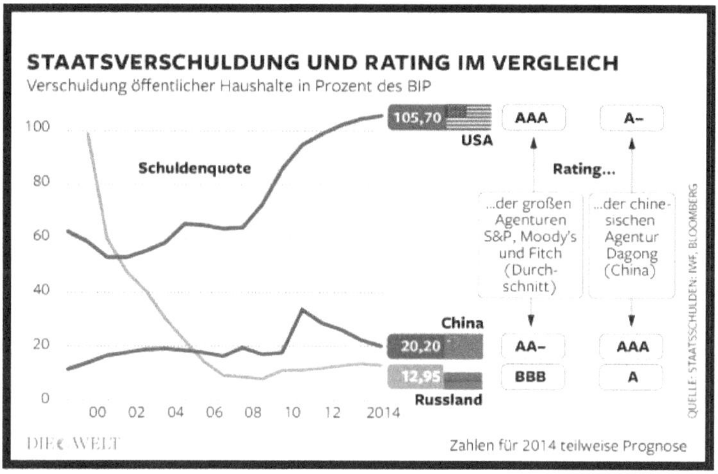

Dennoch darf niemand zu seinem Glück gezwungen werden und den chinesischen Beurteilungen folgen. Der Marktteilnehmer schaut nicht allein auf die Finanzkennzahlen, sondern ebenso auf politische Risiken, weil diese ein wichtiges Kriterium beim Rating sind. Im Falle der USA werden diese weitgehend als nicht existent gesehen. In Krisenzeiten war schon immer eine Flucht in Gold, den USD oder die US-Staatsanleihen als den „sicheren Hafen" (safe haven) zu beobachten. Ob das in Zukunft so sein wird, bleibt abzuwarten.

Der Kapitalmarkt kennt auch andere Instrumente, um das Anlagerisiko zu messen. Die CDS (*Credit Default Swap*), die die prozentuellen Zinsaufschläge eines Schuldtitels (Kredite, Anleihen) gegenüber einer US-Staatsanleihe oder einer anderen Benchmark gleicher Laufzeit messen, sind hier ein anerkannter Risikoindikator. An den von JP Morgan regelmäßig publizierten Bestandsdaten und ihren Veränderungen erkennt der Interessent die Schuldnerposition eines Landes oder Unternehmens im internationalen Vergleich. Die Schwankungen der CDSs sind in der Regel erheblich, was eine langfristige Trenderkennung problematisch macht.

Über den Sinn (Unsinn) und die Objektivität des CDS-Konstruktes kann ebenfalls heftig gestritten werden; es bleibt immer ein variables und subjektives Marktdatum. Bei den CDS schneiden russische Staatsanleihen mit einem laufzeitabhängigem Risikoaufschlag phasenweise besser, dann wieder schlechter, als die Pendants der südeuropäischen Schuldnerländer, die Türkei, Südafrika oder auch China, ab. Sie befinden sich aber niemals in der ersten Bonitätsreihe. Wen wundert das schon.

Die Auslandsvermögensposition Russlands bleibt hoch

Russland hat als Land (Staat, Unternehmen, Banken, Private) mehr Forderungen an das Ausland als Verpflichtungen gegenüber dem Ausland. Ein aussagekräftiger Indikator für die Verschuldungslage ist die Auslandsnettovermögensposition (*International Investment Position*). Nach dieser Kennzahl zählte Russland in 2012 mit 137 Mrd. USD neben Singapur, China, der Schweiz, Deutschland und Japan zu den größten Nettogläubigern der Welt. Die größten Schuldner waren und sind die USA (fast 2,4 Bill. USD, daneben die Inlandverschuldung von 17 Bill. USD), Indien, Mexiko, Griechenland und die Türkei. Bedingt durch die Sanktionen wird sich 2014 die Auslandposition Moskaus verschlechtert haben, ohne in den negativen Bereich abgerutscht zu sein.

Es gilt Folgendes: Ein aufrichtiger Analyst darf sich nicht auf einen ausgewählten Einzelposten der obigen Kennzahl konzentrieren, sondern sollte immer das Gesamtvolumen und die Struktur im Auge behalten. Ist ein Land als Ganzes gesehen Nettogläubiger der Welt, ist es dort auf vertraglicher Basis einfacher, die Schulden eines seiner Subjekte (Staat, Unternehmen, Banken) mit den Guthaben der anderen auszugleichen. Besäßen im August 2014 die argentinischen Bürger und Unternehmen genügend Devisenguthaben auf Inlandskonten und könnte der Staat auf diese durch den Zwangsumtausch oder durch eine Kreditaufnahme zurückgreifen, gäbe es nicht die staatliche Zahlungsmisere bei den US-Hedgefonds. Gerade hat ein US-Gericht das Land auf die Schuldenrückzahlung von 5,4 Mrd. USD verklagt. So einfach liegen die Dinge.

Die dezidierte Aufspaltung der Auslandvermögensposition in ihre Bestandteile (Portfolio- und Direktinvestitionen, Anleihen, Kredite, Cash) ergäbe ein interessantes Bild, wenn alle Zahlen bekannt wären. Leider stehen sie nur in Bruchteilen zur Verfügung.

Allein 2013 sollen 128 Mrd. USD Gesamtinvestitionen (brutto) nach Russland, das damit nach den USA und China weltweit auf Platz drei kam, geflossen sein. Den größten Teil bildeten Gelder aus Europa, konkret die bekannten russischen „Fluchtgelder" aus Zypern und den Niederlanden. Weiterhin entfielen 85% dieser Summe auf reine Portfolioinvestitionen, also fungible Anlagegelder.

Nur 15% gingen in volkswirtschaftlich gewünschte materielle Sachinvestitionen (Direktinvestitionen). Zeugt das vom mangelnden Vertrauen der reichen Russen in ihr eigenes Land? Da wird man gespaltener Meinung sein. Umgekehrt will sich nämlich dieser Investorenkreis im Ausland genauso so wenig langfristig binden- nach dem Motto „cash ist fesch!" - wie alle anderen. Er fürchtet das Liquiditätsrisiko, genau so die vielen Superreichen dieser Welt. Ökonomen sprechen in diesem Zusammenhang häufig vom vagabundierenden Geld. Eine Portfolioinvestition (Aktie, Anleihe, Kredit) lässt sich einfacher zur baren Münze machen, eine Direktinvestition (Fabrik, Anlage) ist de facto illiquide.

Kapitalexport oder Kapitalflucht?

Einige besonders systemfeindliche Russland-Interpreten gehen weiter und reden das hohe Auslandsvermögen schlecht. Sie sehen darin den Akt einer unkontrollierten Kapitalflucht, die das Land finanziell „ausbluten lässt" und ihm die Investitionsmittel entzieht. Nach der „Ausblutungsthese" haben während der Putin-Ära, kumuliert gesehen, 8 Bill. USD Russland verlassen, von denen umgekehrt nur 5,5 Bill. USD nur via Zypern & Co. zurückgeflossen sind. Damit gingen dauerhaft 2,5 Bill. USD das verloren - hinzu kamen etwa 120 Mrd. USD im Sanktionsjahr 2014.

Was ist von diesem Vorwurf zu halten?

Ein negativer Saldo ergibt sich zwangsläufig bei jedem Land, das als Nettokapitalexporteur gilt - darauf wurde bei der Beschreibung der Funktionsweise der Leistungsbilanz hingewiesen. So gesehen verlässt auch gewöhnlich Deutschland mehr Kapital, als in das Land hereinkommt. Wer diesen Sachstand ganz böse interpretieren will, wird darin eine Kapitalflucht sehen.

Wie bei vielen anderen ökonomischen Kategorien sind die Termini „Nettokapitalexport" und „Auslandsvermögen" - auch im Falle Russlands - per definitionem wertneutral. Wer sie negativ belegen will, der schafft es leicht. Er wird von Finanzimperialismus oder Kapitalflucht sprechen. Wer sie besonders positiv deuten möchte, wird von volkswirtschaftlich wertvollen Exportüberschüssen und einer sinnvollen Streuung der Finanzströme im Ausland sprechen.

Im Falle Russlands dürften sich die Anlage- und Fluchtmotive dennoch vermischen. In welchem Verhältnis das geschieht, darüber schweigen die Statistiken. Auch in Vorkrisezeiten schafften, wie mehrmals angeführt, reiche Russen großes Geld außer Land. Sie taten es nicht zuletzt deswegen, um schneller an begehrte EU-Pässe zu kommen.

So viel als Einstieg. Der Leser sollte bei folgenden Ausführungen seinen gesunden Menschenverstand einsetzen. Er hat sich zu fragen, ob ein autokratisch regiertes Land wie Putins Russland diesen „Fluchtprozess" nicht bewusst unterstützt und nicht imstande wäre, wenn es wollte, die Kapitalflucht zu stoppen, falls das Fluchtgeld tatsächlich im Inland gebraucht wird. Ansonsten wäre die Kreml-Elite, die ein Auge auf den regen Geldtransfer zudrückt, nichts als ein Komplize der reichen Steuerhinterzieher und Rechtsbrecher, was ihr ihre Gegner unterstellen.

Wird das Inlandskapital wirklich so dringend gebraucht?

Das würden wir verneinen. Viele Sachinvestitionen scheitern nicht nur in Russland weniger an der Mittelknappheit als vielmehr an der fehlenden Risikobereitschaft und den niedrigen Renditeaussichten. Denn auch im Westen haben wir ein vergleichbares Bild: Die EZB kann den Leitzins sogar ins Minus fallen lassen; eine merkliche Ankurbelung der Investitionstätigkeit und neue Arbeitsplätze entstehen nicht, so wie das sich gutgläubige Keynesianer (Verfechter der wirtschaftspolitischen Empfehlungen von J.M. Keynes) gerne vorstellen. Volkswirte beschreiben diesen Zustand plastisch mit der Formulierung: „Die Pferde wollen nicht saufen, obgleich sie zur Tränke geführt werden", was frei übersetzt heißt: Investoren wollen nicht investieren, obwohl die Finanzierungskosten günstig sind.

Exkurs: Russische Westinvestitionen im Spiegel unserer Medien

Im Fernsehen werden gelegentlich Reportagen zu Aktivitäten russischer Investoren in Westeuropa ausgestrahlt. In einer ARTE - Dokumentation, die auf Youtube unter dem Titel „Milliarden aus Moskau. Gefahr für Europa?" abrufbar ist, - stellen die Autoren zwar eine solche Frage, liefern aber die bejahende Antwort direkt mit. An ausgewählten Beispielen wird im Beitrag „nachgewiesen", wie intransparent, mit der „Kreml-Mafia" verquickt und politisch motiviert die West-Engagements der Russen einerseits und wie korrupt die Investoren andererseits seien. Auch schmücken bunte, martialische Formulierungen wie „Landnahme mit dem Checkbuch", „die kriminelle Kreml AG", „der Mafia-Staat" oder der „sportpolitische Masterplan" (Schalke 04) die Bilder weit und breit. Das mag isoliert gesehen ethisch alles stimmen, Gesetzesverstöße wurden jedoch nicht attestiert. Auch fehlt eine positive Würdigung der ökonomischen Vorgänge, die sprichwörtliche zweite Seite der Medaille. Denn die Frage nach dem ökonomischen Nutzen der Investitionen (Arbeitsplatzsicherung in deutschen Werften für unsere Bürger) wurde nicht gestellt. Zu Wort kommen im Beitrag, wie erwartet, nur altbekannte Putin - Gegner und aus unserer Sicht „betriebsblinde" westliche Journalisten. Insgesamt ist das eine analytisch sehr unsaubere Vorgehensweise und eine Art von Propaganda für Fortgeschrittene. Der Zuschauer soll in den russischen Investitionen eine Gefahr für unsere nationale Sicherheit (RWE-DEA-Geschäft) erkennen. Im Umkehrschluss hat es dann wohl zu heißen, unsere Westkapitalien sind für die Russen eine Rettung und Segen. Wie sind die Sicherheitsbedenken mit der Tatsache zu vereinbaren, Russland habe auch im Kalten Krieg seine Lieferverpflichtungen stets erfüllt?

10 Eigenschaften des russischen Kapital- und Aktienmarktes

1. Über die Anlagemotive der Börsenakteure am Moskauer Handelsplatz ist wenig bekannt. Der Handel in den 10 größten russischen Aktien macht etwa 80% der Börsenumsätze aus. Wer die Aktien kauft und verkauft, ist - wie generell im Börsengeschäft - aus reinen Umsatzzahlen nicht erkennbar. Anonyme Orderstatistiken informieren nur über Größe und Häufigkeit der Einzeltransaktionen. Der Eigentumswechsel großer Aktienpakete wird, analog wie im Westen, selten über die Börse, sondern im außerbörslichen Geschäft (OTC) abgewickelt. Das Vorliegen vieler Kleinorder liefert Hinweise auf rege Aktivitäten der Privatanleger. Diese fallen am Moskauer Platz bescheiden aus.

2. Genauso mangelt es an aussagekräftigen Statistiken über das Geldvermögen und Sparverhalten der russischen Privathaushalte. Daher bleibt es schwer festzustellen, ob diese wichtige Anlegergruppe aktienavers oder aktienfreundlich ist. Börsenexzesse wie Überhitzungen und der Index-Einbrüche, die in

Zeiten der New Economy (2000 - 2002) in China oder Vietnam zu beobachten waren, waren hier unbekannt. Ein reges Börsenauftreten der Privatanleger dokumentiert zudem, dass der Kapitalismus bei der „breiten Bevölkerung angekommen" ist. Auch das scheint hier nicht der Fall zu sein.

3. Wenngleich Börsenaktivitäten der Privat- und Kleinanleger in weltweit niemals signifikant die Finanzströme bestimmen, wären sie in Russland ein Indiz für die Entdeckung der Börse als Finanzierungsquelle durch die KMU-Firmen. Um diese Quelle zu nutzen, muss die Börsenmechanik erst verstanden werden. Es gibt noch wenig russischsprachige Fachliteratur zur Börse und Kapitalmarktfragen.
4. Russische Großunternehmen sind über gegenseitige Beteiligungen miteinander stark verflochten. Ein Großteil der Börsenaktivitäten geht auf Verschiebungen der Aktienpakete durch inländische Oligarchen zurück. Hier würden eine „Beteiligungsmatrix" und die Statistiken über die Gewinnverwendung interessante Aufschlüsse liefern. Mehrheiten an staatlich kontrollierten Unternehmen werden durch die Börse tangiert. Dem russischen Staat kann es - so wie den Quants-Erben von BMW - egal sein, wer mit seinen Aktien „herumspielt" und welche Kurse er für sie bezahlt.
5. Eine weitere Gruppe von Großanlegern (Käufern) in russischen Aktien am Börsenplatz Moskau bilden die Fonds (442 per Ende 2012), die in erster Linie von Ausländern und Eignern des „russischen Fluchtkapitals" via Ausland erworben werden. Ausländer, die eine Direktanlage in ein russisches Unternehmen scheuen, erwerben Fondsanteile, um über Umweg dennoch an den Kurschancen des Kapitalmarktes zu partizipieren. Einzelheiten über große Mittelbewegungen erfährt der Außenstehende eher selten, da Investmentfonds - anders als Aktiengesellschaften - nicht den strengen Publizitätspflichten unterliegen.
6. Russische Aktien werden auch im Ausland notiert. Haupthandelsplätze sind London, Frankfurt und Wien. Wer darüber mehr erfahren will, schaut sich die knapp 100 Titel auf bekannten Bankportalen an. Deutsche und europäische Anleger

verfügen ebenso über die Möglichkeiten, neben den Fonds über andere indirekte Anlagen wie Derivate, Hebelprodukte, Indexanlagen, ETFs oder den GDRs am russischen Aktienmarkt präsent zu sein. Die Anzahl der von den Banken „kreierten" Finanzprodukte geht hier in die Tausende. Wo es Chancen gibt, gibt es Risiken. In der heutigen Ukraine-Krise haben viele österreichische Adressen in 2014 hohe Verluste in diesen Anlagen hinnehmen müssen. Andere Akteure nutzen wiederum das niedrige Kursniveau. Gemäß der alten Börsenweisheit *„Politische Börsen haben kurze Beine"* wagen Langfristanleger den Einstieg. Börsenkurse werden eben nicht allein von Wirtschaftsdaten, sondern genauso von der Psychologie bestimmt.

7. Die Moskauer Börse ist kein Tummelplatz für Hedgefonds und spekulative Finanzinvestoren (BlackRock & Co). Es wird anzunehmen sein, dass er und der russische Kapitalmarkt dadurch beim US-Finanzestablishment (Großinvestoren, Analysten, Ratingagenturen) in Ungnade gefallen sind. Dieser stuft ihn fortdauernd als besonders risikoreich ein. Glücklicherweise herrscht in der Wertpapieranalyse Meinungsfreiheit; jeder Anleger hat die Möglichkeit, auf ein breites Spektrum von Empfehlungen zurückzugreifen. Raten einige Banken Brokern und Analysten zum Verkauf russischer Titel, werden andere zum Einstieg trommeln.

8. In jeder Krise gibt es Gewinner. Der aktuelle Anlagezins von 13% jährlich für Rubel-Anleihen ist für Inlandsinvestoren sehr attraktiv. Von einem derart hohen positiven Zins wird der Euro-Anleger, der zuhause mit negativen Nominalzinsen konfrontiert wird, nur träumen. Von Rubel-Anleihen ist ihm aufgrund der aktuellen politischen Lage und der erheblichen Währungskursrisiken dennoch strikt abzuraten. Umgekehrt halten wir russische Staatsanleihen in Euro für sicher und vom Zins her (bis 5%) in der Niedrigzinsphase für anlagewürdig. Für die russischen Privathaushalte, die Verlierer der Krise sind, ist der Kreditzins klar zu hoch. Der Preis für die Geldausleihung ist Zuge der Sanktionen nach der Erhöhung des Leitzinses auf aktuell 12% weiter angestiegen. Der Staat sub-

ventioniert jedoch aus dem Stabilisierungsfonds private Konsumenten- und Hypothekenkredite.

9. Ob sich der hohe Zins auf Dauer als investitionsfeindlich erweisen wird, bleibt dahingestellt. Großunternehmen können ihn angesichts der hohen Gewinnmargen im Zweifelsfall tragen, weil sie ihn in den Absatzpreis überwälzen. Wie vorher gesagt, wird umgekehrt das Engagement potentieller KMU-Investoren kaum an zu hohen Finanzierungskosten scheitern. Hier erweisen sich Kreditklemmen der Banken, die mangelnde Risikobereitschaft und die vielen institutionellen Restriktionen als die wahren Hürden.

10. Der russische Rubel ist nur zum Teil frei konvertierbar. Sein Wechselkurs wird durch die Zentralbank (Bank Rossiji) gesteuert, die sich an variablen Bandbreiten orientiert, jedoch ohne eine automatische Fremdwährungskoppelung. Es gibt einige Kapitalmarktkontrollen, insbesondere Devisenausfuhrgesetze, die de jure eine Kapitalflucht verhindern sollen. Wie Devisen dennoch so massiv ins Ausland gelangen, bleibt auch uns, die sich mit der Materie nicht erst seit heute befassen, nicht ganz verständlich. Der Wechselkurs des Rubels hat keine erkennbare Regulierungsfunktion. Konjunktursteuerungen mittels der Ab- und Aufwertungen des Rubels zwecks Export- oder Importstimulierung, wie sie in China und anderen großen Emerging Markets praktiziert werden, sind in Russland nicht bekannt. Bei einer langjährigen Preisfixierung und der Kontrahierung der Auslandgeschäfte in USD, Euro, GBP, CHF und anderen Weltwährungen haben solche Maßnahmen zudem keinen Sinn. Eine Wechselkurspolitik ist nur dann sinnvoll, wenn primär kleine Wirtschaftssubjekte Außenhandel treiben und deren Gewinnsituation durch den Wechselkurs beeinflusst werden kann.

Die gesunden Finanzen verbunden mit den Ölmilliarden haben für Russland auch ihre Schattenseiten. Von diesen Faktoren werden keine Potentialimpulse zu erwarten sein, da kein Druck zum effektiveren Wirtschaften und Sparen besteht (holländische Krankheit). Andererseits gelingt es dem Ausland über diese Schiene ebenso wenig Druck ausüben – das ist die positive Nachricht. Was von den später behandelten Sanktionen in Frage kommt, ist die Verwundbarkeit bei den West-Importen von Hochtechnologie. Da Russland diese bezahlen kann, kommt allein ein Ausfuhrverbot (Transferstopp) als probates Mittel in Frage.

Die gegenwärtige Lage Russlands unterscheidet sich insofern von den Spannungen in Zeiten des Kalten Krieges (1950 - 1990). Damals waren die Sowjets nicht nur ein abhängiger Technologieimporteur, sondern noch ein im Westen verschuldeter, wenngleich von der Bonität her unbedenklicher Kreditnehmer.

5.2. Geographie (Rohstoffe, Wald, Wasser, Land, Verkehrslage und Tourismus) sichert die Finanzierungsseite

Russlands ist mit einem Reichtum an Bodenschätzen (Öl, Erdgas, Rohstoffe) und weltgrößten Waldgebieten und Wasserressourcen gesegnet. Das weiß jedes Schulkind. Der durchschnittliche Erwachsene wird noch hinzufügen, ohne die Energieexporte funktioniere kaum etwas in Russlands Wirtschaft, und der Westen sei leider von diesen Einfuhren extrem abhängig. Ferner befinde sich die Wirtschaft in den Händen reicher Oligarchen, denen die Reichtümer des Landes mehrheitlich gehören und die mit dem Staatsapparat (repräsentiert durch Präsidenten Putin) gemeinsame Sache gegen das - wieder einmal betrogene arme russische Volk - machen. Auch gegen seine schwachen Nachbarn, die Ex-Sowjetrepubliken, setze das imperiale Russland wieder Soldaten und die Energiewaffe ein. Die bedrohten Länder suchen sodann notgedrungen Schutz in westlichen Bündnissen (NATO, EU). Solange also das Öl und Gas fließt, rollen der Rubel und hält die Gewalt an. Der Westen sieht sich gezwungen, des globalen Friedens willen, mehr oder minder machtlos zusehen, wie das internationale Recht mit Füßen getreten wird - so lautet überspitzt hierzulande die gängige Schwarz-Weiß-Malerei. Aber er ist solidarisch und weiß, sich dank der starken USA, zu wehren.

Wie bei der Kapitalmarktanalyse werden wir keine Zeit für die Prüfung des „Wahrheitsgehalts" dieser Thesen und Klischees verlieren, sondern uns auf die Fragen der Mobilisierung der makroökonomischen Potentiale im Bereich der Geographie konzentrieren. Darunter verstehen wir die Reserven im Energie- und Rohstoffsektor, bei den

Wasser- und Waldressourcen, im Ackerland, in der Verkehrslage und beim Tourismus.

Einigen Lesern mag diese Aufzählung zu breit erscheinen. So geht jedoch heute die Analystenwelt vor, die mit ihren Studien und Berichten nicht nur einfach Seiten füllt. Denn solche, nicht allein auf Russland beschränkte Globalthemen, wie Energie, Demographie, Nahrungsmittel oder Urbanisierung rücken zunehmend in den Anlagefokus großer Investmentbanken und Fonds.

Drei wichtigste Fragen stehen jeweils im Mittelpunkt der einzelnen makroökonomischen Potentialanalysen:

1. Auf welchen Wegen können die Reserven gehoben werden?
2. Welche Wachstums- und Synergieeffekte werden erwartet?
3. Was ist für die Landesentwicklung ökonomisch besser, eine Deregulierung oder eine langfristige Staatskontrolle?

A. Der Energiesektor: Fluch oder Segen für die Volkswirtschaft?

Über die strategische Bedeutung des Energiesektors für die Wirtschaft des Landes wurden viele Bücher und Abhandlungen geschrieben, sodass es als Marktdatum angesehen werden kann. Die Dominanz wird dabei nicht immer als Segen empfunden. Umgangssprachlich wird sie genau so häufig als „Fluch“ gewertet, der dem Land den Sprung in eine leistungsfähige Marktwirtschaft verbaut (Stichwort: holländische Krankheit). Als Argumente werden dann die Schwächen genannt, die einem Rentierstaat eigentümlich sind. Was ist ein Rentierstaat?

Exkurs: Ist Russland ein Rentierstaat besonderer Art?

Rentierstaaten (oder Rentenstaaten) beziehen einen Großteil ihrer Einnahmen aus externen Renten, die ihnen von ausländischen Unternehmen, Regierungen oder Individuen gezahlt werden. Die ökonomische Gegenleistung muss der Rentierstaat nicht selber schaffen; sie ergibt sich aus seiner günstigen Geographie. Beispiele sind die Gebühren für die Passage durch den Suezkanal oder die Einnahmen für die Durchleitung russischen Erdgases über ukrainisches Territorium.

Häufig werden auch Einnahmen aus der Ölförderung dazu gezählt. Die Erdölexportierenden OPEC-Länder profitieren von einer Rente aufgrund höherer Produktivität ihrer Fördergebiete sowie den monopolistischen Preisstrukturen auf dem Weltmarkt. Die Ölexport-Einnahmen eines Rentierstaates sind von der sonstigen inländischen Wirtschaftstätigkeit total losgelöst, da die übrigen Staatseinnahmen verschwindend gering sind. Das bringt Nachteile mit sich. So führen die Renten zu Fehlallokationen, wie der Konzentrationen, fehlender Industrialisierung, mangelndem Interesse am Binnenmarkt, der Schwächung traditioneller Sektoren durch einseitige Ressourcenfehlallokationen und häufig zu unterdurchschnittlichem Wirtschaftswachstum. OPEC-Länder und andere Rentierstaaten zählten niemals zu den Spitzenreitern im weltweiten Wachstumsvergleich.

Wie die Geschichte lehrt, sind solche Rentierstaaten auch keine Demokratievorbilder. Die staatstragenden Gruppen stehen in diesen Ländern häufig in offener „Opposition" zum eigenen Volk. Mangelhafte institutionelle Rahmenbedingungen werden nicht abgeschafft, es herrscht weder Rechtssicherheit noch Transparenz, noch politischer Wettbewerb oder Ausgabenkontrolle. Schließlich wird der typische Rentierstaat bestimmte Klassen gezielt fördern, um diese zu politisch opportunem Verhalten zu bewegen. Loyalität und Verzicht auf Opposition werden belohnt. Die staatliche Bürokratie ist allgegenwärtig. Insbesondere schafft die enge Verzahnung von politischem Amt und ökonomischem Vorteil für die herrschenden Eliten keine politischen Alternativen. Gigantomanie und ausufernde Staatsausgaben treffen auf wenig Gegenwehr oder werden mit repressiver und autoritärer Politik radikal durchgesetzt. Ferner wird die uneffiziente Rentiermentalität gefördert. Das leistungsfeindliche System fördert im großen Stil Protektionismus, Marktversagen, Monopolrenten, Korruption und verbreitete Patronagebeziehungen. Im Endeffekt wird damit nicht selten auch die staatliche Kompetenz und Legitimität ausgehöhlt. Staatszerfall droht und ist besonders in Afrika, bei Staaten mit großen Vorkommen an Diamanten oder Öl, oft die Folge (Kongo, Nigeria). Die Rentierstaaten lassen sich unterschiedlich klassifizieren.

Kommt uns das alles im Falle Russlands irgendwie bekannt vor? Ja und nein. Nicht zu übersehen ist, das Russland mit einigen selbstbewussten Rentierstaaten („Schurkenstaaten"?) eins gemein hat, nämlich die gelebte „Unabhängigkeit" vom US-dominierten Polit- und Weltfinanzsystem.

Nach dieser ausführlichen Charakteristik wäre vereinfacht der Status eines typischen Rentierstaates unter drei Aspekten zu prüfen: Einnahmen (1) - Ausgaben (2) - politisches System (3). Nach diesen Kriterien ist das Russland nur bedingt dieser Gruppe zuzuordnen. Lediglich das erste Kriterium eines Rentierstaates ist weitgehend erfüllt. Russlands Wirtschaft ist aber wesentlich breiter aufgestellt. Auch das hohe Wirtschaftswachstum und die Investitionsquote sowie der Aufbau einiger Schlüsselindustrien sprechen gegen die obige Zuordnung.

Es geht noch weiter. Selbst politischen Laien fällt auf, dass Wladimir Putin in einem Land, in dem es eine kritische Presse, ein Parlament (Staatsduma), rege Auslandskontakte und mehrere oppositionelle Parteien gibt, nicht annähernd so viel Macht auf sich vereinigt wie das saudische Königshaus. Kein Westler würde in Arabien von einer „defekten Demokratie" sprechen wollen. Russland besitzt, wenngleich unvollkommene, Meinungsfreiheit und Sozialsysteme, die von einer Zivilgesellschaft zu sprechen erlauben. Die Liste der Unterschiede zum Rentierstaat ließe sich fortführen.

Ein überraschender Befund:
Angespannte Energiebilanz statt hoher Sektorreserven

Eine einfache Rechnung zeigt, dass die nachgewiesenen Erdöl- und Gasvorkommen noch für sehr lange Zeit ausreichen werden, um die finanzielle Handlungsfähigkeit aufrechtzuerhalten. Rein statistisch gesehen, reicht das Gesamtpotential (Reserven + Ressourcen) an Erdöl - nach einer Energiestudie der Bundesanstalt für Geowissenschaften und Rohstoffe von 2013 - von 48 Mrd. t (Platz 7 weltweit) bei einer Jahresförderung von gut 500 Mio. t für 96 Jahre. Beim Erdgas (1. Platz weltweit) ist die Zahl von 310 Jahren schon viel imposanter.

Als Reserven werden nach dieser Abgrenzung die nachgewiesenen, zu heutigen Preisen und mit heutiger Technik wirtschaftlich gewinnbaren Energierohstoffmengen verstanden. Der Begriff Ressourcen ist weiter gefasst und umschließt die nachgewiesenen und derzeit technisch oder wirtschaftlich nicht gewinnbaren sowie die nicht nachgewiesenen, aber möglichen Energierohstoffmengen.

Werden nur unmittelbar abbaubare Reserven in Betracht gezogen, reduzieren sich die Perioden auf eine überschaubare Größe von 24

Jahren beim Erdöl und 77 Jahren beim Erdgas. Solche Zahlen machen die Anstrengungen, über diese Ressourcen verfügen zu können, lohnenswert. Geduld und finanzielle Vorleistungen in Milliardenhöhe dürften hier keine Restriktion darstellen.

Abbildung 14: *Russlands Einnahmen aus Erdöl- und Gasexporten im Zeitraum 2002 - 2012*

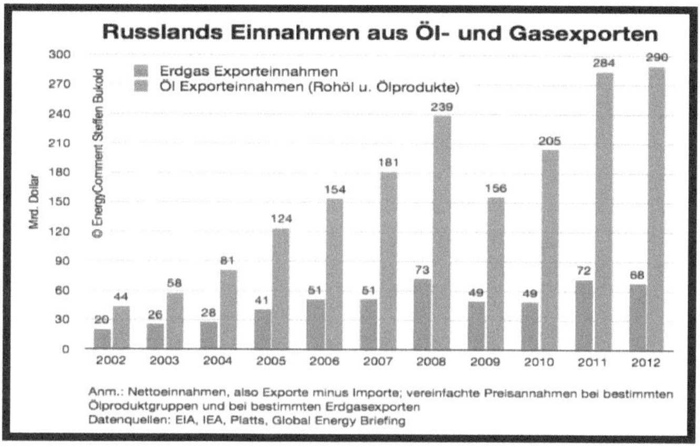

Im Weltmaßstab nimmt damit Russland in beiden Abgrenzungen eins der vordersten Plätze ein. Dennoch wird der untere Minimal-Zeitraum von 24 Jahren - das ist gerade eine Generation! - die Kreml-Führung beunruhigen, zumal bis zum Krisenjahr 2014 die Deviseneinnahmen aus den Erdölexporten die Gaseinnahmen mit einem Faktor größer 4 deutlich überstiegen (Abbildung 14). Eine Neueinschätzung der Lage nach dem Ölpreis-Einbruch im Vorjahr kann nicht behandelt werden, da der Preis massiven Schwankungen unterworfen ist.

Die Entdeckung und Förderung der sibirischen Vorkommen begann in den 60er Jahren; die Lagestätten in Aserbaidschan wurden dagegen noch zu Zarenzeiten mit Beginn des XX. Jahrhunderts ausgebeutet. Das lag daran, dass der Rohstoffreichtum Sibiriens erst sukzessive mit der Erschließung des Landes aufgedeckt werden konnte. Ein russisches Sprichwort weiß, warum gerade hier so viele Schätze verborgen sind: *„Als Gott die Schätze der Welt verteilte, froren ihm über Sibirien die Hände und er ließ sehr viel fallen"*

Verluste durch marode Förderungsverhältnisse und Verschwendung im Verbrauch

Russland hat auch in diesem „strategischen" Sektor eine ineffiziente und veraltete Produktionstechnik von der Ex-Sowjetunion geerbt. Wie im gesamten Sowjetreich gingen die planwirtschaftlichen Kraftanstrengungen in der Förderung mit einer riesigen Ressourcenverschwendung einher. Masse statt Klasse! Im Ergebnis hatten zu Beginn der 1990er Jahre fast alle Bereiche der Energiewirtschaft enormen Investitionsbedarf. Die archaisch-extensive Produktionsweise führte zu fatalen Ökologiefolgen, die nur wegen der Breite der dünn besiedelten Fördergebiete (noch) nicht stark ins Auge stechen. Russland ist nach den USA und China der drittgrößte Verursacher des Kohlendioxid-Ausstoßes der Welt, bei einer wesentlich geringeren Wirtschaftsleistung.

Die beschrieben Ineffizienz herrscht neben der Förder- auch auf der Verbraucherseite. Die rückständige energieintensive Technik macht selbst vor Heizungen der Privathaushalte keinen Halt, die ohne Regler in den Wintermonaten automatische volle Leistung bringen. Davon kann sich jeder westliche Gast in den Moskauer Wintermonaten überzeugen. Bei der Anwendung moderner West-Technologien ließe sich schätzungsweise allein hierdurch ein Drittel des Verbrauchs sparen. Wenn einem globalen BIP-Anteil Russlands von 2,9% ein doppelt so hoher Energieverbrauch von 5,6% gegenübersteht, dann wird dieser Mehrverbrauch nicht allein auf ungünstige klimatische Bedingungen, sondern auch auf Schlendrian und Vergeudung zurückzuführen sein.

Wie das Beispiel der Insolvenz der iranischen Gasfirma *National Iranian Gas Company* in 2013 wegen Überschuldung von vier Milliarden USD lehrt, bringt die Geschäftstätigkeit im lukrativen Gasgeschäft noch keine Gewinnerzielungsgarantie. Besonders dann nicht, wenn ein Embargo im Spiel ist. Russland ist nicht der Iran und besitzt ganz andere Lieferverträge, dennoch wird es diesen Vorfall als ein Warnzeichen empfunden haben.

Der alarmierende Zustand der Fördertechnik könnte sich angesichts vieler ambitionierter Pläne der Produktions- und Exportausweitung bald verschlechtern. Leistungssteigerungen gehen meistens mit einer höheren Amortisation infolge der Anlagenbelastung einher. Nicht wenige Skeptiker glauben, Russland sei zu große Risiken eingegangen, habe sich bei den langfristigen Lieferverträgen übernommen und werde an seiner Reputation Schaden nehmen. Warum angesichts der hohen und gesunden Finanzlage ein solch extremes Fördertempo gewählt wurde, ist primär vor dem Hintergrund des Zeitfaktors der „knappen" 24 Jahre erklärlich. Vermutlich spielt die zufällig auf einen gleichlangen Zeitraum geschätzte ökonomische „Rückständigkeit" des Landes zum Westen ebenso eine erklärende Rolle.

Die Kraftanstrengung birgt auch heute eine Vielzahl geographischer und ökonomischer Risiken, die in einer Vollkostenrechnung nicht vorkommen. Zu den ersten zählen neben den Umweltkosten die zunehmend ungünstige Lage der neuen Förderfelder, steigende Förderkosten und die unsicheren Ausbeutungsmengen. Ein schlaues russisches Sprichwort warnt auch hier erneut die Mutigen: *Ein sibirischer Winter dauert 12 Monate - der Rest ist Sommer.* Anders als bei den Diskussionen um die Gewinnung neuer Agrarflächen durch erderwärmungsbedingtes Auftauen sibirischen Permafrostbodens wird ein signifikanter Kostensenkungseffekt für die Energiewirtschaft zunächst nicht in Frage kommen.

Die wirtschaftlichen Probleme sind noch gravierender als die technischen und die ökologischen. Sie reichen vom Desinteresse privater Investoren infolge niedriger Renditen und unsicherer Rechtslage über ein ineffizientes Firmenmanagement und dauernder nachfragebedingter Engpässe im Inlandsverbrauch bis hin zum teuren Bau neuer Pipeline-Netze.

Anlässlich der Vorstellung des Doing Business Index wurde auf den mangelnden Energiezugang als einen großen Hinderungsfaktor bei der Geschäftsgründung hingewiesen. Gerade dieses unerwartete Manko in einem energiereichen Land wie Russland wird so manchen Leser verwundert haben.

Was unternimmt der Staat gegen die angespannte Energiebilanz?

Alles in allem deutet die angespannte Energiebilanz nicht unbedingt auf ein hohes Reservenpotential hin. Wenn bereits die Gegenwart dermaßen viele Risiken bei der Erhaltung des Status quo birgt, dann wird die Reservensuche im Energiesektor wesentlich schwieriger. Ist es wohl eine Ironie des Wirtschaftslebens, dass Russland gerade in seiner ökonomischen Königsdisziplin so wenig Entwicklungsreserven vorzuweisen hat? Der Leser hätte das Gegenteil erwartet: Falls Russland zukünftig überhaupt eine aggressive Geopolitik fahren will, würde es diese mit den erhöhten Einnahmen aus Öl- und Gasexporten finanzieren.

Kann die Energiebilanz kurzfristig entlastet werden?

Dieser Frage ist aus heutiger Sicht zu verneinen. Es sei denn, es gelingt ein rasches Umdenken im Umgang mit den Ressourcen und es werden notwendige Reformen eingeleitet. Denn ohne eine Umstellung auf eine effiziente Förderung und Nutzung der Energieträger in der gesamten Volkswirtschaft wird sich das Energieproblem nicht lösen lassen. Das uralte Rezept liegt, wie vor Jahrzehnten, im Übergang vom extensiven zum intensiven (Kosten sparenden) Wachstum. Diese Idee ist nicht erst von der modernen Betriebswirtschaftlehre entdeckt worden.

Der russische Staat und die von ihm beherrschten Energiemultis (*Gazprom, Lukoil, Rosneft, Surgutneftgas, TNK-BP*) reagieren auf die alte und neue Gefahren konventionell mit Erhaltungsinvestitionen, dem Einsatz hocheffizienter westlicher Fördertechnologie, der zunehmenden Substitution von Erdgas durch Steinkohle (Bau neuer Kohlekraftwerke) und Gaslieferungen aus den zentralasiatischen Produzentenländern Kasachstan und Turkmenistan. Die Wirkung dieser Einzelmaßnahmen wäre in einer weitergehenden Analyse zu untersuchen.

Nachfolgend lohnt es, sich Gedanken darüber zu machen, warum sich das kapitalistische Russland so schwer mit einer echten Verwirklichung des ökonomischen Effektivitätsprinzips des Energiesparens tut. Im Anschluss daran wäre zu fragen, welche Wachstums- und Spareffekte realistisch sind.

Ist die These von der Hegemonie des Energie- und Rohstoffsektors ein Mythos?

Zu Beginn dieses Abschnittes sind volkswirtschaftliche Rechnungen aufzustellen, um auf die vielen Irrtümer hinzuweisen, welche um die „omnipotente" Bedeutung des Energiesektors für die russische Wirtschaft seit Jahren kreisen. Denn selbst wenn die Energiewende nicht gelingen sollte, geht die breit aufgestellte russische Wirtschaft nicht unter.

1. Der BIP-Beitrag und die Wachstumsraten des Energiesektors sind viel geringer als vermutet.

Das BIP und seine Veränderungsraten lassen sich in drei Formen darstellen. Die volkswirtschaftliche Gesamtrechnung unterscheidet die Darstellung nach Sektoren (Branchen), Verwendung (Konsum, Investition, Außenhandelssaldo) und Verteilung (Löhne, Gewinne).

Abbildung 15: Russisches BIP nach sektoraler Entstehung (2013)

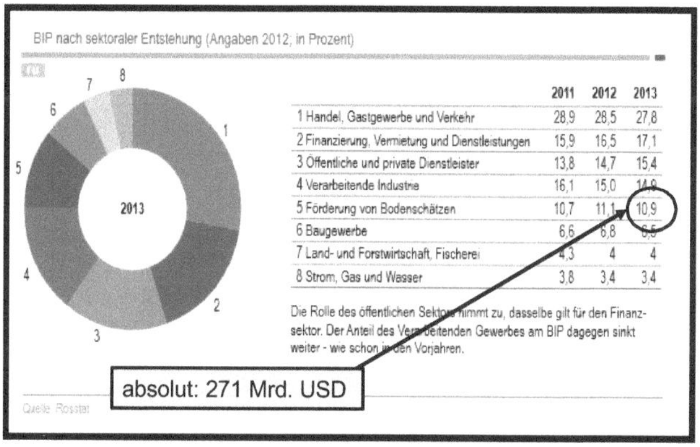

Es wird verwundern, dass in der Sektorenrechnung der russische Energiesektor 2013 - im anderen Jahren ist es fast genauso - mit 10,9% oder 271 Mrd. USD in absoluten Zahlen nur Platz 5 beim BIP-Beitrag belegte (Abbildung 15). Seine Wertschöpfung ist als gering. Angesichts der Stagnation (Null-Wachstum) in diesem Sektor dürfte sich der fallende Trend noch fortsetzen. Nicht weniger verwundert umgekehrt der über 60%ige Beitrag der konsumgüternahen Branchen in einem Land, das so lange dem Primat der Schwerindustrie huldigte und heute für ausgeprägte Konsumgüterimporte bekannt ist.

2. Das obige Missverständnis hat mehrere Ursachen. Zum einen fallen in den Gewinn- und Verlustrechnungen der Energiekonzerne hohe „weichen Kosten" auf, die auf eine versteckte Verlagerung der Gewinne in andere Sektoren hinausläuft. Zu diesem Ergebnis kommen viele ausländische Untersuchungen, die von Minderheitsaktionären in Auftrag gegeben wurden, so vom Investmentfonds *Hermitage Capital Management*. Auch ist ein BIP-Beitrag des Sektors von seinem Umsatzbeitrag zu un-

terscheiden, der in der Öffentlichkeit mehr wahrgenommen wird. Nach dem Umsatz belegt der Energiesektor Platz 3 unter den acht aufgeführten Sektoren.

Zum zweiten sind die Energieriesen die größten Arbeitgeber Russlands und genießen aufgrund ihrer Exportaktivitäten einen hohen, wenngleich nicht unbedingt positiven, Bekanntheitsgrad. Allein Gazprom ist mit 445.000 Konzernbeschäftigten nach den Streitkräften der zweitgrößte Arbeitgeber im Lande. Der Beitrag des Riesen zum Mehrwert des Energiesektors macht ein Sechstel aus und setzte sich 2013 aus 15 Mrd. USD Lohn- und Gehaltszahlungen und aus 28 Mrd. USD Gewinn zusammen.

Schließlich sind die internationalen statistischen Usancen kritisch unter die Lupe zu nehmen, die auf dem Drei-Sektoren-Modell aufbauen. Nach dieser Lehre verlagert sich im Laufe des wirtschaftlichen Fortschritts weltweit der Schwerpunkt vom primären Bereich (Agrar- und Forstwirtschaft) auf den sekundären (Rohstoffgewinnung und -verarbeitung) und zum Schluss auf den tertiären Bereich (Dienstleistung). Der Energiebereich zählt zum sekundären Bereich und verliert daher statistisch an Gewicht. Je höher der Beitrag des dritten Sektors, desto höher der Wohlstand eines Landes, lautet die daran anknüpfende Kernaussage. Liegt er über der Marke von 50%, wäre ein Land als wohlhabend anzusehen. Das Problem ist, dass heute in fast allen Ländern der Welt diese Marke überschritten wird und nach dieser Definition demnach arme Agrarländer in der Dritten Welt als wohlhabend zu klassifizieren sind. Das macht keinen Sinn.

3. Wirkliche Dominanz der Energieträger bei den Exporten?

Ähnliche interessante Vergleichsrechnungen lassen sich bei der Bedeutung des Energiesektors für die russischen Exporte und den Außenhandel ableiten, wie die Analyse für 2013 zeigt.

Als Ausgangspunkt dient die Verwendungsrechnung des BIP:

(1) $BIP = C + I + (E\text{-}Y)$

mit C = Konsum (privater und Staatsverbrauch), I = Investitionen (inkl. Lagerveränderungen), E = Exporte, Y = Importe oder E-Y = Außenbeitrag

Die 2013er Zahlen ergaben untere %-Anteile:

(2) 100% = 71,5% + 22,6% + 5,9%
Die Energieausfuhren machten 50% am Gesamtexport aus.

Fasst man alle Zahlen zusammen, entsteht kein dramatisches „Abhängigkeitsbild". Die befürchteten BIP-Folgen einer Volleinstellung oder Reduktion der Energieexporte, die im Zusammenhang mit den Sanktionen diskutiert werden, wären je nach Szenario gut verkraftbar:

- Das Erliegen des gesamten Außenhandels (Szenario 1) hätte einen einmaligen BIP-Rückschlag von 5,9% zur Folge. Bei einem echten Handelskrieg, würde das obige Szenario zwar generell greifen. Ein Totalabbruch der Handelsbeziehung ist aber unvorstellbar.
- Fielen die Energieträgerexporte ganz aus (Szenario 2), würde die verbliebene Hälfte der Exporteinnahmen für die Bezahlung von etwa 65% der 2013er Importe ausreichen. Dann wäre der Außenhandelssaldo ex definitionem ausgeglichen und leistete keinen positiven BIP-Beitrag mehr.
- Die in Szenario 2 entstehende Finanzierungslücke bei der Volldeckung der Importausgaben von gut 40 Mrd. USD müsste durch Staatsreserven, Kredite und reduzierte Importe geschlossen werden.

Wenngleich diese Zahlenspiele banal klingen, würde ihr Studium auf einige Journalisten, die heute mit Schreckensmeldungen schnell zu Hand sind, ernüchternd wirken. Denn man kann rechnen, wie man will, über die Finanzen und den Außenhandel wird Russlands Wirtschaft nicht verletzbar werden. Die Realität gibt dieser These recht: 2014 hat Russland mit 158,6 Mrd. Euro den höchsten Leistungsbilanzüberschuss aller Zeiten erwirtschaftet, was primär durch Importkürzungen erreicht wurde. Wenn das nicht eine deftige Blamage für die Sanktionsstrategen in Berlin und Washington war! Das Rekordergebnis ist umso erstaunlicher als dass der Ölpreis im Vorjahr zeitweise um mehr 60% gefallen ist und zu der negativen Mengen- noch die Preiskomponente hinzukam.

Wie hoch ist das Einsparungspotential im Energiebereich?

Anders als in kurzer Sicht könnte die Energiebilanz Russlands in langer Sicht durch Einsparungen sehr wohl entlastet werden. Bei einem geschätzten Sparpotential des Inlandsverbrauchs von 30% ergibt sich ein jährliches Wertvolumen zwischen 100 und 150 Mrd. USD, je nachdem, welche Preise zugrunde gelegt werden. Seine Vollausschöpfung würde einen einmaligen Wachstumssprung von bis zu 6% des BIP ergeben. Angesichts sich abzeichnenden BIP-Stagnation ist das eine utopisch klingende Größe. Ein Volkswirt darf jedoch die intersektoralen Verflechtungen nicht übersehen. Eine Einsparung ist immer auch eine Nachfrageschrumpfung, die negative Multiplikatoreffekte in anderen Sektoren mit sich zieht. Was letztendlich aus 150 Mrd. USD herauskäme, bliebe ungewiss. Zudem wiederholen sich solche Spareffekte nach einem solchen Sprung in der Regel nicht (Einmaleffekte).

Wie das Sparprogramm auch ausgehen wird, sine Notwendigkeit ist längst erkannt worden. Russische Inlandspreise, die noch deutlich unter den Weltmarktpreisen liegen, werden für Privatverbraucher sukzessive angepasst. In alten „guten Sowjetzeiten" betrugen die subventionierten Energiepreise gerade ein Zehntel der Weltmarktpreise.

Kostensenkungen stehen auf der Agenda der Effizienzanstrengung im Förderbereich ganz oben. Das Problem ist bekannt; es wird leider nicht ernsthaft angegangen. Die meisten betriebswirtschaftlichen Gründe sind genannt worden. Eine weitere psychologische Ursache lautet: Der Kostendilettantismus äußert sich bei Staatsaufträgen darin, dass sich angesichts der Ressourcenillusion alle Beteiligten ungeniert „bedienen dürfen" und die Kontrolle nicht funktioniert. Der überteuerte Bau des Berliner Flughafens und die endlose Historie der Rüstungsaufträge zeigen, wie schlampig selbst im Musterstaat Deutschland diese Dinge gehandhabt werden.

Die Misswirtschaft ist nicht nur beim Verbrauch zu sehen. So zahlen die russischen Energieriesen ganz unverblümt überhöhte Preise für ihre Investitionsprojekte und an die Lieferanten der Ersatzteile, was oft auf eine verdeckte Form der Bestechung hinausläuft. Die Praxis ist die gleiche wie bei der Vergabe von staatlichen Aufträgen im Straßen- und Pipelinebau.

Die Erstellung eines Kilometers der Blue-Stream-Pipeline durch das Schwarze Meer kostete Gazprom im russischen Landesteil doppelt so viel wie im türkischen Teil. Obwohl den unabhängigen kleinen

Gasproduzenten die Pipeline-Abhängigkeit von Gazprom und der höhere bürokratische Druck mehr zu schaffen machen, weisen diese oftmals bessere Effektivitätsindikatoren aus und wachsen schneller. Es darf gewettet werden, dass, sobald der Marktführer das bemerkt, er einigen von ihnen auf indirektem Weg das Geschäft wegnimmt. Das kann leicht geschehen, wenn die erfolgreichen Newcomer keine Verlängerung ihrer langfristigen Lizenz erhalten werden.

Demgegenüber wird beim Privatverbrauch das Kostenbewussten bei der Bevölkerung immer stärker präsent.

Was ist für die Volkswirtschaft besser: Staatskontrolle oder Reprivatisierung?

Weil die vom Staatseigentum ausgehende Misswirtschaft wie zu besten Sowjetzeiten eine beängstigende Dimension erreicht hat, ist die Frage berechtigt, warum staatliche Entscheidungsträger dagegen nichts unternehmen. Schließlich gibt es in einem kapitalistischen Wirtschaftssystem genügend „Hilfsinstrumente", derer sich die Wirtschaftspolitik bedienen kann. Diese Frage gehört zum beliebten Thema vieler moderner Russlandstudien.

Die kontroversen Antworten werden von der Sichtweise des Betrachters abhängen; objektive Volkswirte tun sich mit einer eindeutigen Bewertung „besser - schlechter" nicht leicht. Wer nicht einseitig Partei ergreifen will, dem bleibt nichts anderes übrig, als die Pros und Cons aufzuzählen und Gewichtungen vorzugeben. Einigkeit besteht darin, dass als Benchmark bei der Wahl des Lenkungsmodells die Effizienz und die Entwicklungsperspektiven der Betriebs- und Volkswirtschaft zu dienen haben.

Der Casus Russland im internationalen Vergleich

Die Öl- und Erdgasindustrie und der Rohstoffsektor werden in den meisten Ländern von staatlichen Firmen dominiert. Russland bildet hier keineswegs eine Ausnahme.

Staatskonzerne halten weltweit einen Anteil von 85% an der Produktion und sogar 95% an den Reserven. Ganz ähnliche Besitzverhältnisse wie in den Rentierstaaten, herrschen bei Ölkonzernen auch in westlichen Demokratien (Norwegen) und anderen nicht-autoritären Staaten (Abbildung 16).

Abbildung 16: Staatsbesitz an den weltgrößten Ölgesellschaften

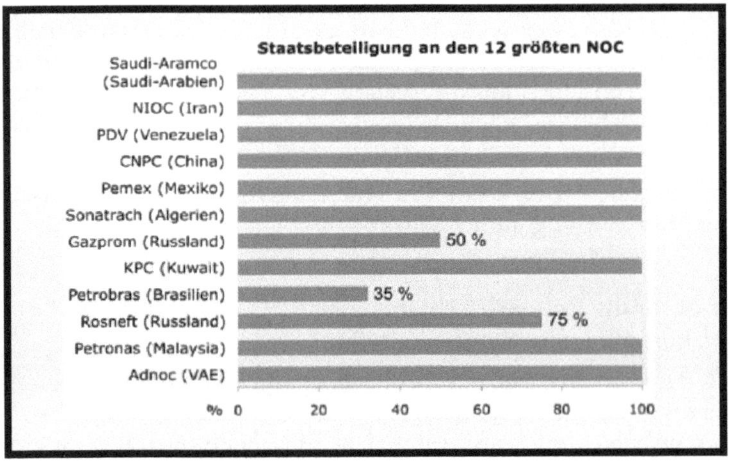

Es gibt mehrere Methoden der staatlichen Kontrollausübung. Neben dem Direktbesitz an den Produktionsgesellschaften nehmen Besitzer-Staaten Einfluss auf die Vergabe von Förderlizenzen und andere Genehmigungen.

Auch bei den privatwirtschaftlichen Großkonzernen (Exxon, Chevron, Royal Dutch, BP, Total, ENI) sind die Aktien nicht unter Kleinanlegern breit gestreut; sie befinden sich vielmehr in den Händen von Holdings, Investmentbanken und global anlegenden Fonds. Durch derartige Strukturen lassen klassische Verflechtungen zwischen Politik und Energiewirtschaft besser einrichten. Der Unterschied zu einem staatlichen Direktbesitz ist fließend. Die in der Öffentlichkeit und den Medien ausgetragenen Konflikte, Verschiebungen der Machtverhältnisse zwischen den Akteuren, Streitigkeiten um Steuern und Gewinnverteilungen zwischen den Energiemultis, Aktionären, Regierungen und Besitzer-Ländern sind seit Jahrzehnten integraler Bestandteil der energiehungrigen Welt.

Den vorzeigbaren Anfang, wie die Konzernherrschaft etwas abläuft, machte die Entmachtung des iranischen Ministerpräsidenten *Mossadeq* durch die *Anglo-Iranian Oil Company* in 1953. Danach wurde Energie unzählige Male als politische Waffe, auch in Kriegen, eingesetzt. Bis in die Gegenwart erscheinen regelmäßig Bücher, die über die Gefahren zukünftiger „Kriege um Öl" und andere Weltressourcen handeln. Selbst im Alltag erfahren wir, wie unsere Kartellbehörden im dauerhaften Abwehrkampf illegalen Preisabsprachen oligopolistisch organisierter Ölmultis auf die Spur kommen. Der Einsatz von Energie als Waffe und Druckmittel wird seit Jahrzehnten praktiziert.

Vor diesem Hintergrund verlieren die russische Jukos-Affäre (Steuerschuldenprozess) und der weniger spektakuläre Streit mit BP um die Sachalin-Förderrechte aus den Jahren 2004 und 2005 an Exklusivität. Es ist jedoch wichtig diese Vorgänge in Erinnerung zu rufen, da sie die endgültige Etablierung der Eigentumsverhältnisse im russischen Energiesektor gut erklären. Auf den Punkt gebracht, prallten damals in beiden Fällen die Interessen des erstarkten russischen Staates und der US-Konzerne Exxon und Chevron sowie der britischen BP aufeinander. Es kommt häufig vor, wenn ein starker Staat, zumal wenn es ihm gelingt, seine nationale Karte einzusetzen, die Energiekonzerne herausfordert und aus einer solchen Konfrontation siegreich hervorgeht. Die Verlierer versuchen als Gegengewicht dann oppositionelle Kräfte zu mobilisieren - nicht immer mit Erfolg. Diktatoren wie *Muammar Gaddafi* oder *Saddam Hussein* konnten dem Westen jahrzehntelang erfolgreich die Stirn bieten.

Wie weit dabei der Konflikt eskaliert und die verfeindeten Lager zum Medienkrieg, Reputationsschädigung, Diffamierungen, Anschuldigungen - die Stigmatisierung als „Schurkenstaat" durch US-Offizielle kann dabei schnell vonstattengehen -, wirklichen Enteignungen und Prozessen vor internationalen Gerichten greifen, ist von Fall zu Fall anders. Besonders lästige Gerichtsklagen sind für den verklagten Staat unangenehm, da die Gewinner des Rechtstreits Titel erlangen, die sie zu weltweiten Beschlagnahmungen - z.B. von Guthaben bei den ausländischen Banken - berechtigen.

Der russische Staat hatte während der Jelzin-Ära (1991 - 2000) fast seine ganze Erdölindustrie privatisiert. Sein Anteil ist bis auf magere 15% gesunken. Das war von den nationalistischen Kräften unter Amtsnachfolger Putin, den anfänglich seine Widersacher unterschätzen, als eine Alarmzeichen und Gefahr für die nationale Souveränität angesehen worden. Direkt nach seinem Amtsantritt begann Putin mit der Reprivatisierung und der Stärkung der Streitkräfte. Die Trendwende kam dann endgültig 2003.

Binnen kurzer Zeit gelang es dem Staat, seinen Anteil wieder auf 40% zu erhöhen und bis heute auf 60% zu steigern. In der Jukos-Affäre setzte das Regime ein breites Instrumentarium selektiver Gesetzesanwendungen, die Manipulation von Ermittlungsverfahren und die Diskriminierung von Alteigentümern ein, um die „feindlichen Übernahmen" rückgängig zu machen. Auch eine solche Vorgehensweise ist keine typisch russische Erfindung, auch wenn dies inmitten der Ukraine-Krise die Scharfmacher gerne so darstellen. Hier eine Anmerkung: Die Börse kennt seit Jahrzehnten Fälle, wie mit einem Bündel aus legalen und semi-legalen Tricks unerwünschte Übernahmeversuche abgewehrt werden. Ohne die staatliche Zustimmung sind heutzutage Übernahmen von nationalen Großkonzernen auch in anderen Branchen undenkbar. Beim Kampf um Alstom („französische Siemens") in 2014 und der Übernahme durch General Electric kam an der Zustimmung durch den Staatspräsidenten *Francois Hollande* niemand vorbei, obwohl der französische Staat keine einzige Aktie besaß.

In dem zweiten Fall, der Sachalin-Affäre, wurden Umweltauflagen missbräuchlich interpretiert, um den Einstieg von Gazprom in das von BP angeführte Förderkonsortium zu erzwingen. Die Geschichte des 2003 daraus entstandenen Ölmultis TNK-BP Ltd. liest sich wie ein spannender Wirtschaftskrimi. Das Unternehmen hatte sich stark in Russland engagiert. Im Juli 2008 flüchtete der damalige Unternehmenschef *Bob Dudley* aus dem Land und warf dem Kreml massive Schikanen vor. 2012 übernahm Rosneft TNK-BP von BP einen 50%igen Anteil für rund 28 Milliarden US-Dollar und wurde zum globalen Champion. BP erhielt 17 Mrd. US-Dollar in bar und ist mit knapp 20% an Rosneft beteiligt. Damit war der Konflikt gelöst.

Der deutsche Ex-Bundeskanzler *Gerhard Schröder* wurde Mitte 2009 als eines von drei unabhängigen Mitgliedern in den Aufsichtsrat von TNK-BP berufen, der Streitsituationen unter den Anteilseignern schlichten sollte. Schröder trat im Dezember 2011 aus dem Gremium zurück und sitzt seit März 2006 im Aufsichtsrat einer Gazprom - Tochter. Dafür soll er jährlich 250.000 Euro verdienen, was nur für den „kleinen Mann auf der Straße" viel Geld ist, für Kenner der Materie sich aber im Bereich der Peanuts bewegt. Investmentbanker, die Milliarden verzocken und sich unter staatliche Rettungsschirme flüchten, verdienen Millionen. Auch der Ex-Außenminister *Joschka Fischer* war als Lobbyist für das 2013 aufgegebene Pipeline-Projekt Nabucco tätig. Hintergrund des Projekts war der politische Wunsch der EU nach einer Diversifizierung der Erdgasquellen, vor allem um die starke Stellung des Hauptlieferanten Gazprom zu begrenzen. Neben der Gewinnung von anderen Lieferadressen war bei diesem Projekt eine Diversifizierung der Gastransportwege - unter Umgehung Russlands und der Ukraine - vorgesehen. Das Gas von Nabucco (Lieferländer Aserbaidschan, Iran, Turkmenistan, Irak) sollte zu 50% den Bedarf von Österreich, Ungarn, Rumänien und Bulgarien abdecken. Während Schröders Engagements allerseits heftig kritisiert wird, sind die Aktivitäten Fischers - der auch als Lobbyist für Siemens, RWE oder OMV tätig ist - kaum bekannt. Die beiden Ex-Politiker arbeiten halt bei unterschiedlichen Arbeitgebern.

Auch das South Stream-Projekt wird nicht mehr über das politisch „unliebsame" Bulgarien gezogen, sondern über die Türkei und Griechenland in den Balkan an einer anderen Stelle umgeleitet. Nur Mazedonien muss noch einwilligen. Somit macht sich Gazprom von der Ukraine und den „ EU-Schikanen" unabhängig. Es spricht für sich, wenn die Russen den Griechen und Türken mehr Geschäftssinn als Brüssel zutrauen.

Mehr Effizienz durch Aufgabe der Staatskontrolle?

Die Liste der staatlichen Kontroll- und Einwirkungsmöglichkeiten ließe sich leicht um andere Beispiele erweitern. Den Betriebswirt interessieren dabei nicht primär juristische Eigentumsverhältnisse, sondern die Frage, welche Eigentümer effizienter wirtschaften.

Bei einer Vollkostenrechnung wird der Volkswirt dagegen nicht allein nach der Gewinnhöhe fragen, sondern die indirekten Folgekosten für die Umwelt und die Sozialsysteme mit einbeziehen. Er fokussiert sich zudem stärker auf die Ausgabenseite, sprich auf die Frage, wie die Milliarden aus den Öl- und Gasexporten ausgegeben werden. Die unterschiedlichen Sichtweisen führen oft zu einem entgegengesetzten Bewertungsergebnis.

Den klassischen Rentierstaat, in dem der Staat und Zivilgesellschaft schwer voneinander zu trennen sind, werden vorrangig die Einnahmen aus Förderlizenzen interessieren. Hier sind beide Sichtweisen scharf getrennt zu sehen - betriebswirtschaftlich ist der Förderungsprozess der Vorkommen nicht zu beanstanden, volkswirtschaftlich werden Ressourcen im großen Stil vergeudet.

In Russland ist der Fall komplizierter. Analysen belegen, dass eine Privatisierung, besonders unter Einbeziehung des ausländischen Kapitals, die betriebswirtschaftliche Effizienz in der Wirtschaft generell - nicht nur im Energiesektor - steigern würde. Das hört sich phantastisch an, bringt aber volkswirtschaftlich gesehen keine Lösung. Denn mit der Verlagerung der Besitzverhältnisse an Privatunternehmen ginge die Übergabe der Geschäftsführung (Bestellung des Vorstandes) und der Kontrollgremien (Bestellung des Aufsichtsrates) einher. Dem verweigert sich entschieden die herrschende Machtelite Russlands aus nachvollziehbaren Gründen:

1. Firmensitzverlegungen ins Ausland implizieren die Anwendung der dortigen Gerichtsbarkeit. Kein stolzer Russe kann sich heute vorstellen, dass über die Bodenschätze Sibiriens in New York oder London entschieden wird. Man möchte „Herr im eigenem Hause" bleiben, auch wenn ein solcher Status mit eventuellen Wohlstandsverlusten verbunden ist. Stolz kann man nicht kaufen
2. Die neuen Eigner würden primär ihre eigene Klientel an den wirtschaftlichen Früchten partizipieren lassen und die alten Eliten herausdrängen. Genau das Gleiche passiert seit eh und je bei einem Regierungswechsel in der Politik und bei feindlichen Übernahmen in Unternehmen. Die Umstellung auf moderne westliche Management-Praktiken, eine streng betriebswirtschaftliche Denkweise und mehr leistungsbezogene Entlohnungssysteme würden ohne neue Kader am Generationenproblem scheitern. Die alte postsowjetische 70er Generation befindet sich anno Domini 2014 mit Mitte Vierzig in ihren „besten Schaffensjahren". Sie ist nicht willens und nicht fähig, sich solchem Umstellungsprozess unterzuordnen.
3. Dem russischen Staat würde weitgehend die Kontrolle über die Gewinnermittlung und -verwendung der Ölmilliarden entgleisen, was die Einschränkung seiner Handlungsfreiheit über öffentliche Haushalte zur Folge hätte. Diese Situation war in der Jelzin-Zeit deutlich zu beobachten. In privatwirtschaftlichen Kapitalgesellschaften bestimmen die Eigentümerversammlungen über die Gewinnverwendungen (Ausschüttung oder Thesaurierung). Die öffentliche Hand positioniert sich in diesem Verteilungspoker allein über die Steuereinnahmen, was häufig für Streitstoff sorgt.
4. Nicht zuletzt liefe die Privatisierung auf die Demokratisierung der Wirtschaft hinaus und könnte zu erheblichen, nicht unbedingt gewünschten Verschiebungen in der Branchenstruktur führen. Ein zunehmendes Gewicht der konsumnahen Sektoren würde auch den Wettbewerb und den Ausbau des Binnenmarktes merklich stimulieren. Hierfür muss die herrschende Machtelite nicht unbedingt ein Interesse

haben. Denn eine Konsumentengesellschaft lässt sich „schwieriger regieren" als eine Produzentengesellschaft. Die neuen Stars des Binnenmarktes wären womöglich geneigt, die politische Opposition zu unterstützen, was den Status Quo und die „Alt-Oligarchie" bedroht. Wer wirtschaftliche Macht besitzt, strebt generell nach politischer Macht - solche Tendenzen waren schon im Mittelalter beim dritten Stand in Staate, dem Bürgertum, zu beobachten.

5. Nicht zu übersehen ist, dass es den Kreml-Eliten gelingt, die „Energiekarte" mit der „nationalen Karte" geschickt zu koppeln. Angesichts der zurückgedrängten militärischen Position Russlands und der schwindenden Bedeutung auf der Weltarena findet der neue „Rohstoffnationalismus" zahlreiche Anhänger, nicht zuletzt wegen der angemeldeten Ansprüchen auf die Ressourcen im nördlichen Polarmeer. Dort befinden sich etwa 30% der nachgewiesenen globalen Ressourcen an Erdgas und 13% an Erdöl.

Die Unterstützung der Regierungspolitik durch die Bevölkerung ist also kein Trugschluss. Das alles umso mehr, als die kontinuierliche Anlage der stetig sprudelnden Ölmilliarden in den beiden Staatsfonds (Volumen 125 Mrd. USD) und ihre Verwendung für den Ausbau der sozialen Sicherungsnetze volkswirtschaftlich vernünftig erscheint. Viele Russen folgen daher den Argumenten ihrer Spitzenpolitiker, die die weniger effiziente Variante des russischen Staatskapitalismus der alternativen Überfremdung durch den westlichen (US-amerikanischen) Turbokapitalismus als das „geringere Übel" vorziehen. Angesichts fehlender Erfahrung mit Alternativen können sich nicht nur die meisten Politiker, sondern auch das Gros der Bürger eine wirkliche Weiterentwicklung des Landes auf der Basis betriebswirtschaftlicher Effizienz und über den Ausbau des Mittelstandes nicht vorstellen. So favorisiert man das, was man kennt, und riskiert keine Experimente.

Ein dritter Weg bei der Ressourcenkontrolle?

Ungeachtet dessen scheint die Alternative „Staatseigentum oder Effizienz" nicht die einzig mögliche zu sein, was den schlauen Köpfen des Regimes bewusst ist. Der dritte, durchaus denkbare Weg läge in einer sukzessiven erneuten Re-Privatisierung der strategischen Bereiche in einer anderen Variante.

Das belegen die Beispiele der erfolgreichen Reprivatisierungen des Kohleabbaus und der Stromerzeugung. Mit dem Wegfall des staatlichen Schutzes am Ende der Planwirtschaft stürzte auch der Kohlebergbau in eine schwere Existenzkrise, welche in den 1960er Jahren genauso in den westlichen Industrieländern zu beobachten war. Von 1960 bis 1990 sank der Anteil der Steinkohle am sowjetischen Primärenergieverbrauch von 50% auf 15%. Obwohl in der Jelzin-Ära auch dieser Sektor breit privatisiert wurde, zeigte der russische Staat unter Putin kein Interesse an einer Reprivatisierung. Im Gegenteil, der Staat verkaufte weitere Betriebe an die mit spitzem Bleistift kalkulierenden Privatinvestoren. Dieser Bereich muss für die Finanzleute demnach immer noch interessant gewesen sein, was wohl auch an dortigen „Effizienzpotentialen" liegen wird.

Daneben wurde in der Stromwirtschaft vor zehn Jahren die Trennung zwischen den Netzbetreibern und den Stromproduzenten vollzogen. Während das Leitungsnetz unter Staatskontrolle verblieb, wurde die Produktion weitgehend privatisiert, wobei auch ausländisches Kapital zum Zuge kam. Wie man sieht, geht vieles ohne Staat und dazu noch oft viel besser.

Es gibt ein weiteres, börsentechnisches Argument, welches für eine teilweise Privatisierung spricht. Die Verschiebungen in der Eigentümerstruktur müssen nicht automatisch mit der völligen Aufgabe der staatlichen Kontrolle einhergehen, wenn die nationale Gesetzgebung zustimmungspflichtige Elemente vorsieht. Echte Börsianer sind nicht an schnellen kurzfristigen Kursgewinnen, denen entsprechend hohe Risiken gegenüberstehen, sondern an einer langfristigen Wertsteigerung interessiert. Daher steht für diese Gruppe die Beherrschungsfrage in Unternehmen, deren Aktien sie gekauft haben, hinter der betriebswirtschaftlichen Rendite. Daraus folgt: Eine breite Streuung russischer Öl- und Gasaktien unter inländische Anleger und eine gleichzeitige Installierung von öffentlichen Übertragungsrestriktionen und Zustimmungspflichten bei Fusionen würde den Kontrollmechanismus der Börse bei der Effizienzsteigerung stärken, nach dem altbekannten Spruch: *„Die Börse ist der beste Richter"*.

Dieser dritte Weg ist in der heutigen Kapitalmarktrealität kein utopisches Ansinnen, da auch westliche Energiekonzerne nur de jure ausschließlich von privaten Großaktionären (Banken, Fonds, institutionelle Anleger) kontrolliert werden. De facto redet der Staat aber hinter den Kulissen immer mit (Fall Alstom).

Bleibt der Staat kein Mehrheits-, sondern nur der größte Aktionär (z.B. mit 40%) mit einer Sperrminorität, sind erhebliche Verbesserungen der Effizienz denkbar. In solchen Fällen ist eine Feinabstimmung - wie bei einer Koalition in der Politik - mit den Minderheitsaktionären notwendig, die die notwendige Kontrolle über das Unternehmensmanagement stärkt. Heute werden bekanntlich die Top-Leute großer russischer Staatskonzerne allein von der Politik eingesetzt und überwacht, was ungesund ist. Eine Kontrolle durch die Börse ist immer effizienter. Was würden in einem solchen Fall die Bürokraten der mittleren Ebene machen?

Die Idee sollte zu Ende gedacht werden. Eine festgeschriebene erfolgsabhängige Ausschüttungsquote könnte das Interesse von großen Auslandsinvestoren an einem Einstieg bei den russischen Energieriesen steigern, die staatlichen Einnahmen sichern, die Rendite verbessern, die fälligen Investitionen erleichtern und die Misswirtschaft lindern - alles wünschenswerte Tendenzen.

Aus der Sicht des Kapitalmarktes gibt es oft Alternativen zur der Option des starren Staatskapitalismus und der von reinrassigen Finanzinvestoren betriebenen wilden Renditejagd und den Spekulationsgewinnen bei Paketsverschiebungen.

B. Die sonstigen geographischen Potentiale (Land- und Waldwirtschaft, Wasserreserven, Verkehr und Tourismus)

Neben dem Rohstoffreichtum bringt die günstige geographische Lage Russlands Wirtschaft in den Besitz weiterer makroökonomischer Entwicklungspotentiale. Sinnvoll erscheint eine Kurzanalyse der unten genannten fünf Bereiche, zu denen viele Statistiken und Studien von der Weltbank, der UNESCO, FAO oder der WWF vorliegen. Nicht die aneinander gereihten Zahlenkolonnen, sondern die Trendbeschreibung liefert das echte ökonomische Bild ihrer zukünftigen Bedeutung. Ihre Analyse ist sicherlich spannend; es wird allerdings darauf zu achten sein, dass die Präsentation nicht in pure Visionen ausartet und den Boden der Realität verlässt.

Bei steigender globaler Ressourcenknappheit werden vorrangig die Ackerland- und Wasserreserven Russlands hoch einzuschätzen sein. Deren Bedeutung ist auf der Basis der gegenwärtigen Preis- und Bedarfsrelationen sowie der BIP-Beiträge klar zu niedrig angesetzt.

Exkurs: Wie viel kosten die Ressourcen der Welt?

Was kostet die Welt?

Edelmetalle:	13.198.098.500.000 Dollar
Holz:	269.766.006.335.000 Dollar
Gestein:	93.045.168.000.000 Dollar
Nahrungsmittel:	1.371.400.000.000 Dollar
Basismetalle:	129.500.000.000.000 Dollar
Fossile Brennstoffe:	630.907.000.000.000 Dollar
Diamanten:	630.000.000.000 Dollar
Seltene Erden:	23.831.500.000.000 Dollar
Wasser:	5.600.000.000.000.000 Dollar

Damit sich der Leser nur annähernd eine Vorstellung über die Frage der Bewertung der Weltressourcen bekommt, empfehlen wir ihm die gleichnamige Reportage auf Youtube.

Das obige Zahlenmaterial erhebt nicht den Anspruch einer wissenschaftlichen Studie. Dennoch liefert es uns ungefähre Größenordnungen mit denen zu rechnen ist, weil alle Posten der Aufstellung mit Marktpreisen bewertet wurden. Die geistigen Werte der „Menschheit“ (Patente, Wissen usw.) sind in der Aufstellung nicht enthalten, da es hierfür verständlicherweise keinen Markt gibt. Gleiches gilt für die vom Menschen geschaffenen Verbrauchs- und Gebrauchsgüter (Autos, Immobilien, Fabriken, Autobahnen). Allein der globale Kapitalstock (Sachkapital) kann auf 500.000.000.000 USD geschätzt werden, da er laut Statistiken in den OECD-Ländern in etwa das Fünffache des bekannten BIP beträgt.

Im nächsten Schritt wäre zu schätzen, wie viel vom Gesamtwert der der Weltressourcen von über 7 Trillionen USD - so viel BIP könnte Deutschland in 2.000 Jahren erwirtschaften - auf Russland entfällt. Hierzu gibt es keine Schätzung. Sie ist für die Schlussfolgerung auch irrelevant. Dem Leser reicht die Erkenntnis, dass der euroasiatische Riese gerade bei den drei wichtigsten Positionen Wasser, fossile Brennstoffe und Holz globale Spitzenplätze einnimmt, was untere Ausführungen belegen.

Landwirtschaft und Folgen der Erderwärmung

Nach Angaben der Weltbank nutzt Russland etwa 2 Mio. km^2 oder 13% seiner Landesfläche für landwirtschaftliche Zwecke. Hiervon entfallen 7% auf den Ackerbau und 6% auf die Viehwirtschaft. Das ist auch absolut gesehen weniger als in China (5 Mio. km^2), USA und Australien (je 4 Mio. km^2) oder in Brasilien (2,7 Mio. km^2). Kann diese Zahl stimmen, wenn ähnlich große Nutzungsfläche, wie in Russland, für Kasachstan, Indien und Argentinien angegeben sind?

Sicherlich hat Russland stark unter den ungünstigen klimatischen Agrarverhältnissen zu leiden. Ein sibirisches Sprichwort besagt dazu: *Bei uns ist es neun Monate im Jahr kalt und drei Monate saukalt.* Hinter dem Ural wird der geringe Ausnutzungsgrad der Landfläche auch auf das Bevölkerungsdefizit (wer wird in Sibirien Landwirt sein wollen?) und die niedrige Sektorrendite (US-Farmer und EU-Bauern werden seit Jahrzehnten subventioniert!) zurückzuführen sein. Für die Russen ist es heute wesentlich billiger, Nahrungsmittel zu importieren, als diese im Land herzustellen - darauf haben wir bereits hingewiesen.

Das wird nicht ewig so bleiben. Optimistische Schätzungen gehen von einer langfristigen Verdoppelung des Nutzungsgrades auf 25% aus. Auch der BIP-Beitrag des Agrarsektors von derzeit nur 4% beschreibt seine untergeordnete Bedeutung für die russische Volkswirtschaft. Für China werden immerhin 10% genannt. Andererseits ist dieser Prozentsatz im Westen und in den USA noch geringer, was am niedrigen Preisniveau der Agrarprodukte liegt. In dem auf Agrarüberschüssen ruhenden Deutschland beläuft er sich auf gerade 1%! Diese Kleinanteile sind allesamt auf die statistische Dominanz des Dienstleistungssektors in der BIP-Strukturrechnung zurückzuführen.

Der heute ungünstige Selbstversorgungs- und Ausnutzungsgrad des russischen Agrarsektors soll in mittel- und langfristiger Sicht verbessert werden. Laut Politikangaben heißen die wichtigsten, dorthin führenden Maßnahmen Importsubstitution (1), hoher Agrarbedarf Chinas (2) und nicht zuletzt die Erderwärmung (3).

(1) Unter Putin ist ein stetiger Wandel in der Agrarpolitik erkennbar, der eine Verringerung der Agrarimporte und eine Verstetigung der heimischen Produktion zum Ziel hat. 2009 sank zum Beispiel die russische Getreideproduktion - bedingt durch die Dürreperiode - im Vergleich zum Vorjahr von 95 Mio. t auf 59 Mio. t. Hohe Jahresschwankungen sind seit Jahrhunderten die Regel. In guten Jahren ist das Land in der Lage, wie zu Zarenzeiten, Getreide zu exportieren in schlechten musste es zu Sowjetzeiten importieren. Im Zuge der Sanktionen wird überlegt, ob es nicht sinnvoller ist die Exporte als

Futter für die eigene Viehwirtschaft zu verwenden statt teures Rindfleisch zu importieren.

Ähnlich wie die Industrie hatte die russische Landwirtschaft eine schwere sowjetische Erblast der Kolchose-Zeit zu bewältigen. Neben dem Investitionsmangel leidet der Sektor - wie in China - heute unter den Auswirkungen der Landflucht. Es ist schwierig, allein mit staatlichen Finanzspritzen Arbeitskräfte und dauerhaft interessierte Investoren zu gewinnen. Das in den USA, Australien, Brasilien und Argentinien bewährte Geschäftsmodell „Großfarmproduktion" ist hier weitgehend unbekannt. Man kann hunderte Kilometer durch die Weiten Russlands fahren, ohne eine Kuh oder ein Pferd zu Gesicht zu bekommen. Im späten XVIII. Jahrhundert kam die deutschstämmige Zarin Katarina II. auf die fruchtbare Idee, deutsche Bauern in den Weiten des Landes anzusiedeln. Dieses alte Besiedlungskonzept steht heute (noch) nicht zur Debatte.

(2) Der große Schub für die russische Landwirtschaft wird irgendwann vom Nachbarn China kommen, so die Erwartungen. Das Land der Mitte leidet regional unter extremer Land- und Wasserknappheit. Wie Indien kauft es heute im Ausland im großen Stil Agrarland an oder pachtet es. (Mehr darüber findet der Leser bei www.landmatrix.com). Bei einer fortschreitenden globalen Agrarknappheit bietet sich eine Kooperation mit Russland im unterbevölkertem Sibirien, das beides bieten kann, förmlich an.

(3) Schließlich könnte die Erderwärmung eine Nord-Verschiebung der Dauerfrostgebiete nach sich ziehen. Dieses Naturereignis, welches in vielen Regionen der Welt ein Fluch ist, würde sich unter Umständen für Sibirien als Segen erweisen. Die Klimaänderung könnte die Bau- und die Erhaltungskosten für Gebäude und Verkehrsanlagen signifikant senken. Der Untergrund ist im Fernen Osten teilweise bis 200 m tief gefroren und taut während der kurzen Sommermonate nur wenig auf. Gebäude und Bauten müssen auf Betonpfählen tief im Untergrund verankert und vor Wärmeverlust geschützt werden. Das ist teuer. Die Vorteile einer klimabedingten Zonenverschiebung lägen neben dem merklichen Zugewinn von landwirtschaftlichem Areal im billigeren Zugang zu den bekannten Bodenschätzen und in der Intensivierung der Forstwirtschaft. Skeptiker verweisen jedoch auf die Kosten, die bei der Rückbildung der Permafrostzone mit der Freisetzung des giftigen Methanols gegenzurechnen wären. Es fragt sich, welcher Aspekt überwiegt.

Wer genauer auf die ungleichmäßige Verteilung (Abbildung 17) der Rohstoffressourcen in den Weiten Russland schaut, bemerkt, dass der Ferne Osten einen großen „weißen Fleck" auf der Landkarte darstellt. Das wird nicht zuletzt klimatische Gründe haben. Einheimische scherzen gerne, wenn sie von hiesigen Dimensionen in diesem Erdteil plaudern: *Hundert Rubel sind kein Geld, hundert Jahre kein Alter, hundert Meilen keine Entfernung.* In früheren Jahrhunderten pflegten Reisende vom sechsten Kontinent zu sprechen, wenn sie das riesige Sibirien meinten. Die ersten Forscher und Expeditionen brauchten im XVIII. Jahrhundert noch mehrere Jahre bis sie das weite Land durchquerten.

Abbildung 17: Verteilung der russischen Erdöl- und Erdgasreserven

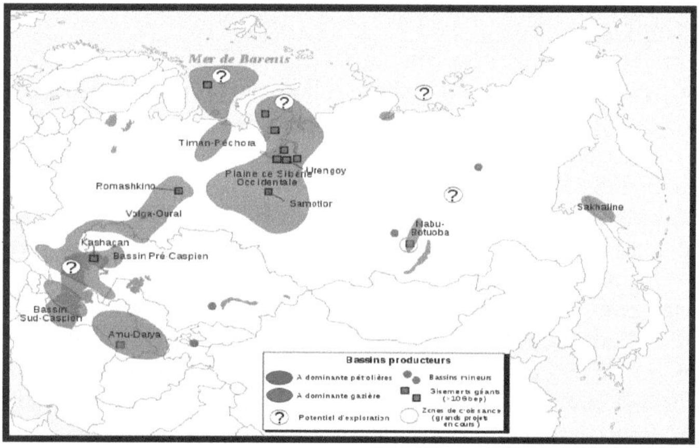

Es bleibt festzuhalten: Potentiale ja, aber nicht so schnell. Selbst wenn diese Region in Zukunft besser erkundet wird, würden nach jetzigem Kenntnisstand die im Vergleich zu Westsibirien noch wesentlich höheren Förderkosten die wirtschaftliche Nutzung verhindern.

Waldflächen

Russland besitzt die weltweit größten Waldgebiete, die auf einer Fläche von 8 Mio. km² verteilt, fast so groß wie ganz Brasilien sind. Der Wert der Holzbestände – in den Potentialrechnungen, in denen mit Milliarden jongliert wird, eher noch eine Marginalgröße – wird infolge der rigorosen Rodungen des tropischen Waldes in anderen Teilen der Welt (Brasilien, Zentralafrika, Süd-Ost-Asien,) permanent ansteigen. Der menschliche Engpass verhindert eine intensivere Nutzung. Das hat auch Vorteile. Russland verfügt über eine zu geringe Bevölkerungsdichte, als dass Raubwirtschaft (Rodungen) betrieben werden kann. Von hier werden keine ernsten Gefahren für die Waldbestände ausgehen. Exzessiver regionaler Holzraub ist zwar in manchen fernöstlichen Landesteilen zu beobachten, aber es wird grundsätzlich auch viel für die Aufforstung getan. Nach der *WWF*-Studie zählt das Land nach China zu den wenigen Ländern der Erde, das noch einen Zuwachs verzeichnet. Leider gilt diese günstige Vision nicht gerade für den bedrohten sibirischen Tiger! Auch der Naturschutz sickert langsam in die Region durch.

Wasserressourcen

Die Wasserwirtschaft ist eng mit den Themen Landwirtschaft, Ernährung und Lebensstandard der Bevölkerung verbunden. Heute avanciert Wasser zum wichtigen Kostenfaktor. Seine Ressourcen werden wegen der explodierenden Weltbevölkerung, dem Übergang zu mehr fleischlicher Nahrung und nicht zuletzt bedingt durch den Klimawandel weltweit immer knapper. In vielen Regionen der Erde - nicht nur in Afrika oder in Australien - ist von Wasserkrisen die Rede. Der Zugang zu Sanitäreinrichtungen und zum sauberen Trinkwasser sind wichtige Indikatoren beim internationalen Vergleich der Lebensstandards. Wie bei Energierohstoffen wird zwischen der physischen und der ökonomischen Wasserknappheit (noch zu hohe Gewinnungskosten, wie im Falle den Entsalzungsanlagen von Meerwasser) zu unterscheiden sein.

Allein im Zeitraum 2000 - 2010 wurden nach Studien der *Foode and Agricultar Organisation* (FAO) 70 „Wasserkriege", sprich gewaltsame Auseinandersetzungen um die Ressource, gezählt. Der Konflikt zwischen Ägypten und Äthiopien um die Nil-Gewässer zeigt, dass selbst zwischen Ländern, die keine Nachbarn sind, Spannungen aufkommen können.

Just vor Russlands Haustür, in Mittelasien, heizt sich aktuell ein gefährlicher Wasserkonflikt auf. Es gibt dort andauernde Spannungen zwischen den „Oberstaaten", Kirgisien und Tadschikistan, die an der Quelle der mächtigsten Flüsse der Region, Syr-Daria und Amu-Daria liegen, und den drei „Unterstaaten", Kasachstan, Usbekistan und Turkmenistan. Das Erdgas- und Erdölreiche Kasachstan

„importiert" mittlerweile Wasser für harte Devisen aus dem Nachbarland Kirgisien. Internationale Organisationen schlichten formal, der IWF heizt aber die Stimmung unnötig an, wenn er in Tadschikistan einen Mammut-Staudamm finanzieren will und die Usbeken damit benachteiligen würde.

Laut Schätzungen verfügt Russland über 40% der globalen Süßwasser-Reserven an der Erdoberfläche, allein davon 20% im Baikal-See, dessen Reservoir dem Gesamtvolumen der fünf nordamerikanischen Großen Seen entspricht. Das sagt noch nichts über die regionale Wasserknappheit aus, die sowohl in Südrussland als auch in Kalifornien oder in Nordchina vorkommt, obwohl auch diese drei Länder zu den „Wassergiganten" der Erde zählen. Im Endeffekt sind weltweit regional hohe Investitionen für den Kanalbau, Flussregulierungen und die Errichtung von Staudämmen notwendig, um eine bedarfsgerechte Verteilung zu sichern. Die größte sektorale Investition in den Kanalbau in Nordchina soll sogar ein Mammutvolumen von 110 Mrd. USD erreichen.

Die Wasserwirtschaft ist ein Wachstums- und Zukunftsmarkt. Zu den direkten wasserwirtschaftlichen Investitionen kommen die Erhaltungs- und Erweiterungskosten der Rohrleitungsnetze hinzu. Schon im alten Rom stand die Wasserversorgung ganz oben auf der Prioritätsskala der Staatsausgaben, die Reste der imposanten römischen Aquädukte versetzen noch heute die Nachwelt ins Staunen. Auf den noch früheren Fresken des Alten Ägypten und Mesopotamiens ist zu sehen, wie die Flussregulierungen und Kanalisierungen schon damals die Zeitgenossen beschäftigten.

In Russland gibt es derzeit etwa 4.200 Gesellschaften im Bereich der Wasserversorgung und -reinigung, die offiziell 480.000 Mitarbeiter beschäftigten. Ihr Umsatz wird auf magere 7 Mrd. € geschätzt. Das (potentielle) Großgeschäft mit der Nutzung der Wasserreserven der sibirischen Flüsse Ob und Irtysch zur Bewässerung der Steppen Mittelasiens - die dortigen rohstoffreichen Länder verfügen über die entsprechenden Finanzmittel - oder Nordchinas ist heute noch visionäre Zukunftsmusik.

Mit dem Wasser ist sparsam umzugehen. Das Beispiel aus der alten Sowjetzeit vom Wasserraub aus dem Aral-See in den 1960er und 1970er Jahren für die Bewässerung der mittelasiatischen Baumwollplantagen mahnt zur Vorsicht. Der See von der Größe Irlands ist heute fast ausgetrocknet und wird langsam mit mäßigem Erfolg rekultiviert. Die unbekannten geographischen und klimatischen

Auswirkungen würden ein kaum kalkulierbares Risiko bei einem Fluss-Großprojekt, wie bei der (potentiellen) Umleitung der sibirischen Flüsse nach Mittelasien und Nordchina. bilden Entsprechende Pläne befinden sich aber schon in den Schubladen.

Verkehr und Logistik

Einige Entwicklungsländer verdanken ihren wirtschaftlichen Erfolg der gelungenen Weltmarktspezialisierung in den oben genannten Dienstleistungsbereichen. Südeuropäische Länder wie die Türkei oder die Heimatländer der weltbekannten „Billigflaggen", wie Liberia oder Kanada, bilden Paradebeispiele für einen gelungenen Strukturwandel. Russland bleibt dagegen in beiden Fällen einerseits klassisches Entwicklungsland, muss aber andererseits zu solchen „exotischen" Spezialisierungen nicht greifen. Die wirklichen Gründe für diesen Rückstand ist daher nicht so sehr in dem hohen Investitionsbedarf, was zu erwarten war, sondern vielmehr im fehlenden Interesse an solchen Entwicklungsmodellen zu suchen. Wenn sich in Zukunft das Land ökonomisch breit aufstellen will, muss diese Denkweise geändert werden.

Von den einheimischen Privatunternehmen hat es aber vorläufig noch keiner so richtig versucht, in Bereichen, wo der Staat kein Interesse an einem Engagement zeigt, sich aufzustellen. Abgesehen vom Bus- und Kleinbusverkehr („Marschrutka-Business"), der der teuer werdenden staatlichen Eisenbahn Konkurrenz macht, zählen erfolgreiche Unternehmensgründungen im Gütertransport eher zur Ausnahme. Bei den enormen Landesentfernungen und den hohen Bedarf verwundert das ein wenig.

Dabei wird der Außenstehende die hierin schlummernden Reserven schnell bemerken. Ein kurzer Blick auf die Landkarte macht die Lage Russlands als Transitland deutlich. Der Schienen- und Landverkehr mit Gütern zwischen Westeuropa und den Wirtschaftszentren des Fernen Ostens (China, Japan, Korea) verläuft über Südrussland und Sibirien und könnte bald dem viel weiteren, jedoch heute noch billigeren Seetransport Konkurrenz machen. In russischen Regierungsentwürfen ist in diesem Zusammenhang immer häufiger von einer „Wiederbelebung der Seidenstraße", auch im Rahmen der Zusammenarbeit mit den Anrainerstaaten die Rede - einem Mammutprojekt, das noch in den Konturen steckt.

Ein potentielles Zukunftsgeschäft hängt eng mit einer Erweiterung der 1916 fertig gestellten legendären Transsibirischen Eisenbahn

(TAM) zusammen. In Zusammenarbeit mit der Deutschen Bahn wurden 1997 Pläne entwickelt, die Transsibirische Eisenbahn als Transportweg für Güter aus dem Fernen Osten nach Europa zu nutzen, die wegen der durch die globale Wirtschaftskrise stark gesunkenen Frachtraten für den Seetransport gestoppt wurden. Dennoch währte dieser Stillstand nur vorübergehend. Seit 2010 kursieren Güterzüge wieder zwischen China und Europa. Deren Fracht wird an den Schnittgrenzen zwischen der europäischen Normalspur und der russischen Breitspur umgeladen. Seit Ende 2011 fährt ein täglicher Zug des Trans-Eurasia-Express für den BMW-Konzern mit Containern vom Werk Leipzig nach Shenyang. Die Beförderungszeit wird durch diese Streckennutzung halbiert.

Viele epochale Großprojekte, wie der Bau des 104 km langen Tunnels für den Autobahn- und Schienenverkehr, Erdölpipelines und Stromleitungen unter der Beringstraße, der Russland mit den USA (Alaska) verbinden würde, befinden sich schon seit 2007 in Planung. Auch chinesische, japanische und südkoreanische Investoren haben Interesse an diesem Projekt bekundet. Die geschätzten Investitionskosten von damals 65 Mrd. USD wären in einem Konsortialgeschäft kein ungewöhnliches Volumen, zumal sich die Ausgaben nach betriebswirtschaftlichen Hochrechnungen in 10 bis 12 Jahren amortisieren ließen. Dagegen sind die Synergieeffekte, die diese Magistrale für die Entwicklung des russischen Fernen Osten brächten, mit der TAM vergleichbar. Das Projekt wäre technisch und finanziell machbar, gäbe es da nicht die Irritationen um die Ukraine. Für die USA wäre es in der heutigen geopolitischen Lage eher störend.

In diesem Kontext ist auf die extremen Mehrkosten hinzuweisen, die im Falle der Sperrung des russischen Luftraumes - vergleichbare Überlegungen gelten für den Landweg - für die westliche Luftfahrt entstünden. Die Flugzeit von Hongkong nach New York würde sich Schlag auf Schlag um zwei Stunden verlängern. Im August 2014 wurde diese Variante der Gegensanktion von den Russen in Erwägung gezogen. Der Luftweg über Sibirien ist erst relativ spät, weil 1987, von der damaligen Sowjetunion gegen satte Gebühr für westliche Fluggesellschaften freigegeben worden.

Auch die Bundeswehr macht sich Sorgen, wie sie ihr teures Kriegsgerät aus dem Afghanistan-Abenteuer billig herausbekommt, da der vormals vereinbarte Rückzug über Russland vielleicht jetzt entfallen wird. Es wird vermutet, dass die USA - trotz Sanktionen - gerade wegen dieser Frage mit Russland im Mai 2015 in Sotschi verhandelt haben (Besuch von Außenminister *County Kerry*).

Tourismus

Vielen Russlandkennern und Landesfans ist es unbegreiflich, warum nach dem Zerfall der abgeschotteten Sowjetunion, das Land so wenig für den Tourismus tut. Zwar ist die Liste der Besucherbeschränkungen für Ausländer noch beträchtlich, nicht desto trotz kann ganz Russland grundsätzlich als offen für westliche Besucher angesehen werden. Warum ist das Land touristisch noch so wenig erschlossen?

Das liegt in Augen eines Ökonomen sowohl am fehlenden Marketing als auch an der mangelnden Infrastruktur. Für den auf viel Bequemlichkeit fokussierten ausländischen Individual- und Massentourismus fehlt ganz einfach die Basis, und es sind diesbezüglich kaum Besserungszeichen zu sehen. So fällt auf, dass selbst die großen Reisekonzerne wenig Russland-Touren anbieten. An der Unattraktivität des Landes wird diese Zurückhaltung nicht liegen. Im Gegenteil, die meisten Deutschen würden eine Russland-Reise als echtes Lebensabenteuer bezeichnen. Russland ist gleichzeitig so weit und so nah.

Wer also nach den Ursachen des offensichtlichen Desinteresses russischer Geschäftsleute an den zahlungskräftigen Westtouristen fragt, wird die Antwort nicht in der Abneigung und dem Misstrauen gegenüber den anspruchsvollen Ausländern, sondern in der geringen Rendite dieses Geschäftszweiges sehen müssen. Denn auch der russische Inlandstourismus steht noch am Anfang der Entwicklung. So kann man vor dem Roten Platz in Moskau schnell eine Tagesreise für kleines Budget buchen. Damit kommt man aber bei den russischen Entfernungen nicht sehr weit. Mehrtagesreisen - z.B. in die Städte des Goldenen Rings - scheitern schon an der völlig inakzeptablen Übernachtungsbasis und den häufig sehr schlechten Sanitäreinrichtungen.

In den meisten Großstädten ist die Bettenbasis hoffnungslos unterentwickelt, die raren Hotelzimmer überteuert. Auch die Normalkonditionen bei der Bahn und die Benzinpreise (knapp in USD pro Liter) sind in Russland bei Normalkonditionen nicht mehr so billig. So wären für die Durchquerung des Riesenreiches auf dem Landweg mit dem Pkw von West nach Ost neben einem Monat Urlaub noch tausend USD Spritkosten einzukalkulieren. Von den hohen Kosten der raren Leihwagen ganz zu schweigen.

Dass in Russland touristisch gegenwärtig noch nicht so „viel los“ ist, wird auch an unserem (unwissenschaftlichen) „Studenten-Indikator“ abzulesen sein, den wir auf den Reisen spaßeshalber verwenden. Die Messzahl basiert einfach auf der Abzählung junger Individualtouristen, die wir pro Zeiteinheit antreffen. Noch sind heute die für ihre ungebremste Unternehmungslust wohlbekannten jungen Globetrotter in den Weiten Russlands kaum anzutreffen. Unser Indikator zeigt für das ferne Indien und selbst das exotische Äthiopien deutlich höhere Werte als für das so nahe Russland an.

Auch laut seriösen Statistiken hatte Russland eine negative Tourismus-Bilanz: 2013 besuchten über 29 Millionen Ausländer das Land (Platz 9 weltweit), während 53 Millionen Russen ins Ausland reisten. Der Saldo aus Einnahmen und Ausgaben ist daher etwa mit 30 Mrd. USD negativ. Aus bekannten Gründen ist 2014 der Westtourismus der Russen stark eingebrochen.

Unabhängig von diesen Restriktionen, dürfte das Land für jeden Extrem- und Abenteuertouristen noch einen der letzten weißen Flecke auf der Landkarte bilden. Denn die Neugierde, den unbekannten russischen Bären einmal aus der Nähe zu betrachten, ist selbst bei dem vorsichtigen westlichen „Otto-Normal-Touristen“ unstrittig vorhanden. Es klingt beinahe banal, wenn wir hinzufügen, dass nach einer solchen Begegnung sich so manche geschürte Angst vor „dem aggressiven“ Ostriesen verflüchtigen müsste.

Reisen bildet, besagt ein altes Sprichwort. Viele Deutsche reisen in die USA, nach China oder nach Israel, um mit ihren Vorurteilen konfrontiert zu werden. Da wäre es längst an der Zeit, einige Strapazen in Kauf zu nehmen und sich auf den Weg gen Osten zu machen. Zumal unserer Erfahrung nach die gebildeten Russen ein realistischeres Deutschlandbild haben als umgekehrt. Als wir Anfang August 2014 den Goldenen Ring um Moskau herum aufsuchten, hatten wir fast keine westlichen Individual- und nur wenige organisierte Touristen getroffen. Es wäre wirklich traurig, wenn hierfür die aufgeheizte antirussische Stimmung bei uns verantwortlich wäre. Zu Recht wird behauptet, Tourismus sei die größte Friedensbewegung der Welt.

Auf die weitere Entwicklung darf man gespannt sein, besonders auf die Pläne der russischen Regierung, eine touristische Infrastruktur auf der angegliederten Krim aufzubauen. Um die Touristen dorthin zu locken, sollen nicht nur günstige Flugtickets angeboten, sondern für 20 Mrd. € eine Glückspielzone geschaffen werden, in der 10.000 Beschäftigte Arbeit finden (Zahlenstand per Sommer 2014). Nach diesen Prestige-Plänen könnten Ende 2016 auf der Halbinsel auch die ersten Kasinos eröffnet werden. Von den sechs Millionen Krim-Besuchern in 2013 werden wohl zukünftig die vier Millionen Ukrainer fehlen. Interessant ist allemal, ob die erhofften Westtouristen diese Lücke ausfüllen oder - in Solidarität mit der einheimischer Politik und den Medien - aus Protest gegen „Moskaus Annexionspolitik" das Angebot ebenfalls „sanktionieren" werden. Privaten Krim-Investoren winken steuerliche Erleichterungen und zusätzliche Kapitalschutzmassnahmen. Ungeachtet der mit den Sanktionen verhängten rechtlichen Schranken haben einige Westinvestoren die Bereitschaft angekündigt, „mitmachen zu wollen". Die Griechen (Mai 2015) bieten schon erste Fährdienste an.

Wir glauben, dass das Beispiel Krim bald zeigen wird, wie die Sanktionen langsam zum „Hornberger Schießen" mutieren, wenn die Bilder über die Scharen der ersten westlichen Strandtouristen über den Fernseher flattern.

5.3. Die Flucht aus der „Demographiefalle" ist vorerst gelungen

Demographie und wirtschaftliche Entwicklung

Nur wenige sozioökonomische Daten verändern sich so gravierend wie die demographischen. Es gibt schwarzafrikanische und arabische Länder, deren Einwohnerzahl seit Jahrzehnten mit 3% jährlich und mehr wächst. Auf der anderen Seite stagniert die Bevölkerungszahl in ganzen Regionen, wie in den westlichen Industriestaaten oder eben in Russland. Bereits eine leichte Unter- bzw. Überschreitung einer „kritischen Masse" kann für einige Länder eine Chance, für die anderen eine Bedrohung ihres Entwicklungsstandes bedeuten. Kurzum: Eine Entvölkerung kann genau so bedrohlich werden wie eine Überbevölkerung.

Bei einer Entvölkerung haben sich die Ökonomien auf „Schrumpfung" einzustellen. Besonders bemerkbar macht sich dann der große Mangel an Arbeitskräften. Wenn die Wirtschaft darauf nicht eingestellt ist, erweist sich die Demographie als eine klassische Wachstumsbremse. Das prägnante Musterbeispiel hierfür bietet das heutige Japan. Neben der Blasenbildung infolge der starken Konjunkturüberhitzung zu Beginn der 1990er Jahre und der darauf folgenden Deflation machen Experten ebenso die schrumpfende Bevölkerung für den wirtschaftlichen Niedergang des Landes der aufgehenden Sonne verantwortlich. Bis 2050 soll die Bevölkerung des Inselstaates von heute 127 Millionen in 2013 auf knapp 100 Millionen weiter sinken.

Demgegenüber drohen überbevölkerte Schwellenländer wie Pakistan, Bangladesch, Vietnam, zum Teil Indien und Ägypten, die sich lange Zeit wirtschaftlich gesund entwickelt haben, an der unkontrollierten Bevölkerungsexplosion förmlich zu „ersticken". Das verwundert bei einer durchschnittlichen Bevölkerungsdichte von 1.000 Menschen pro km^2, wie in Bangladesch, kaum noch. Hier wirken die planlose Urbanisierung, die steigende Energieknappheit, chaotische Zustände im Transportwesen oder die immensen Nahrungsmittelimporte als Wachstumsbremser. Unter den oben genannten Ländern sind Indien und Vietnam jedoch noch immer sehr erfolgreich.

Schließlich gibt es die dritte Gruppe der neuen Bevölkerungsriesen, wie Mexiko, Indonesien oder Türkei, die „angemessen" bevölkert sind. Haben diese Staaten noch funktionierende Marktwirtschaften, kommt ihnen das potentielle Konsumentenreservoir zugute, weil sie mit der „kritischen Masse" einen funktionierenden Binnenmarkt aufbauen können. Es ist einfacher, sich zu entwickeln, wenn der Aufschwung von „internen" Kräften getragen wird, anstatt wie bei den leistungsfähigen kleinen Nationen (Baltikum, asiatische Tigerstaaten) sich allein auf die Außenwirtschaft zu verlassen und vom launischen Weltmarkt abhängig zu sein. Daher nutzten die EU-Kleinstaaten sofort die Chance, die sich ihnen durch den Anschluss an einen großen Markt bot.

Für die hochentwickelten und dünnbesiedelten Einwanderungsländer wie die USA, Kanada, oder Australien gilt demgegenüber: ein hoher Anteil des BIP-Wachstums ist hier auf die andauernde Immigration zurückzuführen. Vor diesem Hintergrund wird in Westeuropa, so auch in Deutschland, augenblicklich das Konzept „Wachstum durch Einwanderung" leidenschaftlich diskutiert. Gemeint ist dabei keine bloße Flüchtlingsaufnahme, sondern eine gezielte Immigration von „hochwertigem Humankapital". Was darunter zu verstehen ist, wird später beschrieben.

Wo steht Russland in diesem Ländervergleich?

Der Ausbruch aus der Demographiefalle scheint gelungen zu sein
Zunächst ist festzuhalten, dass es Russland nach der Volkszählung von 2010 gelungen ist, den Bevölkerungsrückgang zu stoppen. Heute wird eine Einwohnerzahl (mit der Krim) von 148 Mio. angegeben. Dieser Rückgang war auf die chaotischen 1990er Jahre, die zur Senkung der Geburtenrate und einem dramatischen Anstieg der Sterberate der Männer führten, zurückzuführen.

Generell „sterben" die Russen jedoch genau so wenig aus wie die Westeuropäer (Abbildung 18). Denn die Einwohnerzahl des Landes hat sich im Vergleich zum Stand vor 25 Jahren nur wenig verändert, im Gegensatz zum extremen Anstieg in den USA.

Abbildung 18: Die Entwicklung der Einwohnerzahl Russlands und der USA im Langfristvergleich

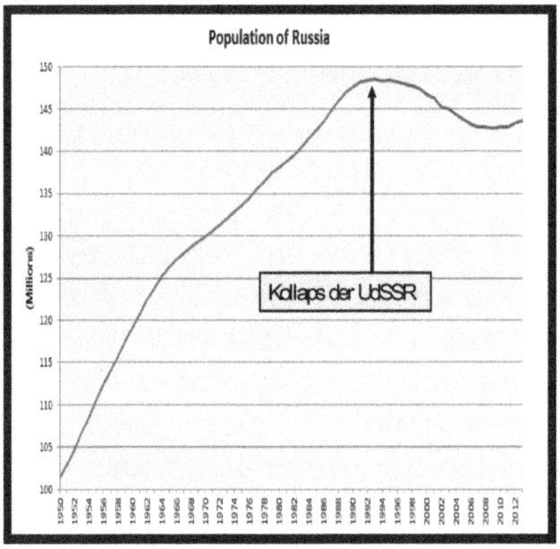

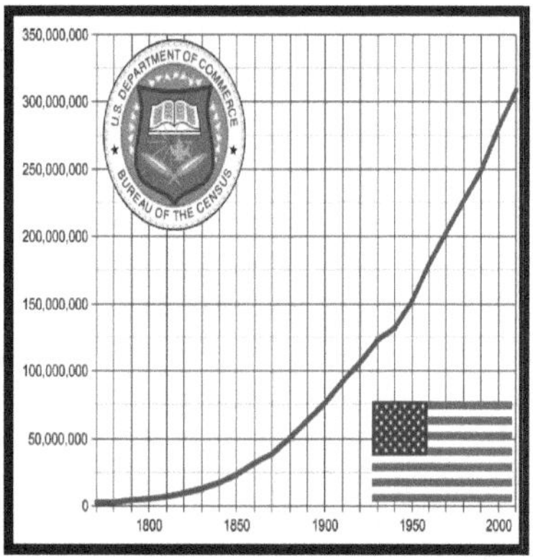

Für die Zeit nach 2015 wird leider wieder eine Verschlechterung der demografischen Situation erwartet, da anstelle der geburtenstarken Jahrgänge aus der Sowjetzeit die geburtenschwachen Jahrgänge der 1990er Jahre ins Elternalter kommen. Nach den Grundrichtlinien des Kabinetts hat die Regierung bis 2018 drei wichtigste Herausforderungen zu lösen: sinkende Nachfrage nach Rohstoffen, geopolitische Zuspitzung und der Schwund der arbeitsfähigen Bevölkerung.

Auch andere demographische Faktoren bleiben zunächst ungünstig. Die hohe Sterberate unter Männern - die Lebenserwartung von knapp 66 Jahren liegt etwa auf dem Niveau Indiens - führt zum deutlichen Frauenüberschuss. Nach den Angaben der letzten Volkszählung gibt es 10 Millionen mehr Frauen als Männer. Ein Durchschnittsrusse lebt 17 Jahre kürzer als ein Kanadier oder ein Schwede. Als Hauptursache für die katastrophale Lebenserwartung gilt die hohe Sterblichkeit infolge der ungesunden Lebensweise sowie vermeidbarer Ursachen wie Alkoholmissbrauch, Rauchen, Verkehrsunfälle, Suizid und Mord. Trotz temporärer Entspannung bleibt in Russland das Demographieproblem akut.

Die Bevölkerung des Landes ist sehr ungleichmäßig verteilt. Etwa 85% der Einwohner leben im europäischen Teil, der nur 23% der Landesfläche umfasst. Die Bevölkerungsdichte variiert von 362 Einwohnern pro km^2 in Moskau und Umgebung bis unter einen Einwohner pro km^2 im Nordosten und im Fernen Osten. Im Durchschnitt beträgt sie 8,3 Einwohner pro km^2. Auch im ländlichen Raum der zentralrussischen Verwaltungsgebiete liegt die Dichte selten höher als bei 40 bis 50 Einwohner pro km^2. Der Anteil der städtischen Bevölkerung bewegt sich im Landesdurchschnitt bei konstant 73%.

Um den demografischen Problemen zu begegnen, hat die Regierung in jüngster Zeit mehrere nationale Programme eingeleitet, die primär auf junge Familien abzielen. Erste kleine Erfolge werden sichtbar. Seit 2007 haben sich die Geburtenzahlen in Russland von 1,48 Mio. auf 1,9 Mio. (2013) kontinuierlich erhöht. Im Durchschnitt gebiert eine russische Frau heute 1,6 Kinder, was bereits dem westeuropäischen Niveau entspricht.

Wer durch das heutige Russland reist, wird zudem feststellen, dass der Alkoholismus sich in Grenzen hält. Die Zahl der Betrunkenen in der Öffentlichkeit hat massiv abgenommen, wohl nicht zuletzt, weil im Gesetz ein hoher Mindestpreis für Alkohol von 220 Rubel (knapp vier Euro) pro 0,5 Liter-Flasche Wodka festgeschrieben ist. Ein Durchschnittsrusse kann sich einen exzessiven Konsum einfach nicht mehr leisten. Wer der Putin-Mannschaft diesen Kleinerfolg nicht gönnt, wird schnell auf das Schwarzbrennen (samogon) hinweisen. Etwas findet man immer.

Emigration, Zuwanderung und Angst vor Überfremdung

Das heutige Russland befindet sich im stetigen Demographiewandel und fungiert sowohl als Aus- als auch als Einwanderungsland. Zur Auswanderung neigen besonders qualifizierte Akademiker außerhalb der neuen Nomenklatur, so wegen der niedrigen Verdienstmöglichkeit und der herrschenden Rechtsunsicherheit. In den letzten Jahren und infolge demografischer Goodwill-Maßnahmen der Regierung verlangsamte sich dieser Trend. Russland leidet nicht so stark unter dem Mangel an Arbeitsplätzen wie Westeuropa. Aus dem EU-Land Polen, das unseren Beobachtungen zufolge voll ins Netz des Turbokapitalismus gelang, wanderten zum Vergleich in der letzten Dekade 2,4 Mio. junge Leute zur Arbeitssuche vorwiegend nach Großbritannien und Deutschland aus - das entspricht 10% der Erwerbsquote. Tendenz steigend. Über eine Million sitzen auf gepackten Koffern.

Zugleich ist Russland das zweitwichtigste Einwanderungsland der Welt, was temporär wechselt und zu klären gilt. Herkunftsregionen sind vor allem die ärmeren, ehemaligen Sowjetrepubliken Zentralasiens und des Kaukasus, zuletzt in zunehmender Zahl auch Afrika und Südostasien. Die Mehrheit der Einwanderer stellen die Nachkommen von Russen dar, die in der Kaiser- und der Sowjetzeit in den anderen Teilrepubliken des Riesenreiches angesiedelt wurden und mit ihren Familien in die alte Heimat zurückkehren wollen. Diese Immigranten werden irgendwie an das „neue Russland" - nicht zu verwechseln mit Neurussland im Osten der Ukraine - glauben müssen, wenn sie nach fast hundert Jahren ein derartiges Abenteuer eingehen. Möglicherweise handelt es sich hier in vielen Fällen um eine Rückkehr „auf Probe".

Neben diesen offiziellen, willkommenen Immigranten arbeiten im Lande etwa 10 bis 15 Millionen Gastarbeiter, oft illegal und von den Einheimischen in der Regel diskriminiert. Unter ihnen befinden sich drei Millionen Ukrainer. Statistischen Angaben zufolge überweisen diese jährlich über 6 Mrd. USD nach Hause. Daneben versuchen viele Wirtschaftflüchtlinge aus der dritten Welt, über das weite Land ins gelobte Westeuropa zu gelangen. Illegale Gastarbeiter sind ein weiteres Problem. Die extremen Mietpreise für einfachsten Wohnraum werden in Städten wie Moskau nicht zuletzt durch diesen unkontrollierten Fremdenzustrom verursacht. Obgleich die Fremdarbeiter die russische Wirtschaft, besonders im Niedriglohnsektor, am Leben halten, bleibt das Verhältnis zu den Einheimischen - wie überall auf der Welt - angespannt. Denn die auch in Westeuropa befürchtete Überfremdung, Angst vor Islamisierung und Terrorismus erreichen hierzulande wegen der durchlässigen Grenzen zu Kasachstan - etwa 6.600 km schwach bewachte Grenze - und dem Kaukasus eine höhere Dimension. Den Kaukasiern werden zudem generell kriminelle Strukturen und organisiertes Verbrechen nachgesagt. Als Abwehr gegen den „Sturm aus Asien" macht sich zunehmend, besonders unter jungen Russen, Nationalismus und pure Fremdenfeindlichkeit breit.

Das Bild wird dadurch verwirrender, weil auf dem heutigen Territorium der Russischen Föderation viele nationale Minderheiten leben, die äußerlich von den illegalen und offiziell eingereisten Fremden kaum zu unterscheiden sind. Bevölkerungswachstum hat nicht zuletzt etwas mit der Nationalität zu tun. Wie in Westeuropa, zeichnen sich in Russland die nicht-slawischen Völker durch eine signifikant höhere Geburtenrate als die einheimische Bevölkerung aus und könnten allein aufgrund der mathematischen Gesetze in wenigen Jahrzehnten die Mehrheit bilden. Konflikte mit nationalem Hintergrund sollen auch in der Sowjetunion verbreitet gewesen sein, jedoch wurden sie unterdrückt und als Thema verschwiegen.

Wie ersichtlich, ähneln sich die Ängste vor einer Überfremdung, sei es in den USA, in Westeuropa oder in Russland. Jedoch wohl mit dem Unterschied, dass in den USA an eine gelungene Integration mehr geglaubt wird und die weitgehend kontrollierte Immigration nicht primär als ein wirtschaftlicher und sozialer Belastungsfaktor gesehen wird. Denn anders als in der Neuen Welt gelang es dem Zarenreich, seinen Vielvölkerstaat nicht in die russische Wirtschaft, Kultur und Zivilisation zu integrieren. Es fehlte wohl der verbindende Kapitalismus.

Nach diesem eher pessimistischen Kurzabriss werden die quantitativen Demographiekomponenten (Bevölkerungswachstum, Altersstruktur, Erwerbsquote) kurzfristig keine nennenswerten Entwicklungspotentiale liefern, nach denen wir stets suchen. Das Land benötigt in erster Linie qualifizierte Fachkräfte und hochwertiges Humankapital, was es weder leicht finden noch, wenn es sich gebildet hat, im Lande (Emigration) halten kann. Auslandsfirmen sind häufig gezwungen, ihr technisches Personal mitzuführen, da es an diesem hierzulande mangelt. Wer sich bei den Recruitern wegen einer Jobsuche in Russland erkundet, wird staunen, wie viele interessante Angebote auf entsprechenden Internetseiten zu finden sind.

Die qualitativen Aspekte der Demographie – das Humankapital

Bekanntlich besitzt die Demographie neben der quantitativen auch eine qualitative Komponente, die im Fachjargon „Humankapital" genannt wird. Seine Abgrenzung zu den Begriffen „Wissen", „Fachkenntnisse" oder „intellektuelles Leistungsvermögen" ist fließend. In der makroökonomischen Faktorenlehre wird das Humankapital entweder dem Produktionsfaktor Arbeit zugeordnet oder fungiert als selbstständiger, vierter Produktionsfaktor, das geläufige Know-how.

Humankapital ist mobiler als das Sachkapital, wenngleich nicht ganz so mobil wie das Finanzkapital. Es besitzt den Vorteil, einfacher übertragbar und vermehrbar zu sein. Materiell betrachtet, besteht das Humankapital einer Nation oder eines Landes aus dem kumulierten Wissen (Grundlagen- und technisches Wissen) und den Erfahrungen (Organisation, Prozessorganisation, Technologie) im Wirtschaftsprozess.

Diese Definition vorausgesetzt, ist zu fragen, ob Russland ein hohes Humankapital besitzt und/oder ob es dieses, wie bislang die Westtechnologie, für seine Entwicklungspläne einfach für Devisen importieren kann und will. Hierzu einige Anmerkungen:

1. Häufig wird die „Menge" des Humankapitals mit der Anzahl der Hochschulabschlüsse in nicht-humanistischen Fächern gemessen. Hierin belegte Russland 2013 im internationalen Vergleich mit 1,2 Millionen Absolventen einen mittleren Platz, ist aber im Vergleich zur Sowjetunion quantitativ und qualitativ zurückgefallen. Das wird zum Beispiel an der Anzahl der ausländischen Studenten, die auch heute noch vorwiegend aus den Entwicklungsländern kommen, abzulesen sein. In den internationalen Rankings bester Hochschulen sind russische Adressen nicht mehr zu finden. Diese prekäre Lage ist sowohl mit unzureichenden staatlichen „Bildungsinvestitionen" als auch mit den immer weniger attraktiven Berufsaussichten und mit dem heute niedrigen sozialen Status technischer Hochschulabschlüsse zu begründen. Der vormals so hoch geschätzte Posten eines Mitgliedes der Sowjetischen Akademie der Wissenschaften, ein Karrieretraum eines jeden Wissenschaftlers im Sowjetreich, trägt in der Zeit der Jagd nach Renditen und Geld stark inflationäre Züge. Ein Institutsleiter an einer staatlichen Hoch-

schule verdiente vor drei Jahren mit etwa 1.000 € gerade so viel, wie eine 40m² Wohnung in Moskau kostet, vom gesunkenen Ansehen gar nicht zu sprechen.

Der aus den USA eingeführte Glaube, über den Zusatzerwerb einer fragwürdigen aber nicht gerade billigen „Managerzusatzqualifikation" leichter in gut dotierte und wichtige Führungspositionen zu gelangen, war lange Zeit in Russland ebenso wie weltweit stark verbreitet. Allein in Moskau gab es in den ersten Boom-Zeiten über 100 englischsprachige MBA-Anbieter, die in starker Konkurrenz zueinander standen. Nachdem sich die vielen Anglizismen als heiße Luft erwiesen haben, geht der heutige Trend in Richtung mehr Ernüchterung. Das ist gut so.

Eine Renaissance der polytechnischen Berufe vor dem Hintergrund der guten Sowjettradition und des noch existenten Lehrkörpers - die letzten Absolventen aus dieser Zeit sind gerade knapp 50 - wäre theoretisch vorstellbar. Die Realität ist leider sehr ernüchternd. An dieser idealisierten Vorstellung halten noch viele uns persönlich bekannte Alt-Akademiker fest, die den „guten Sowjetzeiten" nachtrauen. Wir sehen einen solchen Wandel angesichts der aktuellen Bildungspolitik und des verlorenen Anschlusses an die Weltspitze sehr skeptisch. Tradition und Wille allein reichen in der Globalisierungsära nicht aus, wenn dahinter keine wirtschaftliche Komponente steckt. So kommen wir auf das alte Thema zurück. Allenfalls eine echte Wirtschaftsreform, die Schaffung eines funktionierenden Binnenmarktes und steigende Chancen bei Existenzgründern dürften sich für technische Berufe allein als förderlich erweisen. Für die Realisierung aller sozioökonomischen Aufgaben (Bildung, Gesundheit, Förderung junger Familien, Anreize gegen Landflucht, Pensions- und Rentenerhöhung) reicht dem Staat nicht das Geld. Der Hochschulbereich gilt besonders gut für die Korruption geeignet.

2. In der Globalisierungsära kennt das Humankapital kaum noch Grenzen und steht als „Weltwissen" jedermann zur Verfügung. Sein Besitz bringt allerdings solange keinen wirtschaftlichen Vorteil, wenn es unter der Einhaltung der Patentgesetze und der Lizenzverträge nicht im Produktions- oder Forschungsprozess genutzt wird. Für eine breite wirt-

schaftliche Nutzung muss erst die technologische Basis mittels „Bildungsinvestitionen" geschaffen werden, die in Russland weitgehend fehlt. Nicht nur der Staat, sondern auch die Großkonzerne investieren zu wenig in die Forschung und Entwicklung. Das geplante Innovations- und Technologiezentrum Skolkowo in der Nähe von Moskau mutiert in Fachkreisen zu einer billigen Imitation der Vorbilder Silicon Valley (USA), Guangzou (China) oder des indischen Bangalore. Der Erfolg mit den wenigen im Land zerstreuten Wirtschaftszonen fällt ebenfalls mäßig aus. Einer „von oben" angeordnete technischer Fortschritt scheint nicht „unten angekommen" zu sein, was die Zahl internationaler Patentanmeldungen belegt. Nach den letzten Meldungen wollen allerdings die Chinesen durch ihren Einstieg das Projekt Skolkowo aufwerten.

Zum Schluss stellt sich die Kernfrage, ob Russland ausländisches Humankapital mit pekuniären Anreizen „anlocken" könnte, solange eigene Experten das Land permanent verlassen. Als im Jahre 2010 der in London lebende russische Wissenschaftler *Konstantin Novoselov* zusammen mit *Andre Geim* den Nobelpreis für Physik erhielt, waren seine Landsleute düpiert; einerseits stolz und andererseits irritiert, dass der Preis an Großbritannien ging.

5.4. Zusammenfassung

Der russische Staat setzt bei der Wirtschaftentwicklung des Landes schwerpunktmäßig auf die makroökonomischen Faktoren (Top-Down-Ansatz). Diese werden primär mit dem Energie- und Rohstoffsektor identifiziert, der durch die Putin-Crew nach 2000 zwecks Kontrolle und Einnahmensicherung reprivatisiert wurde. Folglich befinden sich Entwicklungspotentiale primär in diesen Sektoren und nicht in der Betriebswirtschaft, der Entwicklung „von unten". Diese veraltete Denkweise der Bürokratie hat Tradition; die heutigen Entscheidungsträger haben sie noch von den sowjetischen Planern (Primat der Schwerindustrie) geerbt. Dem Kreml-Regime fehlt einfach noch der Glaube an die Wachstums- und Wohlstand stiftenden Kräfte des Marktes.

Irrtümlicherweise wird dabei die Bedeutung des strategischen Energie- und Rohstoffsektors im In- und Ausland überschätzt, da er zum einen kaum noch wächst und zum anderen einen relativ kleinen BIP-Beitrag, je nach Abgrenzung von 11%-15%, leistet. Der Trugschluss resultiert daraus, dass er der größte Devisenbringer des Landes ist und auf sich die größten Landeskonzerne vereinigt. Zudem fungiert er als der größte russische Arbeitgeber, direkt nach den Streitkräften. Von seinem Mehrwert lebt der weit verzweigte bürokratische, hoch korrupte und marode Staatsapparat (sog. „Kreml-AG"). Solange sich der ungesunde Status quo nicht ändert, ist mit dort mit Energieeinsparungen und betriebswirtschaftlicher Denkweise nicht zu rechnen. Staatseigentum statt Effizienz - diese Fehlentwicklung ist nicht nur in Russland, sondern für eine Reihe weitgehend vergleichbarer Rentier-Staaten charakteristisch.

Eine Effizienzsteigerung muss nicht zwangsläufig mit der Aufgabe der Staatkontrolle einhergehen, die häufig weiter irrtümlich mit der absoluten Anteilsmehrheit verwechselt wird. Die Einräumung funktionierender „Mitbestimmungsrechte" für ausländische, in betriebswirtschaftlichen Kategorien denkende Kapitaleigner wäre ein gängiger Weg, diese neben dem Staat als Junior-Partner zu gewinnen. Weil dem nicht so ist, wird die Fremdfinanzierung heute überwiegend durch Bankenkonsortien und aus den Gewinnen dargestellt.

Geographisch bedingte Makropotentiale gibt es in Russland in vielen Bereichen außerhalb des Energiesektors. Sie lassen sich schwieriger bewerten als die betriebswirtschaftlichen; Schätzungen zufolge wären sie imstande, einen signifikanten BIP-Beitrag zu leisten. Angesichts der weltweiten Knappheitstrends wird ihr Wert zukünftig stark steigen. Zu den wichtigsten Potentialen zählen die Land-, Wasser- und die Waldressourcen sowie die schlummernden Einkunftsreserven in der Touristik. Die effiziente Nutzung der Verkehrslage brächte weitere Wachstumseffekte.

Eine Mobilisierung dieser Bereiche ist keine Frage von Großinvestitionen, sondern eher von „kleinen Effizienzschritten", die in der staatlichen Entwicklungsstrategie ebenfalls auf Unverständnis stoßen. Erst wenn klar wird, dass sich auch dort gutes Geld verdient lässt, dürfte das kapitalistische Russland und Ausländer Interesse an einen Geschäftseinstieg zeigen.

Noch „billiger" als im Falle der „kleinen Effizienzschritte" in der Geographie sind Wachstumseffekte durch Kapitalmarktreformen zu haben. Bislang werden die unterentwickelten Wertpapierbörsen wegen der Rechtsunsicherheit von mittleren und kleinen Unternehmen nur peripher als Forum für die Kapitalbeschaffung genutzt. Freies Kapital in Händen des Staates und der Oligarchen ist andererseits in Russland reichlich vorhanden.

Es gibt keine breite Mittelschicht, aber viele Neureiche in Russland, die ihr Kapital bis dato nur für Luxuskonsum und „Steuerflucht“ einzusetzen wussten. Im echten Kapitalismus fließen solche Gelder in die produktive Wirtschaft. Dass dieses Kapital nicht in inländische Sachinvestitionen Eingang gelangt, kann als Misstrauen gegenüber der eigenen Wirtschaft gedeutet werden.

Denn die in diesen Sektoren zu erzielenden Renditen sind in der weltweiten Niedrigzinsphase signifikant höher als in den bisherigen sicheren Anlageformen. Eine weitere Begründung für das aversive Verhalten der Investoren wird in den langen Bindungsfristen und der damit einhergehenden fehlenden Verfügbarkeit in Krisenzeiten gesehen. Schnelles Geld zu machen und es genau so schnell auszugeben, steht vor der Nachhaltigkeit. Da bildet im globalen Kontext Russland keine wirkliche Ausnahme.

Die größten Bedrohungen für die sozioökonomische Entwicklung Russlands gehen von demographischen Faktoren aus. Auch hier hat das Land bis in die heutige Zeit die negative Erblast der chaotischen Transformationszeit (Bevölkerungsschwund, Geburtenrückgänge, ungünstige Altersstruktur, Fachkräftemangel) zu überwinden. Die Anstrengungen der Regierung, wieder eine „gesunde Demographie“ zu schaffen sind kurzfristig wenig wirksam, zumal die Emigration von Experten und die Landflucht aus Sibirien noch immer einsetzt. Gegenwärtig wird der Arbeitskräftemangel im Niedriglohnsegment durch Gastarbeiter aus den vormaligen Sowjetrepubliken gedeckt. Diese Immigration ist keine Dauerlösung, weil sie Angst vor Überfremdung schürt und neue soziale und nationale Spannungen erzeugt, die im Vielvölkerstaat Russland, das rund 120 nationale Minderheiten hat, in den Spannungsgebieten ohnehin regional massiv vorkommen (Tschechenyen). Langfristig dürften das bunte Paket familienpolitische Maßnahmen jedoch wirken.

6. Warum kopiert Russland nicht das chinesische Modell? Bald eine Moskau-Peking-Allianz?

Angesichts wachsender Weltmachtstellung des Landes der Mitte ergibt sich zwangsläufig die Frage, warum Russland, das wie China auf eine weitgehend die gleiche planwirtschaftlich-kommunistische Vergangenheit zurückblickt, nicht den gleichen Entwicklungsweg gewählt hat.

Die chinesische Entwicklungsstrategie brächte Russland einen doppelten Vorteil: Zum einen wäre das Land ökonomisch breiter aufgestellt und nicht einseitig auf den Energiesektor fixiert. Infolgedessen wäre ein höheres Wachstum zu erwarten. Hätte Russland beim BIP einen gleichen Wachstumssprung gegenüber dem Westen wie China erzielt, das sich seit 1980 doppelt so schnell entwickelt hatte, stünde es heute weltweit auf Platz 3 und nicht auf 5, gleichauf mit Indien und noch vor Japan. Zum anderen würde es bei diesem ökonomischen Sprung weiterhin als Supermacht angesehen werden. Eine Supermacht hätte weniger den politischen Druck des Westens und den eventuellen Rüstungswettlauf zu befürchten. Wer wirtschaftlich stark ist, wird auch politisch stark sein. Das wiederholt Putin immer wieder.

Wir können uns kaum vorstellen, dass unserer Bundeskanzlerin und andere Westpolitikern nur andeutungsweise in den Sinn käme, Rot-China wegen der Verletzung der Menschenrechte im Inland oder der Tibet-Politik mit Wirtschaftssanktionen zu drohen!

Einige der folgenden Antworten werden dem Leser nach der Lektüre bisheriger Passagen plausibel erscheinen. Wir fassen diese mit den anderen, noch nicht vorgestellten Fakten zusammen und unterteilen die Faktoren in exogene und endogene. Der Begriff „exogen" bedeutet in diesem Kontext, dass die Nicht-Befolgung des chinesischen Weges durch Russland äußere, von ihm nicht abhängige Ursachen hatte. Bei „endogenen" Faktoren ist dies umgekehrt. Endogen bedeutet etwa so viel wie eigen-, exogen wie fremdverschuldet.

Endogene Faktoren:

1. China hatte keinen Systemeinbruch, wie Russland während der Perestrojka und der Jelzin-Ära, überstehen müssen. Der nach den Chaos-Zeiten der Kulturrevolution in den späten 1960er Jahren 1978 mit den Deng-Reformen begonnene Übergang zum Kapitalismus fand also 20 Jahre früher statt. Zudem verlief der chinesische Transformationsprozess ohne größere Blessuren. Diesen Vorsprung gleich zu Beginn des Rennens wird Russland nicht mehr aufholen können.

2. Russland besitzt als Land und Nation ganz andere Potentiale als China. Durch seinen Rohstoffreichtum ist es quasi gezwungen, sich wirtschaftlich auf den Energiesektor zu spezialisieren. Im BRICS-Jargon fungiert es als das „Rohstofflager der Welt", während das „Land der Mitte" aufgrund seines Bevölkerungsreichtums zur „Werkbank der Welt" avancierte. Der Vollständigkeit halber ist zu ergänzen, dass Indien das „Büro der Welt", Brasilien die „Plantage der Welt" und Südafrika die „Mine der Welt" getauft wurden. Es würde pseudoökonomisch anmuten, wenn sich die Kreml-Machthaber bei einem chronischen Arbeitskräftemangel gerade auf arbeitsintensive Wirtschaftssektoren und/oder auf die klimatisch sensible Landwirtschaft spezialisiert hätten. Seit den Zeiten von *Davids Ricardo* vor 200 Jahren weiß die Nationalökonomie, dass ein Land sich auf jene Sektoren zu konzentrieren hat, bei denen es komparative Kostenvorteile besitzt. In China kann im Vergleichszeitraum zudem 30% des Wachstums der Demographie zugeschrieben werden.

3. Die Russen zeichnen sich als europäisches Volk durch eine andere Wirtschaftmentalität als die asiatischen Nationen des Fernen Ostens aus. Das heißt nicht, sie würden das ökonomische Leistungsprinzip weniger bejahen als die Ostasiaten. Dennoch versteht jeder Westeuropäer, weshalb die Japaner nach Kriegsende lange Zeit wirtschaftlich die Nase vorne hatten. Arbeitsdisziplin, Konsumverzicht oder die Einstellung zur Freizeit werden als Bestandteile der Lebensqualität in Europa anders als im Fernen Osten oder in Afrika gesehen. In Bezug auf die Wertschätzung dieser Komponenten unterscheiden sich die Russen und die Chinesen gravierend. In Russland, das nach jahrzehntelangen Entbehrungszeiten die Reize des Konsums entdeckte, wären die chinesischen Spar-

und Investitionsquoten von 50% völlig unvorstellbar. Man lebt nur einmal, zumal wenn man „an Geld“ gekommen ist.

Endogene Faktoren:

1. Die Chinesen wählten von vorneherein ein gänzlich anderes volkswirtschaftliches Lenkungsmodell als ihre Nachbarn im Norden. Die in Russland degradierte Kommunistische Partei kontrolliert in China die Wirtschaft über das verzweigte Kadersystem, ohne sie dabei zu dirigieren. Die „roten Kapitalisten“ haben schnell erkannt, welchen Vorteil eine solche Abstinenz in Kombination mit Wettbewerb und intaktem Binnenmarkt auch im autoritären System bringt. Chinas Top-Manager werden, wie auch in Russland, vom Staat kontrolliert und können von ihm auf vielen Wegen auch in privatwirtschaftlichen Konzernen abgesetzt werden. Ansonsten bleiben die Firmenlenker in ihrer Entscheidungsfreiheit frei. Neben dem Staatskapitalismus besitzt in China das Small Business (Kapitalismus „von unten“) mittlerweile das gleiche Gewicht in der Wirtschaft. Das ist in Russland nicht der Fall. Lange Zeit glaubte der Westen, dass die chinesische Kapitalismusvariante ohne Demokratie nicht funktionieren kann. Die den chinesischen Kadern zugedachte Kontrollaufgabe übernehmen in Russland zum Teil die Oligarchen, zum Teil die Ober-Bürokraten. So oder so, die beiden Varianten der Staatskontrolle funktionieren.
2. Die Chinesen bauten nach den Wirren der Kulturrevolution ihre industrielle Basis langsam, aber sukzessive „von vorne“ auf. Die benötigten Finanzmittel für die Investitionen erwirtschafteten die Asiaten mit Westexporten. Dabei kamen vornehmlich die dumpingsubventionierten Massenexporte von Billigwaren oder von Produkten zum Einsatz, die im Land veredelt und dann wieder ausgeführt wurden. So etablierte sich der Begriff von der „Werkbank der Welt“. Auch vor dem massiven Diebstahl der westlichen Hochtechnologie scheuten die Rot-Kapitalisten nicht zurück. Glücklicherweise lässt sich das zu dieser Technologie dazugehörige Humankapital nicht so einfach und so schnell kopieren. Das „Wissen“ als solches kann auch nicht geklaut werden! Die Chinesen müssen noch viel lernen, aber es gibt immer wieder neue „kopierwürdige“ Technologien. Wäre das nicht der

> Fall, muss China irgendwann wohl ganz auf die Westimporte verzichten, zum Konjunkturnachteil dortiger Volkswirtschaften, was diese auch nicht wollen. Ungeachtet massiver westlicher Proteste gegen Chinas Handelspolitik und verschiedener Abwehrmaßnahmen, erwies sich das Entwicklungskonzept letztendlich als erfolgreich. Nach der Kopierfolgt die Leistungswelle aus eigener Kraft.

Es gelang dem Land, innerhalb von knapp drei Jahrzehnten in die Weltspitze vorzustoßen. Nach der IWF-Klassifikation hat Peking 2012 mit einem überschrittenen jährlichen BIP-pro Kopf von 10.000 USD die Schwelle zum Industrieland mittlerer Entwicklungsstufe (*middle income country*) erreicht. In Russland liegt der Wert heute bei annähernd 18.000 USD.

So setzt China nach dem „Erreichen des Klassenzieles" weiter auf die Intensivierung der Auslandsverflechtung, obwohl es kein Billiglohnland mehr ist. Es kann sich heute erlauben, auf der Basis erreichter Produktionskapazitäten, auf Konsolidierung und mehr Wachstumsqualität (Umweltschutz, Lebensstandard) zu setzen. Auch wenn es sein BIP-Wachstum um 2% p.a. drosselt, reicht der Vorsprung immer noch aus, um die USA in absoluten Zahlen bald zu überholen (nach PwC ist dies schon 2014 geschehen). Historisch gesehen besaß China bereits vor 200 Jahren mit über 33% die ökonomische Herrschaft auf unserem Globus, weit vorne vor dem British Empire mit 24%. Der US-Anteil lag damals gerade bei 3% und Russlands bei 6%,

China hat aktuell die Zeit, seine Raumfahrt zu entwickeln, die Industrie - darunter nicht zuletzt die Rüstungsindustrie - mit eigener Hochtechnologie zu modernisieren und die Streitkräfte auszubauen. Steht nach der ökonomischen die politische und militärische Weltmachtstellung auf der Agenda? Diese Frage stellen sich die Geostrategen immer häufiger.

Während China von der Dynamik vergangener Perioden profitiert, befindet sich Russland nicht in dieser komfortablen Situation. Es muss erst zu der alten ökonomischen Kraft zurückfinden, was angesichts der Ukraine-Krise und der beschriebenen Bremsfaktoren in Frage zu stellen ist.

Neben vielen Unterschieden weisen beide Riesen drei markante Gemeinsamkeiten in ihrer Entwicklung auf. Diese kommen im autokratischen politischen System, der fehlenden Rücksicht auf die Umweltverschmutzung und dem endgültigen Abschied von den kommunistischen Dogmen zum Ausdruck. Bei dem letzten Punkt werden sich die Machthaber in Moskau und Peking an folgender Vorgehensweise orientiert haben: Wenn wir einen Systemwechsel ohne Machtverlust riskieren, muss die Umstellung schnell vonstatten gehen. Andernfalls werden wir von den Marktkräften zerrieben! Dieses Ziel ist bei einer Steuerung „von oben", ohne Experimente und lange Diskussionen um den Stellenwert der Umwelt und Demokratie, schneller und gefahrloser zu erreichen!

Bald eine Allianz Moskau-Peking?

Wie das Beispiel des Nicaragua-Kanals zeigt, sind gemeinsame Großprojekte schon heute in der Dritten Welt möglich. Diese von den Chinesen für 50 Mrd. USD gebaute, 278 km lange, Wasserstraße soll dem alten Panama-Kanal Konkurrenz machen. Die Chinesen bauen, die Russen begleiten das Mega-Projekt „sicherheitstechnisch" ab. Vielleicht handelt es sich hier um einen verkappten militärischen Stützpunkt für zukünftige Flottenmanöver vor der kalifornischen Küste? Wer weiß das schon. Wie dem auch sei, die verärgerten USA können das Engagement nicht verhindern!

Kommt es aufgrund der Eskalation der Ukraine-Krise zu einem neuen Blockdenken, wäre eine wie auch immer geartete militärische Allianz von China und Russland wahrscheinlich (mehr darüber in Kap. 8). Bereits heute arbeiten beide Länder im UN-Sicherheitsrat eng zusammen. Es werden jährlich spektakuläre Militärmanöver abgehalten, so zuletzt der beiden Flotten im Mittelmeer. China rüstet massiv auf (Stützpunkte im Südchinesischem Meer, neue Flugzeugträger). Auch im russischen Fernost rund um Wladiwostok werden verstärkte wirtschaftlich-militärische Aktivitäten der beiden Partner beobachtet. Nordkorea liegt in dieser Region und stärkt vielleicht beiden den Rücken. Damit könnten das mit China streitende Japan, Südkorea und die USA in Schach gehalten werden.

Ökonomischen gesehen, ist die Zone am Pazifik mit über 350 Millionen Einwohnern sehr entwicklungsrelevant. Hiervon würde primär das dünn besiedelte Russland profitieren. Ein gut funktionierendes Teamwork beider Länder würde die anderen großen Entwicklungsländer animieren, dem Team „beizutreten". Keiner weiß, was die beiden Mächte hinter den Kulissen planen. Die Weltgeschichte lehrt jedoch, dass die Machtverhältnisse in der Welt Globus generell zum Gleichgewicht tendieren. Die Zeit wird wohl eher

für die beiden Ostriesen arbeiten. Über dieses Thema lassen sich bald spannende Fachbücher schreiben.
Unsere bisherigen Überlegungen zur ökonomischen „Überlegenheit" des Westens wären gravierend zu revidieren. Der vorherige Faktor von 10:1 zu dessen Gunsten könnte bei einer simplen Addition schon heute massiv auf 2:1 schmelzen. Militärisch gesehen wird das Potential mindestens so stark zunehmen.

Vielleicht wäre gerade dann erst eine imperiale Störpolitik von der neuen Peking-Moskau-Allianz zu befürchten. Wie lautet noch mal das alte Sprichwort mit dem Geist aus der Flasche?

7. Zukunftsaussichten: Welches Entwicklungsszenario ist für Russland realistisch?

Der Fall Deutschland:
Staatliche Entwicklungsszenarien gibt es überall auf der Welt
Wirtschaftliche Entwicklungsziele setzen sich alle Staaten der Welt. In der Planwirtschaft waren diese Ziele zu erfüllende Vorgaben, deren Nicht-Erfüllung sanktioniert und deren Übererfüllung belohnt wurden. In der Marktwirtschaft sind die Ziele nicht obligatorisch, sondern als fakultative „Wunschvorstellungen" der Regierungen zu betrachten.

Zu unterscheiden ist zwischen regulären Erwartungen und den langfristigen Strategien, was am Beispiel der Bundesregierung unten gezeigt wird: In der ersten Variante prognostiziert die Bundesregierung unter Federführung des Bundesministeriums für Wirtschaft und Energie dreimal jährlich die gesamtwirtschaftliche Entwicklung für Deutschland. Die im Januar bekannt gegebene Jahresprojektion ist ein Teil des regulären Jahreswirtschaftsberichts Berlins. Die Frühjahrs- und Herbstprojektionen bilden die Grundlage für Schätzungen des Steueraufkommens. Bund, Länder, Gemeinden und Sozialversicherungen orientieren sich bei der Aufstellung ihrer Haushalte an gesamtwirtschaftlichen Eckwerten. Auch die Meldungen an die EU im Rahmen des Stabilitäts- und Wachstumspaktes werden auf der Grundlage dieser Projektionen erstellt. Von den Makrogrößen projiziert die Regierung die laufende Wirtschaftsentwicklung, wie das BIP-Wachstum und die kurz- und mittelfristige Beschäftigung sowie das volkswirtschaftliche Produktionspotenzial. Die Schätzungen sind Berechnungsgrundlage für die Obergrenze der jährlichen Nettokreditaufnahme.

Als Beispiel für ein langfristiges Entwicklungskonzept kann die Lissabon-Strategie 2010 (ursprüngliche Variante) dienen, die später in das Projekt „Europa 2020" mündete. Angesichts der Finanzkrise in 2008 wurde auf eine abschließende Bewertung der Zielerreichung verzichtet.

Die bunte Welt der Prognosen und Strategien zur Zukunft Russlands

Nach gleichem Muster ließen sich die Entwicklungsvarianten für Russland untersuchen, falls genügend öffentliches Material vorläge. Hier wird der Leser sowohl hinsichtlich der Auswahl als auch der Qualität enttäuscht werden. Zu dem Strategiepapier „Russland 2020“ oder seiner neueren Variante „Russland 2030“ sind keine übersichtlichen Graphiken oder Tabellen zu finden - auch auf der originären Webseite des Russischen Wirtschaftsministeriums -, die einen Gesamtüberblick gewähren würden. Stattdessen liegen dem deutschen Beobachter nur wenige Kommentare vor.

Exkurs: Strategie 2020

Die Strategie 2020 für die sozioökonomische Entwicklung Russlands und die hierfür notwendige Reform (Originaltext: Verbesserungen) ist eine klassische To-Do-Liste. Sie wurde von Präsident Putin 2008 initiiert und vom Ministerium für Wirtschaftliche Entwicklung ausgearbeitet. Das 222 Seiten starke Regierungsdokument beinhaltet folgende Hauptbereiche: Absicherung der makroökonomischen und sozialen Stabilität, intensives Wachstum und Innovationsförderung, Stärkung des Wettbewerbs und Förderung der KMU-Unternehmen, Erhöhung der Lebensqualität, Steigerung der Effektivität der Budgetmittel - bislang alles Selbstverständlichkeiten, die schon die Sowjets auf ihrer Planagenda hatten.

Bei der Korrektur der Strategie 2020 vor drei Jahren blieben die Ziele lange Zeit unverändert: es ging in der korrigierten Fassung weiter um die Erhöhung des Lebensstandards, Innovationen, den Aufbau von Marktinstitutionen und neue Wachstumsmodelle, welche den Abstand der russischen Wirtschaft zu den führenden globalen Volkswirtschaften verringern sollten. Angaben darüber, welches Land wann und bei welchen Indikatoren „ein- oder überholt“ werden sollte, waren nicht gemacht worden.

Alles in Allem stellt das Papier von der Methode her keine wirkliche Sensation dar und ist für jeden Geheimdienst wertlos. Zudem arbeitet es mit vielen Prämissen. So wird ein zwischen 100 und 120 USD pro Barrel variierender Rohölpreis unterstellt, der heute in sehr weite Ferne gerückt ist. Nicht erst nach dem Ausbruch der Ukraine-Krise erscheint uns das BIP-Wachstum von durchschnittlich 4,0% jährlich bei weitem zu optimistisch.

Strategie 2030 und die Ukraine-Krise. Bleibt alles beim Alten?

Ob das Strategiepapier wegen der Sanktionen angepasst wurde, ist nicht bekannt. Wahrscheinlich hat die Kreml-Führung heute andere Sorgen. Die zitierte optimistische Wachstumsprognose wirkt in der „Sanktionsära" völlig utopisch. Umgekehrt ergibt rein statistisch gesehen, ein Rückschlag immer einen günstigen Basiseffekt: Fällt das Wachstum um 10% von 100 auf 90, impliziert der Anstieg zur Ausgangspunkt schon ein Wachstum von 11,1%. Der russische Minister für Wirtschaftsentwicklung *Alexej Uljukajew* hält ein BIP-Wachstum für 2017 von bis zu 4,5% für denkbar. 2016 sollen es 2% bis 3% betragen, nach einer Stagnation in 2015. Dieser Optimismus wird nicht zuletzt auf den Basiseffekt zurückzuführen sein. Eine derartige Wachstumsbeschleunigung ist andererseits eine mutige Zielvorgabe. Umgekehrt geht der IWF für 2015, von einem Einbruch von bis 3%. Hier prallen also zwei Extreme aufeinander. Allerdings revidiert das Gremium häufig seine Prognosen und irrt sich trotzdem dabei gewaltig. Für 2014 hat es für Russland einen BIP-Rückschlag prognostiziert, es wurden dennoch 0,6% Wachstum.

Wie sehen andere Westquellen die langfristige Entwicklung?

Abbildung 19: BIP-Vergleich bis 2050 (PwC, Februar 2015)

Ranking der 32 größten Volkswirtschaften
*(*in Mrd. US-Dollar, BIP gewichtet nach Kaufkraftparität in Dollar)*

	2014		2030		2050	
Rang	Land	BIP*	Land	BIP*	Land	BIP*
1	China	17.632	China	36.112	China	61.079
2	United States	17.416	United States	25.451	India	42.205
3	India	7.277	India	17.138	United States	41.384
4	Japan	4.788	Japan	6.006	Indonesia	12.210
5	**Germany**	**3.621**	Indonesia	5.486	Brazil	9.164
6	Russia	3.559	Brazil	4.996	Mexico	8.014
7	Brazil	3.073	Russia	4.854	Japan	7.914
8	France	2.587	**Germany**	**4.590**	Russia	7.575
9	Indonesia	2.554	Mexico	3.985	Nigeria	7.345
10	United Kingdom	2.435	United Kingdom	3.586	**Germany**	**6.338**

Als viel optimistischer ist eine aktuelle PwC-Studie (Abbildung 19) einzuschätzen, die selbst die älteren Studien der Investmentbanken übertrifft, was die Ausgangsbasis anbelangt. Die unterstellten jährlichen Wachstumsraten von 2,2% sind allerdings nicht mehr zu hoch gegriffen.

Die Investmentbanken haben zum Auslauf der BRICS-Euphorie massenweise Analysen verfasst, die großzügige Langfristprognosen bis 2050 enthielten. Der Leser darf ihren Marketingcharakter und die dahinter steckenden Verkaufsabsichten für ihre Finanzprodukte nicht übersehen. So zählt *Goldman Sachs* zu den führenden Zertifikate-Emittenten und verwendet für den Basiswert seiner Produkte gerne das Anlagethema „Emerging Markets". BRICS-Derivate mit dieser Thematik ließen sich damals umso besser verkaufen, je mehr den Ländern eine aufregende Wachstumsstory zugesprochen war. Bei Zertifikaten verdient die Bank sofort bis 3% Ausgabenaufschlag.

Die Frage nach der zukünftigen Kapitalismusvariante

In Russland hat nach 70 Jahren Systemrivalität der ehemalige Klassenfeind über den Kommunismus den Sieg davongetragen. Seit über 20 Jahren herrscht von Kaliningrad bis Wladiwostok das kapitalistische Wirtschaftssystem. Aber in welcher Form? Schnell wird uns auffallen, dass es hier weder die harte Variante des neoliberalen US-Turbokapitalismus noch die sanfte Art der sozialen Marktwirtschaft (Rheinischer Kapitalismus) - gibt es diese tatsächlich doch noch? - deutscher Provenienz ist.

Im allgemeinen Sprachgebrauch gilt als Kapitalismus eine in der Industrialisierungszeit des XVIII. Jahrhunderts zuerst in England erfundene Wirtschafts- und Gesellschaftsordnung mit dem Privateigentum an Produktionsmitteln, in der die Steuerung von Produktion und Konsum über den Markt und die freie Preisbildung erfolgt. Seine Etablierung ist untrennbar mit der Industrialisierung und Urbanisierung verbunden. Weitere Merkmale sind das Gewinnstreben und die Kapitalakkumulation.

Schon *Karl Marx (1818 - 1883)*, der Gründer des wissenschaftlichen Sozialismus, auf den die erste Kapitalismus-Definition zurückgeht, unterschied zwischen den Varianten Frühkapitalismus, Neo- und Spätkapitalismus, Finanz- und Konkurrenzkapitalismus und Monopol- und Staatskapitalismus. In den jüngeren Diskussionen und wissenschaftlichen Analysen kamen weitere Begriffe hinzu, wie der

Rheinischer Kapitalismus, Kasino-Kapitalismus, Finanz-Kapitalismus und Turbokapitalismus sowie die politisch gefärbten Schlagwörter wie Raubtier-, Geier-, Heuschrecken-, Mafia- oder Killerkapitalismus. Es wird immer wieder etwas Neues dazu kommen. Die Debatte um die gewollte und faire Kapitalismus-Variante gewinnt angesichts der Massenarbeitslosigkeit, der zunehmend prekären Arbeitsverhältnisse und der Verarmung breiter Schichten auch heute im Westen an Bedeutung.

Abbildung 20: *Hauptmerkmale der russischen Kapitalismus-Variante*

Kapitalismusmodelle nach Michel Albert

Unterscheidungsmerkmal	Rheinischer Kapitalismus	neo-amerikanischer Kapitalismus
vorherrschende Unternehmensfinanzierung	Banken	Börse
überwiegende Interessensausrichtung	langfristige Unternehmensentwicklung	kurzfristige Rendite
	Interessen der Stakeholder	Shareholder Value
Beziehungsnetzwerke	langfristig, institutionalisiert	kurzfristig, projektbezogen
	Beteiligungen, Aufsichtsratsmandate	
Sicht auf Unternehmen	Lebensmittelpunkt von Menschen	handelbare Ware
	Gemeinwohlverpflichtung	alleinige Aufgabe Profite
soziale Sicherungssysteme	stark ausgebaut	gering ausgebaut
Arbeitsmarkt	stark reguliert	flexibel
Arbeitsbeziehungen	Korporatismus	Lobbyismus
	Mitbestimmung	keine Mitbestimmung
Macht der Gewerkschaften	tendenziell mittelstark bis stark	tendenziell schwach
Rolle des Staats	aktiv	zurückhaltend
	Interventionen, Subventionen, Regulationen	minimale Regulationen
Ausbildung von Fachkräften	dual Staat/Unternehmen	keine klassische Facharbeiterausbildung
Weiterbildung von Fachkräften	mittleres Interesse der Unternehmen	kaum Interesse der Unternehmen
überwiegende Karrierechance	nach Dauer der Betriebszugehörigkeit	bei Unternehmenswechsel

Schwer zu bestimmen

Quellen: Michel Albert Kapitalismus contra Kapitalismus, Chart Politische Ökonomie, Uni Braunschweig

Der gegenwärtige russische Kapitalismus stellt eine Mischvariante zwischen dem neo-amerikanischen und dem deutschen Rheinischen Kapitalismus dar (Abbildung 20) dar. Es darf nicht vergessen werden, dass 20 Jahre keine lange Zeit sind. Das wirtschaftliche und politische System ist in Russland noch sehr jung und im ständigen Wandel begriffen, was eine abschließende Beurteilung schwierig macht. Der russische Kapitalismus hat sich noch nicht abschließend ausgeformt.

Der Begriff Rheinischer Kapitalismus wurde von dem französischen Wirtschaftswissenschaftler und Versicherungsmanager *Michel Albert* 1991 mit seinem Buch „Kapitalismus contra Kapitalismus" geprägt. Der Franzose vergleicht diesen Typus mit dem „neo-amerikanischen" Modell, das *Ronald Reagan* und *Margaret Thatcher* umgesetzt hätten. In der deutschen Version der viel gelobten Sozialen Marktwirtschaft ist der Rheinische Kapitalismus durch viele sozialstaatliche Einrichtungen charakterisiert. Albert beschreibt das Modell als gerechter, effizienter (?) und weniger brutal. Gleichwohl bewirken die Mammutgewinne in Übersee (Spruch: *Vom Tellerwäscher zum Millionär*), die spannenden Risiko-Chancen-Konstellationen und die aggressive Berichterstattung in den Medien, dass das amerikanische Modell nach außen als das attraktivere und dynamischere erscheint. Es wird von den vielen Newcomern in Osteuropa, nicht ganz ohne Druck aus Übersee, kopiert und scheint nicht nur dort auf dem Vormarsch zu sein. Es wird sichtbar, dass die amerikanische Variante versucht - oft mit rabiaten Methoden und vielen Tricks (Stichworte: New Economy, IFRS, shareholder value, Hedgefonds, Bilanzskandale, Subprime) -, die globale Oberhand zu gewinnen. Die verbesserten Renditen, kommen daher, weil Unternehmen immer mehr Sozialleistungen sparen dürfen. Die europäische Kapitalismusvariante befindet sich heute her in der Defensive, wogegen sich Widerstand auf den Alten Kontinent zu regen scheint.

Anhand rein statistischer Kennzahlen kann nicht objektiv beurteilt werden, welche der widerstreitenden Varianten besser ist. Gerade die EU-Integration macht ersichtlich, dass wirtschaftliche Top-Leistungen oft auch eine Frage der richtigen Marktgröße und der einheitlichen Währung sind. Die Wahl des einen oder des anderen Systems kann nur politisch gefällt werden, sie ist per se kein Naturgesetz. Studien belegen allenfalls, dass Länder mit einer funktionierenden sozialen Marktwirtschaft höher Werte der Wohlstandsindikatoren ausweisen.

In Russland fällt bei diesem Vergleich besonders die starke Rolle des Staates als Regulierer, Kontrolleur und wirtschaftlicher Eigentümer und weniger als sozialpolitischer Gestalter auf. Damit überwiegen hier die europäischen Systemmerkmale nur zum Teil. Angesichts der primären Ausrichtung auf die Realwirtschaft und den schlechten Erfahrungen, die das Land bei seinen ersten Berührungen mit dem Finanzkapitalismus gemacht hat, wird sich dieser Trend vielleicht verstärken. Andererseits herrschen in der Arbeitswelt (keine Mitbestimmung, schwache Rolle der Gewerkschaften, fehlende Berufsausbildung in den Betrieben, Lobbyismus) weitgehend amerikanische Verhältnisse.

Die Kritiker des gegenwärtigen Putin-Regimes, wie der ehemalige langjährige Finanzminister *Alexei Leonidowitsch Kudrin*, geben keine Antwort auf die Kardinalfrage, was mit der russischen Wirtschaft und dem Gesellschaftssystem passieren wird, wenn der Präsident und sein Herrschaftsapparat gestürzt würden. Vielleicht ist die Antwort - die Volletablierung des Turbokapitalismus? - schon so klar, dass sie niemand mehr stellt. Wollen die Russen das aber wirklich? Würden sich ihre so viel beklagte soziale Lage und die marode Infrastruktur nennenswert verbessern? Brächte die Turbo-Variante den Aufbau von neuen blühenden Industrielandschaften und eine kreative Entfaltung des (mittelständischen) Unternehmergeistes zum Wohle der rundum zufriedenen Konsumenten mit sich?

Wir meinen nein. Eine Übernahme bestimmter Effizienz steigender Elemente der US-Variante, wie höherer Verbraucherschutz oder immer mehr Markt und Deregulierung, können in erster Linie starke Volkswirtschaften im kapitalistischen Westeuropa als Option zur Diskussion stellen. In den schwachen Transformationsländern kommen ganze Industriezweige zum Erliegen, die Probleme der Massenarbeitslosigkeit und des sozialen Notstandes werden nicht gelöst. Mehr Effizienz bedeutet nicht automatisch mehr Wohlstand, der in einer breiteren Bildung, einer besseren Kranken- und Altersversorgung und der höheren Lebenserwartung zum Ausdruck kommen würde. Unter den Wohlstandsindikatoren nimmt Russland heute weltweit einen mittleren Platz ein.

Andere Veränderungen als eine triumphale Rückkehr geflohener Oligarchen aus dem Ausland können wir uns in Russland nicht vorstellen. *Michail Chodorkowski* würde wahrscheinlich erfolgreich die Rückgabe seines Jukos-Konzerns einklagen, nachdem zuletzt der *Europäische Gerichtshof* eine „Mammutstrafe" von 50 Mrd. USD (vgl. unten) gegen sein vormaliges Heimatland verhängt hat. Vielleicht würde der Emmigrant Wirtschaftsminister werden wollen und den Turbokapitalismus in Windeseile durchpeitschen.

Heute besitzt Russland noch die Option, die besten Elemente beider Systeme sukzessiv zu übernehmen oder weiterzuentwickeln und zu den schlechten sein klares „Niet" zu artikulieren. Dagegen wäre eine Rückkehr vom einmal eingeschlagenen Turbo-Weg indes schwer vorstellbar. Das sehen wir in Osteuropa jeden Tag sehr deutlich.

Einzelne Trends:

Als Folge der skizzierten Generalaussagen, Strategien und der Diskussion um die wahrscheinlichste Kapitalismusvariante sehen wir fünf konkrete sozioökonomische Entwicklungstrends, die mindestens bis 2020 anhalten werden, als sehr wahrscheinlich an:

1. Die Ukraine-Krise und die Wirtschaftssanktionen werden die Aufmerksamkeit der westlichen Öffentlichkeit stärker auf Russland lenken und die Objektivität fördern.

   Die Initiative hierfür dürfte vom Westen ausgehen. EU-Bürger verfügen in unserer Informationsgesellschaft über einen breiten Zugang zur ausgewogenen Meinungsbildung, den sie als Korrektiv zur Politik solange wenig nutzen, wie sie nicht ökonomisch spürbar betroffen sind. Die Eskalation der Ukraine-Krise, der stille und offene „Wirtschaftskrieg" mit Russland, eine spürbare Verteuerung der Energiepreise und nicht zuletzt eine sanktionsbedingte Konjunkturbaisse könnten den Auslöser für politikwirksame Protestaktionen liefern. Es muss erst wehtun, bevor sich etwas bewegt.

   Andauernde politische Spannungen und Populismus-Debatten - der Front Nationale ist gegen Russland-Sanktionen - schärfen notgedrungen das politische Interesse und können in Westeuropa wahlrelevant werden. Bei dieser Sachlage wird es unserer offiziellen Politik zunehmend schwerer fallen, ökonomische Störmanöver und Drohungen gegenüber Russland zu vertreten.

   Auch Russland könnte mehr Ernsthaftigkeit bei den Kontakten mit dem Westen zeigen. In erster Linie denken wir hier an die Aktivierung des Jugendaustausches, z.B. über die orthodoxe Kirche. Der untere Satz mag etwas hart klingen: Bei unseren russischen Hochschulkontakten kam leider immer wieder folgendes Bild ans Tageslicht. Der von seinem Staat unterbezahlte russische Hochschullehrkörper erwartete von seinen deutschen Kollegen, dass diese eine Finanzierung besorgen und unter dem Deckmantel einer wissenschaftlichen Konferenz sich alle auf Kosten des deutschen Steuerzahlers am Rhein ein paar schöne Tage machen. So wird Austausch nicht funktionieren.

2. Der Energiesektor und das „Insel-Modell" bleiben weiterhin der Mittelpunkt der staatlichen Wirtschaftsstrategie.

Der Staatskapitalismus in der gegenwärtigen Variante wird weiterhin die russische Wirtschaftstrategie bestimmen, obgleich er durch das Wachstum der Zivilgesellschaft und die Demokratisierung der Ökonomie „verwässert“ wird. Der Staat wird auch im neuen Umfeld auf die Priorität des Energiesektors weder verzichten können noch wollen. Langfristig angelegte Großprojekte (Abbildung 21) mit zunehmender chinesischer Beteiligung werden das Kernstück dieser Politik bilden. Besonders das Mammut-Projekt „Sila Sibiri“ genießt Moskaus verstärkte Aufmerksamkeit. Die Pazifikzone um die Metropole Wladiwostok im Fernen Osten ist - wie angedeutet - in zwei Jahrzehnten vielleicht die nächste Wachstumsregion und Konjunkturlokomotive für die angrenzenden Länder China (Provinz Heilongjiang), beide Korea-Staaten und Japan.

Abbildung 21: *Geplante russische Großinvestitionen im Energiesektor (gtai)*

Ausgewählte Großprojekte

Projektbezeichnung	Investitions-summe (in Euro)	Projektstand	Anmerkung
Gaspipeline "Sila Sibiri" - verbindet Gasfelder Kowykta und Tschajanda mit dem Fernen Osten	45 Mrd.	Baustart 1. Quartal 2014, Fertigstellung - erste Phase: Ende 2017	Investoren: Gasprom (http://www.gazprom.ru) und CNPC (VR China)
"Jamal SPG" (Erschließung der Erdgas-Lagerstätte Jushno-Tambejskoje und Bau eines Werks zur Gasverflüssigung	15 Mrd.	Realisierungs phase, Fertigstellung erste Phase: 2016	Investor: OAO "Jamal SPG" (http://www.yamalspg.ru)

Im großindustriellen Bereich bleibt das favorisierte „Insel-Modell“ intakt, d.h. die punktuelle Förderung der Flug- und Raumfahrtindustrie, des Schiffbaus, der Atomkraft und der Rüstungsexporte, der anderen wenigen international konkurrenzfähigen Sektoren, das zentrale Element dieser Entwicklungsstrategie. Auch kann der Rüstungssektor temporär die Rolle des „Konjunkturmultiplikators“ übernehmen. Selbständigkeit heißt hier das Stichwort. Im Kleinformat gesehen, wird auch die Metallbranche ihre Anstrengung, sich von westlichen Lieferanten unabhängig zu machen, vorantreiben. Neues Terrain wird betreten. Just zu Beginn der Fußballweltmeisterschaften in 2018 ist die Inbetriebnahme der auf herkömmlicher Technologiebasis gebauten Hochgeschwindigkeitstrasse von 800 km Länge von Moskau nach Kasan geplant. Noch spektakulärer ist die Verlängerung dieser Strecke bis Peking.

In ganz Russland gibt es Hinweise auf ein starkes Investitions- und Baufieber. Der Volkswirt wird bei diesen Aktivitäten nicht von einer „Vergeudung der Ressourcen", so wie die vormaligen Sotschi-Kritiker, oder von der Gefahr der „Konjunkturüberhitzung" sprechen wollen. Anders als zu Sowjetzeiten spricht angesichts seiner Finanzstärke auch nichts dafür, dass sich der Staat hierbei übernehmen und an der Kostenbarriere scheitern wird. Begonnene Prestige- und Großprojekte werden unabhängig vom Land - man denkt da automatisch an den Berliner Flughafen - aus reinen Kostengründen selten aufgegeben.

3. Der Aufbau einer zivilen Gesellschaft und des Binnenmarktes wird kontinuierlich voranschreiten

Die „Beweise" für die erwartete Entwicklung dieser Bereiche sind nicht so eindeutig wie bei den materiellen Projekten. Die Kritiker mögen darin eine argumentative Schwachstelle sehen. Dem Volkswirt fällt es generell schwer, qualitative Gegenargumente zu entkräften. Allerdings lehrt die 25-jährige Geschichte der erfolgreichen Emerging Markets, dass sich funktionierende Ordnungselemente, wie die Rechtssicherheit und der Rückgang der Korruption, im Zuge der Marktreifung stärken und internationalen Standards anpassen. Diese Trends zu mehr Rechtsstaatlichkeit in der Ordnungspolitik konnten in ganz Osteuropa etwa 15 Jahre lang bis zu dem EU-Beitritt beobachtet werden. Folglich machen wir sie ebenfalls für Russland geltend.

Es lässt sich dabei eine gewisse Prozessabfolge konstatieren. Am Anfang der Transformationsphase standen die Reprivatisierungsaffären und andere Eigentumsdelikte im Mittelpunkt. Das Bundeskriminalamt (BKA) bearbeitet noch heute Fälle der Vereinigungskriminalität aus Zeiten der DDR-Auflösung. Später werden diese Rechtsvergehen in der Regel von Anlagebetrügereien, Bankaffären und großformatigen Steuerdelikten abgelöst.

Die skizzierten Anpassungsprozesse werden in Russland angesichts fehlender EU-Anbindung und autokratischer Strukturen sicherlich langsamer verlaufen. Dennoch sieht jeder Laie den Unterschied zwischen heute und den chaotischen Jelzin-Zeiten. Alkoholiker und Bettler, dreiste Diebstähle und Polizistenwillkür sind aus dem Straßenbild der russischen Großstädte verschwunden. Eine gewisse Schaffens- und Lebensfreude - hierfür haben die Ökonomen noch keinen zuverlässigen Indikator entwickelt! - ist in den Gesichtern der Menschen auf der Straße, entgegen allen Unkenrufen der Systemmedien, nicht zu übersehen.

Klar, den Vorwürfen der Manipulation, Propaganda, falscher Wahrnehmung, weiche die wie auch immer motivierten Opponenten vorbringen, können wir als „Gegenbeweis" lediglich unsere Eindrücke entgegenhalten. Das kann uns zum Vorwurf gemacht werden. Die Opponenten haben allerdings auch keine besseren Argumente. Aussage trifft da auf Aussage. Wir würden uns wünschen, die deutschen Fernsehzuschauer könnten live einige russische Sendungen mitverfolgen. Sie würden sich sicherlich über das vom Bildschirm ausgehende Niveau nicht beklagen und ein eigenes Gespür für „die Wahrheit" bekommen.

Unser positiver Eindruck widerspricht andererseits nicht der These, Russland sei noch ein Entwicklungsland. Wie bereits gesagt, der Terminus „Entwicklungsland" kann ebenso gut als ein „sich entwickelndes Land" verstanden werden, in dem Platz für wachsende Motivation sein wird. Warum soll die im Westen so viel belachte These Putins, die Sanktionen würden die Russen zu mehr Leistung motivieren und das Volk einigen und anspornen, eigentlich per se falsch sein?

Journalisten und linke Sozialpolitiker bedienen sich oft der Gerechtigkeitsthese, dass eine gleichmäßigere Einkommens- und Vermögensverteilung der Entwicklungsmotor einer modernen Gesellschaft sei. Diese Aussage, welche mittlerweile auch Deutschland erreicht hat (siehe Diskussion um die Vermögenssteuer und neue Armut), ist stark umstritten. Die vorgenannten Verteilungen bilden Ökonomen mit dem statistischen Maß des Gini-Koeffizienten ab, der im Extremfall Werte zwischen 0 (alle Bürger haben gleiches Einkommen und Vermögen) und 1 (einer besitzt alles) annimmt.

Im internationalen Ländervergleich rangiert Russland mit einem Koeffizientenwert von 0,41 im oberen Drittel der Weltskala, hinter den meisten BRICS-Staaten (Indien 0,38, Brasilien 0,59, China 0,47 und Südafrika 0,58). Wer die Ergebnisse weit interpretieren möchte, kann von mehr Einkommensgerechtigkeit in Russland im Vergleich zu den zitierten Ländern sprechen. Leider korreliert der Gini-Koeffizient nur schwach mit dem absoluten Pro-Kopf-Einkommen. Wenn alle gleich aber arm sind, ist es auch nicht gut. Es kann anhand seines Wertes und der erwarteten Wertentwicklung nicht auf das Wohlstandsniveau oder das Veränderungstempo eines Landes geschlossen werden. Viele reiche Länder, wie die USA, aber auch die bitterarmen Staaten Zentralafrikas, haben gleichermaßen eine stark ungleichmäßige Einkommens- und Vermögensverteilung.

Im Laufe der wirtschaftlichen Entwicklung ist in Russland auch von einer schwindenden ökonomischen Bedeutung der Oligarchen auszugehen. Das Internet ist mit Informationen zu den Aktivitäten und Affären dieses Personenkreises überhäuft. Eine ökonomische Würdigung findet dagegen nicht statt. Der Volkswirt wird bei diesen Namen vergeblich realwirtschaftliche Investoren und Erschaffer neuer Arbeitsplätzen suchen. Die Fokussierung der Russland-Themen auf die Aktivitäten und Eskapaden der Reichen, Schönen und Mächtigen lenkt von seinen eigentlichen wirtschaftlichen Fragen ab. Vom gesamten Oligarchen-Vermögen wird auf keinen Fall die Zukunft des Landes abhängen. Wer schnell rechnet, kommt zum Ergebnis, dass die 50 reichsten Russen nach dem *Forbes* etwa 200 Mrd. USD an Vermögen besitzen. Wäre diese gigantische Summe unter die russische Gesamtbevölkerung verteilt, entfielen pro Kopf etwas mehr als 1.300 USD. Damit ließe sich wohl kaum eine einzige soziale Frage lösen. Der Betrag würde gerade für eine Monatsmiete einer Moskauer 3-Zimmer-Wohnung reichen.

4. Der Ausbau der internationalen Wirtschaftsverflechtungen und die Mitwirkung in globalen Organisationen des Westens werden eher mäßig ausfallen.

Aus den vorherigen Ausführungen war abzuleiten, dass Russland von der bisherigen Zusammenarbeit mit dem Westen nicht erst seit der Ukraine-Krise enttäuscht ist. Folglich wird es „offensiv" hier keine erneute Integration um jeden Preis anstreben und sich ökonomisch anderweitig „abzusichern" versuchen. Die Welt ist größer als die westliche OECD-Zone. Das offensichtliche Desinteresse für den erst 2013 erfolgten WTO-Beitritt illustriert deutlich die Prioritätenliste Moskaus. Einerseits bringt der Beitritt formal mehr Wettbewerb ins Land, was gut für Marktneueinsteiger ist; dennoch wird er auf Widerstand der etablierten Anbieter stoßen. Andererseits darf der Vorgang nicht überbewertet werden. Die Liste nicht tarifärer Handelshemmnisse, wie lange Abfertigungszeiten, unsinnige Gesundheitsatteste, Qualitätszertifikate, die eine nicht gewollte Marktöffnung verhindern können, ist lang. Wie die Beispiele anderer Länder zeigen, ist durch den WTO-Beitritt allein noch kein Land reich geworden!

Nach dem in der Sache und in der Höhe unverständlichen Haager-Urteil des *Europäischen Gerichtshofes für Menschenrechte*, hat Russland die vormaligen Jukos-Eigentümer mit 52 Mrd. USD zu entschädigen. Dieser Betrag entspricht dem 650-fachen der bislang verhängten Höchststrafe gegen die Türkei im 1974er Zypern-Konflikt oder einem Preis für fünf Flugzeugträger! Nach diesem Urteil kann von Moskau eine weitere Mitwirkung in internationalen Organisationen nicht erwartet werden. Zyniker werden fragen, warum Den Haag nicht gleich 100 Mrd. USD oder mehr errechnete. Weder ein Laie noch ein Fachmann wird dieses Verdikt verstehen und es voll als Teil der Isolierungskampagne Russlands auf der internationalen Ebene ansehen. Da Moskau wahrscheinlich nicht zahlen wird, kann es aus dem Europarat, wie vormals aus der G8-Gruppe, ausgeschlossen werden, ohne dass die Strafe - um die es merkwürdig still geworden ist - verfällt. Wirtschaftlich und juristisch gesehen, sind diese „Rausschmisse" kein Drama. Keine Stelle im Westen wird es wagen trotz Urteils russisches Vermögen zu pfänden. Die Realisten wollen Ruhe haben.

Gibt es Ausweichregionen zur westlichen Welt? Ja und nein. Die als Gegengewicht zur EU gerade entstehende Eurasische Freihandelszone und Zollunion mit Kasachstan und Weißrussland, Armenien und Kirgisien der bald weitere mittelasiatische Ex-Sowjetrepubliken beitreten dürften, kann weder von der Konsumentenzahl (maximal 250 Millionen) und noch weniger von der Kaufkraft (ein Sechstel) her die europäische Union ersetzen. Für die russische Industrie ist die Freihandelszone als Markterweiterung dennoch nicht geringzuschätzen, weil sie nur auf leistungsschwachen Märkten konkurrenzfähig bleibt. Größer ist die SOZ (Shanghaier Organisation für Zusammenarbeit), die mit der Integration ihrer Mitglieder noch nicht so weit ist.

Demgegenüber birgt die sich anbahnende Ausweitung der bilateralen und SOZ-Handelbeziehungen mit China, das 2014 mit 12% des Gesamtvolumens oder 66,4 Mrd. € in absoluten Zahlen zum wichtigsten Handelspartner aufgerückte, signifikante Multiplikatorwirkungen. China hin, China her Russland muss den Sprung zur modernen Marktwirtschaft aus eigener Kraft schaffen. In russischen Fernsehshows kommt die China-Allianz daher noch nicht zur Sprache, sehr wohl aber die Aufrufe zum Aufbau der eigenen Stärke.

5. Demographische Risiken und die „Subventionierung" Sibiriens bleiben die größten Entwicklungsprobleme der Zukunft

Die erwartete realwirtschaftliche Ausrichtung und die großen Infrastrukturvorhaben werden den Mangel an Fachkräften wesentlich verstärken, zumal das duale Ausbildungssystem durch den Staat (schulische Theorie) und die Unternehmen (betriebliche Praxis) in Russland unbekannt ist. Gleichzeitig dürfte eine kontrollierte offizielle Zuwanderung aus den asiatischen Ex-Sowjetrepubliken wegen genannter Überfremdungsängste auf Dauer scheitern und den konfliktschürenden illegalen Zustrom verstärken.

Für russische Unternehmen bleibt der Mangel an Fachkräften weiterhin ein Bremsfaktor. Eine Vergabe staatlicher Großprojekte an westliche Generalunternehmer oder an die Chinesen ist auf Dauer keine Lösung. Zum einen ist das teuer und würde zum anderen auf Widerstand der heimischen Wirtschaft stoßen. Anders als die Golfstaaten, will Russland als ein atypischer Rentierstaat mit industriellen Ambitionen, immer mehr aus eigener Kraft schaffen. Eine Rückkehr zur Autarkie ist aber wenig wahrscheinlich. Vieles wird davon abhängen, wieweit die Politik das Russland-Geschäft des Westens kaputtmacht.

Während das erste Problemfeld gut nachvollziehbar ist, bedarf die zweite These von der „Subventionierung Sibirien" nachfolgender Erläuterung: Sibirien liefert aufgrund seines Rohstoff- und Energiereichtums für das Gesamtland einen immensen Mehrwert, der primär für die Entwicklung des europäischen Teils Russlands benötigt wird. Mit dem steigenden urbanen Wohlstand sind in Sibirien weitere negative Migrationsprozesse, vergleichbar mit der Landflucht in China, nicht auszuschließen. Fehlen regionale Arbeitskräfte, gibt es keine Entwicklung. Ergo: Ohne eine kostspielige „Subventionierung" dieses Landesteils wird die Entvölkerung nicht aufzuhalten sein.

Häufig wird behauptet, Sibirien ist für Russland das, was Alaska für die USA. Dennoch ist Sibirien mit US-Alaska oder Nordkanada nicht zu vergleichen. Alaska hat für die USA eine wirtschaftlich marginale, Sibirien für Russland eine prioritäre Bedeutung. Zu Zaren- und Sowjetzeiten wurde das Bevölkerungsproblem im Osten oft gewaltsam durch Verbannungsakte und Zwangsarbeit gelöst. In der Literatur „geistern" hierzu jedoch übertrieben hohe Zahlen. Während der 300-jährigen Zarenherrschaft wurden hinter den Ural nicht mehr als einige Hunderttausende Personen zwangsumgesiedelt.

Hier ein historischer Abriss der ökonomischen Entwicklung der Region im Telegrammstil: Eine industrielle Nutzung dieser Region stand im feudalen Russland nicht auf der Agenda. Sibirien lieferte Holz, Honig und Sobolfälle – industrielle Rohstoffe wurden erst in der zweiten Hälfte des XIX. Jahrhunderts entdeckt. Mit dem ersten sowjetischen Fünfjahresplan 1929 begannen die Erschließung neuer Abbaugebiete für Rohstoffe in Sibirien und eine forcierte Industrialisierung. Millionen Gulag-Häftlinge schufteten für die Erstellung der Infrastruktur. Mehr kam dabei nicht heraus. Im Zweiten Weltkrieg wird ein Teil der sowjetischen Industrieanlagen nach Sibirien verlagert. Seit den 1950er Jahren beginnt der Bau riesiger Staudämme an den großen sibirischen Flüssen. Die frühen 1960er Jahre waren von Erdöl- und Erdgasfunden und einer starken Umweltzerstörung von Tundra und Taiga sowie von Flüssen und Seen gekennzeichnet. Eine Entvölkerung Sibiriens konnte in der Vergangenheit jederzeit per Ukas des Kremls verhindert werden. Heute ist die Lage grundverschieden.

In den ländlichen Gebieten Sibiriens und des Fernen Ostens werden Trunksucht und soziale Probleme, die aus dem wirtschaftlichen Niedergang, der Erosion der sozialen Sphäre, dem niedrigen Lebensniveau, der Abtrennung von den wirtschaftlichen Zentren, kurz Problemen, die aus der Unterentwicklung resultieren, die Emigration verschärfen. Hoffnung auf eine Besserung weckt der Ist-Zustand bei der jungen Generation nicht. Die Machthaber im Kreml haben die Schärfe des Problems längst erkannt, sind aber noch auf der Suche nach einem Rezept.

Exkurs: Sibirien und die chinesische Karte

Kann das bevölkerungs- und kapitalreiche China Sibirien „kolonisieren", wenn es dort so viele Schätze gibt? Vielleicht ist eine heute noch in den Bereich der Visionen fallende chinesische Besiedlung bald keine utopische, Idee mehr, sondern eine rettende? Hierzu einige Fakten.

Im Grenzgebiet zu Rot-China gibt es am Amur seit den 1990er Jahren verstärkte Handelstätigkeiten, allerdings noch im Pendler-Format. Schätzungen nennen einige wenige hunderttausende Chinesen, die sich temporär, auf der russischen Seite niedergelassen haben sollen. Immer mehr Zuwanderer zieht es dabei in die größeren Städte in Sibirien, wie z. B. nach Irkutsk. Einheimische Russen stehen dieser Entwicklung mit Skepsis gegenüber, wenngleich diese offiziell von der Kreml-Politik propagiert wird. Diese Neuankömmlinge sind nicht das Humankapital, welches Russland eigentlich braucht. Es gibt Befürchtungen über expansive Siedlungsabsichten, die Überfremdung sowie eine Gefährdung der Sicherheit entlang der 3.500 km langen Grenze. In zwanzig Jahren kann es in der Region dennoch anders aussehen: Noch 1969 gab es zwischen der Ex-Sowjetunion und Rot-China militärische Fehden.

Der Leser merkt: das Verhältnis Russland-China ist eine recht ambivalente Angelegenheit. Die ökonomische Vernunft spricht dennoch für ein enges Zusammengehen in der Zukunft. Heut gilt es noch zwischen einer legalen und illegalen Zuwanderung, zwischen Kleingeschäften und den großen Kapitalinvestitionen, zwischen der Staatsräson und den Interessen der Bevölkerung zu unterscheiden. Diese Differenzen werden später verschwinden.

An unserem positiven Langfristszenario fehlt noch folgende Anmerkung: Es reicht nicht aus, dass russische und chinesische Konzerne und politische Eliten ein Interesse an einer Zusammenarbeit in Sibirien zeigen werden. Es müssen auch den breiten Bevölkerungsschichten beiderseits des Amurs wirtschaftliche Anreize geboten werden. Wie bekannt, gibt es bei den weltweit zerstreuten chinesischen Diasporen sowohl positive Assimilationsbeispiele (USA) als auch Spannungen mit Einheimischen in den Gastländern (Südostasien). Was Russen und Chinesen im Fernen Osten friedlich verbinden könnte, ist das gemeinsame Geldverdienen in einer kapitalistischen Gesellschaft. Die pragmatischen Chinesen scheinen mit ihrer Variante des „Kapitalismus von unten" viel weiter als die Russen zu sein: Was sagte einst der Gründer des chinesischen Wirtschaftswunders *Deng Xiaoping* zu seinen Landsleuten? „Werdet reich". Diesen Spruch sollten die heutigen Führer beider Länder den Partner-Aspiranten einprägen.

8. Testfall Ukraine: Für eine imperiale Geopolitik fehlt Russland das ökonomische Potential

Imperialismus - was sich der Laie darunter vorstellen kann

Eine imperiale Geopolitik ist teuer. Ein informierter Laie wird unter diesem Begriff die gleichzeitige Unterhaltung einer teuren, überdimensionierten Armee (1) mit vielen Offensivwaffen (Raketen, Flugzeugträgern), Militärbasen und -beratern im Ausland (2) und die Unterstützung - auch durch militärische Interventionen - politischer Verbündeter (3) aller Couleur, so auch von Diktatoren und Volksdemokratien, verstehen. Nach unserem Verständnis liegt eine imperiale Geopolitik erst dann vor, wenn alle drei Merkmale Armee, Basen, Interventionen - kurz ABI - dauerhaft erfüllt sind. Die ABI-Politik kann nicht im Mittelpunkt unserer weiteren Analyse stehen. Bezogen auf die Ukraine-Krise wäre allenfalls zu untersuchen, ob das „I"-Kriterium, die Intervention, auch im wirtschaftlichen Sinne erfüllt ist.

Um eine imperialistische Politik im vollen Ausmaß führen zu können, muss der Imperialist die entsprechende ökonomische Basis besitzen. Nordkorea wird daher einhellig nicht des Imperialismus bezichtigt werden, wenngleich der kommunistische Staat eine Bedrohung für den Weltfrieden darstellt. Westliche Medien scheint das nicht zu stören, wenn sie im Falle Russlands auf der einen Seite einen militärischen Popanz aufbauen und auf der anderen von einem ökonomischen Zwerg sprechen. Weder das erste noch das zweite trifft zu.

Die begriffliche Abgrenzung zu reinen Verteidigungsbündnissen und zur Sicherheitspolitik ist sehr weit gezogen und hängt primär von der Lagerzugehörigkeit des Betrachters ab. Wer hat schon in unseren Nachrichten von der imperialen Politik der NATO gehört? Umgekehrt mussten wir uns zu Sowjetzeiten als junge Studenten pausenlos die Dogmen vom aggressiven US-Imperialismus oder dem westdeutschen Revanchismus einerseits und der Friedfertigkeit des Warschauer Paktes andererseits anhören. Während der Jahre des Kalten Krieges traten, die „kapitalistischen Imperialisten" und die „roten Imperialisten" noch als Blöcke auf.

Es wird selbst einem seriös argumentierenden Russland-Gegner anhand der Militärstatistiken kaum gelingen, dem Land eine imperiale Geopolitik zu unterstellen. Dafür fehlt ihm die ökonomische

Basis. Die Verteidigungsausgaben der NATO waren 2014 mit über 1.000 Mrd. USD zum Bespiel etwa 12-mal höher als die von Russland. Auch steht Russland heute allein. Ob das Land jetzt stark oder nur mäßig „nachrüstet", wäre im Lichte dieser Zahlen irrelevant. Folglich werden in Zeiten, in denen die russische Bedrohung bei der westlichen Öffentlichkeit schwer vermittelbar ist, verschiedene Thesen über den „Gaskrieg", die „wirtschaftliche Erpressung" oder die „Versuche einer ökonomischen Destabilisierung" der Ex-Sowjetrepubliken aufgestellt.

Im politischen Bereich - den wir nicht behandeln - wird der Katalog der Anschuldigungen viel länger sein. Je nach der vermeintlichen Bedrohungslage stellen die Militärstrategen unterschiedliche Militärdoktrinen an. Besonders die USA erwiesen sich in dieser Beziehung sehr einfallsreich, wie einige bunte Namen dieser Doktrinen verraten: Full-spectrum dominance, Joint Vision 2020, Major Theater War, Network-Centric Warfare oder Weinberger-Powell-Doktrin. Die älteren Leser werden vielleicht noch das Mutual assured destruction-Konzept (MAD), zu Deutsch das (nukleare) Gleichgewicht des Schreckens, in Erinnerung haben. Der interessierte Leser wird darüber in der Fachliteratur nachblättern können. Was heute noch Geltung hat und was konkret in Bezug auf Russland anzuwenden wäre, interessiert den Ökonomen nicht. Vielleicht bastelt das Pentagon gerade an einem neuen Konzept.

Erstaunlicherweise kennt die spezielle ABWL weder die Kriegs- noch die Verteidigungswirtschaft als Studienfach, obwohl es die Beschaffungs-, Personal-, und Materialwirtschaft und ein Dutzend weiter Spezialgebiete gibt.

Russland kann sich eine imperiale Geopolitik nicht mehr leisten, verteidigt aber die Interessen seiner Minderheit

Nach der Lektüre vorheriger Kapitel dürfte klar sein, dass Russland kein wirtschaftliches Potential für eine Imperialpolitik besitzt. Daraus folgt, die Imperialismus-These ist falsch, es sei denn, wir sagen, die Mittel sind unwichtig und unterstellen den Kreml-Führern irrationales Verhalten und eine blinde Desperationspolitik. Das würde den historischen Erfahrungen und jeder sauberen analytischen Methode widersprechen.

Der Spielraum für Verteidigungsausgaben ist - selbst in diktatorischen Ländern - begrenzt und bewegt sich historisch gesehen im engen Intervall zwischen 2% bis 4% des BIP. Wo die verkraftbaren Obergrenzen in einer Demokratie, Autokratie oder Diktatur in Friedenszeiten liegen, ist schwer zu sagen. Die Sowjetunion soll in Spannungszeiten seinerzeit 10% bis 15% verbraucht haben. Einzelheiten werden später besprochen.

In der gegenwärtigen russischen Außen- und Sicherheitspolitik sind allenfalls Rudimente des oben vorgestellten ABI-Kriteriums zu erkennen. Der Aufrüstungsaspekt wurde bereits angedeutet, auf die „Militärbasen" im Ausland, auf denen gerade 20.000 Soldaten ausharren, wird noch eingegangen. Selbst Indien, Italien und Brasilien haben mit zwei Flugzeugträgern mehr von diesen Wunderschiffen als Russland, das gerade ein Exemplar besitzt (allein die USA hat 12) und das zweite 2026 bauen will.

Exkurs: Wie schützt Moskau die russischen Minderheiten?

Wir machen ausnahmsweise einen kleinen Ausflug in die Politik, der für das Verständnis des Ukraine-Konflikts unverzichtbar ist und ebenfalls ökonomische Aspekte enthält.

Die Imperialismus-Ankläger argumentieren primär politisch und stützen sich auf dem Prinzip der territorialen Integrität der Staaten und der Unverletzbarkeit der Grenzen. Es gibt hiervon auch Ausnahmen. Nur wenn der Staat die nach Autonomie oder einem eigenen Staat strebende Minderheit durch seine Herrschaft diskriminiert, kann er den Anspruch auf die territoriale Integrität im Völkerrecht verwirken. Das leuchtet jedem Laien ein. Auf der letzten Basis ist das unabhängige Kosovo entstanden. Es gibt daher auch so etwas wie das Selbstbestimmungsrecht der Nationen. Welcher Rechtakt Vorrang hat, kann ein Ökonom nicht entscheiden.

Die Integrität der Grenzen sollte nach dem Verständnis des Ex-Bundeskanzlers *Helmut Schmidt* dem Prinzip der Friedenssicherung nachstehen. Die Bestandsaufnahme nach der „Annexion" der Krim und der Selbständigkeitserklärung von Abchasien und Transnistrien zeigt, dass dort Frieden herrscht und ein ökonomischer Aufbau stattfindet. Keiner behauptet ernsthaft, die Referenden wäre von Moskau gefälscht. Ein 90%iges Ja-Stimmen-Ergebnis bedarf keiner Diskussion, wenn in Schottland 50,1% ausgereicht hätten. Frieden und Wohlstand sind Obergüter, die für die Ökonomen, Demokraten und die Normalbürger letztendlich zählen. Grenzen kommen und gehen, Nationen haben dagegen historischen Bestand.

Von jedem, der sich heute zum Ukraine-Konflikt äußert, wird erwartet, dass er Farbe bekennt und die Annexionspolitik Moskaus verurteilt. Weil dieses Buch den ökonomischen Aspekt dieses Konfliktes behandelt, machen wir von dem Recht Gebrauch, uns der politischen Beurteilung zu enthalten. Wir wollen auf der Logik und der sauberen Arbeitsweise arbeiten uns nicht der Suche nach „juristischer Wahrheit" oder der Dogmatik verpflichtet sein. Für uns ist auch das „Primat der Politik" kein Evangelium, da es hier meistens um die Machtpolitik geht. Der aufmerksame Leser wird ohnehin schnell erkennen, wo wir politisch in dieser Frage stehen.

Worauf der Leser bei „Sanktionsliteratur" achten soll?

Das Politische des Ukraine-Konflikts hat demnach den nüchtern analysierenden Volkswirt nicht zu interessieren. Er sollte sich auf Fragen konzentrieren wie: Was ist zu tun, um die marode ukrainische Wirtschaft zu sanieren? Wie hoch sind die makroökonomischen Rettungskosten des Landes für die einzelnen Konfliktparteien? Was bewirken die Wirtschaftsanktionen? Wie hoch sind die Wiederaufbaukosten der Ostukraine? Wo man hinschaut, nur Kosten und Verluste.

Zu dieser Thematik ist das Internet voll sowohl vom sachkundigen als auch vom unseriösen Informationsmaterial. Ein gutgläubiger Leser kann sich in diesem Dschungel schnell verrennen und ganz unnötig emotionalisieren. Zumal wenn er die vielen Blogs studiert oder die Nachrichten hört. Das größte Problem für den ökonomisch interessierten Zeitgenossen liegt neben der Geduld, in der Vermischung von wirtschaftlichen und politischen Argumenten. Das stellt sich leider häufig erst heraus, wenn es zu spät ist, er den Text schon durchgelesen und viel Zeit vergeudet hat.

Die Erfahrung lehrt uns, dass bei folgenden vier Merkmalen Vorsicht geboten ist. Sobald der Textleser die ersten Anzeichen eines dieser Merkmale bemerkt, soll er auf die Lektüre entweder ganz verzichten oder Abkürzungen nehmen. Wir nennen hier einige Beispiele, die uns gleich zu Beginn der Krise aufgefallen sind. In den folgenden Monaten hat sich der mediale Trend in Richtung mehr Propaganda und Desinformation fortgesetzt:

1. es wird zu breit über Präsident Putin berichtet, auch dann, wenn es sich eigentlich um die Ukraine handeln soll

Wenn sich weite Passagen eines wirtschaftlichen Artikels auf die Dämonisierung eines gewissen Wladimir Putin oder von dessen Derivaten konzentrieren, ist zu vermuten dass der Autor uns in Sachen Ökonomie wenig mitzuteilen hat. Putins Name taucht heute in unzähligen Variationen auf, so in substantivierter Version (Macho, Diktator, Macher, Papst, neuer Zar, Autokrat, König, Träumer, Ex-KGB-Offizier, Herausforderer, Restaurator des Sowjetimperiums, Sammler altrussischer Erden), mit bunten Adjektiven versehen (unberechenbar, strategisch, kalkuliert, kalt, aggressiv, verbrecherisch) oder im Kontext von suggestiven Fragestellungen (Was denkt er? Welcher ist sein nächster Schritt? Wie will er den Westen bezwingen?).

Man muss sich vorstellen, was alles noch dazukäme, wäre der Mann ein Frauenheld wie *Silvio Berlusconi* oder dem Alkohol nicht weniger abgeneigt wie sein Vorgänger *Boris Jelzin*. War vor knapp vor 30 Jahren Kohls Vergleich von *Michail Gorbatschow* mit dem Nazi-Propagandaminister *Joachim Göbbels* dem „Spiegel" einen ganzen Leitartikel wert, darf in Zeiten des heutigen Prinzipienverfalls selbst die zweite Politiker-Garde, wie Finanzminister *Wolfgang Schäuble*, die frühere US-Außenministerin *Hilary Clinton* oder Prinz *Charles*, den Mann als einen „neuen Hitler" titulieren. Nach dem Flugzeugabsturz am 17.7.2014 scheuten einige Hitzköpfe vor der Bezeichnung „Massenmörder" nicht zurück. Die Zahl der Beschimpfungen nimmt zu, mit der Preisausschreibung für die beste Putin-Verunglimpfung ließe sich womöglich gutes Geld verdienen.

In der allgemeinen Hysterie und Hetzkampagne werden selbst Stimmen angesehener Ex-Politiker und Journalisten (*Giscard, Schröder, Schmidt, Kohl, Kissinger, Scholl-Latour*) ignoriert und die älteren Herrschaften wegen ihrer kritischen Haltung vom heutigen Establishment massiv angegriffen. Wo Argumente fehlen, werden Putin-Verstehern Weise mangelnde Fachkenntnisse vorgeworfen.

Das Beruhigende an diesem Spektakel ist, dass sich der bei politischen Aktionen eher aktivitätsscheue Otto-Normal-Verbraucher an das inflationäre Thema gewöhnt und der Schaden begrenzt bleibt. Zu der Metapher-Sammlung über den russischen Präsidenten könnte Putin als Ventil für den frustrierten Westbürger ruhig dazugestellt werden. Sobald das Thema Ukraine keinen Einfluss auf die Nachrüstung hat, ist es eher ein unverfängliches Business as usual zu vernachlässigen. Die neue russische Bedrohung ist heute westeuropäischen Wählern nicht einfach zu vermitteln.

2. historische Vergleiche werden missbraucht

   Vorsicht sollte der Leser auch walten lassen, wenn er im Wirtschaftstext zu viele themenfremde historische Parallelen findet. Erinnerungen und Warnungen vor einer neuen stalinistischen Schreckensherrschaft, dem Ribbentropp-Molotow-Pakt, dem Jalta-Abkommen, der Kuba-Krise oder dem Zerfall Jugoslawiens haben dort wenig zu suchen.

3. zweifelhafte Statistiken und fehlende Pro-Contra-Abwägungen in den meisten Analysen haben Hochkonjunktur

   Welche Irreführungen und Täuschungen mit Statistiken betrieben werden, ist bekannt. Darauf haben wir in den vorherigen Passagen hingewiesen. Gegenwärtig besteht der Missbrauch nicht ausschließlich in der Fälschung der Daten, sondern in ihrem Verschweigen (siehe „Lügenpresse").

   Als Beweis mögen die ersten Warnungen des Ex-NATO-Generalsekretärs *Fogh Rasmussens* im Sommer 2014 zu russischen Aufrüstungen dienen. Der Sekretär ließ das 12-mal höherem Verteidigungsbudget der Allianz unerwähnt. Das Problem des gutgläubigen Lesers besteht jetzt darin, dass er nicht weiß, was Rasmussen noch so alles verschwieg. Daher machen wir folgenden Vorschlag: wird nur die Zahl für eine Konfliktpartei genannt, sollte der Leser im Internet nach dem Pendant suchen. Oft findet er mehr. Zum obigen Beispiel wird er schnell auf die Behauptung des NATO-Chefs von 2009 stoßen, Moskau unterstütze Anti-Fracking-Aktivisten „um Europa abhängig von russischem Erdgas zu halten". Je mehr er liest, desto stutziger wird er und erkennt, dass der Däne auch nur seinen Job machte. So wird er zum Schluss nicht enttäuscht sein, wenn er erfährt, dass der heute 62-Jährige nach seinem Ausscheiden aus der Politik die Gründung einer Agentur Rasmussen Global mit der Spezialisierung bekannt gab. Das Institut soll sich auf die Themen Sicherheit, EU und transatlantische Beziehungen spezialisieren. Von wem wird es wohl die vielen lukrativen Beratungsaufträge erhalten?

Von wirtschaftlichen Analysen erwartet der Leser, wenn nicht gerade eine S.W.O.T.-Analyse, so doch ein kurzes Pro-Contra-Argumentarium. Die Position der Gegenseite darf nicht nachrichtentechnisch unterdrückt werden.

4. fehlende Schlussfolgerungen (Quintessenz, Relativierungen, Fazit, Klarstellungen)

   In einem klassischen Wirtschaftsbericht, dessen Aufgabe es ist, sich kommentarlos auf die Ist-Beschreibung zu konzentrieren, sind Schlussfolgerungen nicht unbedingt notwendig. Sie wären dennoch informativ. Denn gerade solche Fazite bestätigen die vorhandene oder fehlende Fachkompetenz des Autors und erweitern den Horizont des Lesers, der nicht die Zeit hat, im Thema dauernd zu stöbern.

   Generell sind Interpretationen und Kommentare, so auch solche von ökonomischen Fakten, ein zweischneidiges Schwert. Die subjektive Ermessensfreiheit führt dazu, dass meistens das herauskommt, was die Nachrichtenübermittler wünschen. Anders als in der Technik oder den Naturwissenschaften - nicht aber in der Politik - gibt es keine nachweislich richtigen oder nachweislich falschen Schlussfolgerungen.

   Hierzu einige Beispiele: Ein hohes Wirtschaftswachstum kann „schlecht geredet" werden, da es die Gefahr der konjunkturellen Überhitzung und der Inflation birgt oder zu strukturellen Ungleichgewichten führt, womöglich sogar zu gravierenden Umweltschäden. Steigende Aktienkurse sind Zeichen für spekulative Geldzuflüsse und Blasen und beinhalten die ersten Crash-Elemente. Also sind steigende Aktienkurse schlecht für die Zukunft; so kann der Neider dem Börsianer die Freude an Kursgewinnen verderben. Ein hoher Überschuss in der Leistungsbilanz dient beim Rohstoff exportierenden Land nicht selten als Vorwand für die journalistische Attacke auf die einseitige Exportstruktur. Dabei ist der Saldo per se ein neutraler Sachverhalt.

   Zusammengefasst: Einmal sind bestimmte Wirtschaftsdaten gut, ein anderes Mal schlecht. Denn selbst wenn nichts verschwiegen wird, hat der Leser auf die Interpretation zu achten. Was kann er aber tun, wenn ihm der komplizierte Hintergrund nicht bekannt ist? Ein anderer Tipp, als viele Sachbücher zu lesen, fällt uns auch nicht ein. Diese angenehme Beschäftigung nimmt leider Zeit in Anspruch.

Bei der Lektüre umfangreicher Fachquellen ist es uns nicht gelungen, auch nur einen Artikel oder eine Expertise zu finden, die ohne Abstriche Russlands Wirtschaftserfolge in der Putin-Zeit würdigt. Kleine Anerkennungsworte werden gelegentlich hier und dort vergeben; sie ändern nichts am negativen oder zumindest zweifelnden Gesamttenor, besonders am Teil, der den Ausblick beschreibt. Uns wird es dabei so gehen, wie dem primär politisch interessierten Fernsehzuschauer, der vergeblich auf die Nachricht wartet, dass das ukrainische Militär auch ein einziges Mal den Waffenstillstand gebrochen hat. Wo bleiben die objektiven OSZE-Berichte? Es können ja nicht immer die Separatisten schuld sein.

Beispiele versteckter Medientricks in der Ukraine-, Russlands- und der Sanktionsfrage

Wenn westliche Leser oder Zuschauer hört, die „internationale Völkergemeinschaft" verurteile Russland einhellig und stehe fest hinter den Sanktionen sollte er stutzig werden. Wer ist diese Gemeinschaft, wer verbreitet die Nachricht? Sind damit nur die OECD-Länder? Bei zitierten UNO-und EU-Abstimmungen sollte er achten, welche geldwerten Vorteile (Aufträge, Entwicklungshilfe, Sonderkonditionen) ein Ja-Stimmender vom Initiator bezieht.

Als exemplarisches Beispiel aus der Anfangszeit der Krise wollen wir den Handelsblatt-Artikel vom 7.3.2014 „Wie stark ist Russland?" nennen, der Fragen zur journalistischen Herangehensweise aufwirft. Das wird nicht nur uns, sondern ebenso dem treuen Handelsblatt-Leser aufgefallen sein. Wir empfehlen den Inhalt zu lesen und ihn durch das vorherige Prüfraster passieren zu lassen. Der Leser findet dort alle vorgenannten vier journalistischen Berichtssünden. In der Handelsblatt-Gruppe (Holtzbrink-Konzern), sind uns Aktivitäten aufgefallen, die auf die Gründung von Profitcentern abzielen. Ein Profitcenter richtet sein Augenmerk primär auf die Auflagen, die sich mit aufreißerischen Schlagzeilen besser steigern lassen.

Vom Vorwurf der Parteinahme können auch wir uns nicht allein durch Akklamation freisprechen. Damit der Leser uns nicht blind vertraut, verweisen wir auf *Dimitri Trenin* vom Moscower Carnegie Institut. Der Autor kommt bereits am 13. März 2014 im Aufsatz *„Willkommen im Zweiten Kalten Krieg* auf den Punkt. Er macht Aussagen, die vieles erklären: Es geht im „Ukraine-Konflikt" weder um das Land oder die edlen westlichen Werte wie Demokratie & Co., sondern um knallharte Geopolitik. In der unteren Tabelle haben wir die Kernaussagen des Aufsatzes mit unseren Kommentaren versehen. Eine solche „Korrektur" kann als Muster bei weiteren Textstudien angesehen werden.

Thesen von Dimitri Trenin / Moscower Carnegie Institut	**Unser Kommentar**
Die ..., vom Westen unterstützte Revolution, die sich ... in Kiew zutrug, hat das empfindliche Gleichgewicht ... zwischen Russland und dem Westen unwiderruflich gekippt und in der Ukraine innere Unruhen ausgelöst.	**mehr noch**; Ukraine-Krise mit US-Geldern finanziert und mit EU-Beitrittsaussichten „gelockt", politischer Machtkampf war immer undurchsichtig
Russlands „Erdgaskriege" mit der Ukraine, die Russland nach Ansicht der westlichen Öffentlichkeit sang- und klanglos verlor, waren nichts als unbeholfene Versuche ..., von der Ukraine höhere Zahlungen ... zu bekommen.	**wohl kaum**; hohe Gas-Schulden, gewährte Vorzugskonditionen und viele russische Finanzhilfen sprechen dagegen; Ukraine versucht als Transitland Vorteile zu erzielen
Die Beziehungen zwischen Russland und der NATO werden ... wieder ... feindseligen Charakter annehmen. Die militärische Pattsituation in Europa wird nicht denselben gewaltigen Umfang haben wie während des Kalten Kriegs, aber genauer als in den vergangenen Jahren wird man ... im Bilde sein, wer Freund ist und wer Feind.	**richtig**; aber klarer Widerstand in der europäischen Öffentlichkeit und Wirtschaft, Freund-Feind-Bild nur in der offiziellen Politik („US-Hörigkeit", Umfragen) zu finden; Regierungskrisen bei Eskalation denkbar
Russlands Beziehungen zu den USA werden sich stark abkühlen. Allerdings wird es nicht ... zu einer gleichermaßen verbissenen Auseinandersetzung kommen wie während des Kalten Kriegs. Anzunehmen ist aber, dass die beiden Mächte ... auseinanderdriften werden. Zusammenarbeit könnte es noch in Fällen geben, in denen (sie) ... gleiche Interessen verfolgen; ein gemeinsames Vorgehen gegenüber Syrien oder dem Iran wird ... sehr schwierig sein.	**richtig**; die USA sind klarer Nutzer der Ukraine-Krise, ökonomische Interessen an einer Destabilisierung Russlands und NATO-Aufrüstung, militärische Konflikte sowie Stellvertreterkriege jedoch nicht beabsichtigt; Politik passt in die US-Absichten, eine Raketenabwehrstrategie aufzubauen
Handel und Investitionen werden aufgrund von US-Sanktionen zurückgehen, und der russische Aktienmarkt, der sich weitgehend in ausländischer Hand befindet, wird zusammenbrechen (1). Der Handel zwischen Russland und der EU ... wird hingegen kaum leiden, denn beide Seiten sind allzu sehr aufeinander angewiesen (2).	**(1)** Wirtschaftsbeziehung mit den USA und Aktienkurse, die keine Eigentumsverhältnisse verändern, für die russische Wirtschaft unbedeutend; **(2)** breiter Widerstand gegen Sanktionen in Europa wahrscheinlich

In dem Maße, in dem sich Russlands Beziehungen zum Westen verschlechtern, wird es sich enger mit China verbünden müssen. Da Gazprom auf dem europäischen Markt ... Probleme bekommen wird, könnte das ... Erdgasunternehmen sich dazu gezwungen sehen, Gas nach China zu verkaufen. Die deutlich niedrigeren Preise, die Peking zu zahlen gewillt ist, könnten ... ausgeglichen werden.	**z.T. nachvollziehbar**; abgeschlossener China-Deal kann vom Volumen her Westeuropa nicht ersetzen; China Russlands größter Außenhandelspartner, gemeinsame politische und militärische Interessen fördern die Zusammenarbeit
Da Russland ... aus den G8 ausgeschlossen wird, muss man verstärkt auf andere Foren setzen, beispielsweise bilaterale Gipfeltreffen mit China, Zusammenkünfte mit ... anderen BRICS-Staaten oder mit den Mitgliedern der Shanghaier Organisation für Zusammenarbeit. In all diesen Foren wird ... eher Peking als Moskau die erste Geige spielen.	**irrelevant**; G8 ist ein Diskussionsklub ohne Vollmachten, generell Annäherung nach der „West-Enttäuschung" zu großen Emerging-Markets naheliegend, aber nicht zwingend; in der Not Kremls Außenpolitik pragmatisch?
Der ... Staatskapitalismus wird eher seinem fernen zaristischen Ahnen ähneln als seinem ... kommunistischen Vorgänger. Ein zunehmend autoritäres Regime wird ... politische Freiheiten weiter einschränken, die persönlichen Freiheiten jedoch werden erhalten bleiben. Russland wird sich der Welt gegenüber weiter offen zeigen, und wohlhabende Russen werden weiter die Welt bereisen. Die Superreichen ..., werden ihr Vermögen entweder in Russland anlegen - oder dem Land den Rücken kehren müssen (1). ... die Situation in Russland (ähnelt) heute eher der von 1850 unter Zar Nikolaus I. (2) als der von 1950 unter Josef Stalin.	**nachvollziehbar**; Oligarchen-Vermögen ist aber schon jetzt in Russland angelegt und wenig fungibel; Reisefreiheit kein Novum; These von weiterer Einschränkung politischer Freiheiten strittig, da Binnenmarktreformen und Demokratisierungsprozesse nicht per se zu verneinen sind (1); Vergleich zu Nikolaus I. (2) schlechtes Omen, da am Ende seiner Herrschaft der Krim-Krieg (1853-1856) mit England, Frankreich und der Türkei ausbrach
Der geopolitische Konkurrenzkampf zwischen den USA und Russland wird sich nicht auf die Ukraine beschränken, ... Die USA könnten, wie im Falle ... Irans, versuchen, gegen Russland Wirtschaftssanktionen zu verhängen, um so die Elite Russlands zu spalten und das einfache Volk gegen die Regierung aufzubringen. Eine erneute starre ... Konfrontation wird es zwar kaum geben, jedoch wird das Prinzip der atomaren Abschreckung bekräftigt werden ...	**absolut zutreffend**; es geht in der Ukraine-Krise weniger um Demokratie, Annexion, Menschenrechte usw., sondern um Geopolitik und Ökonomie; US-Wirtschaftssanktionen ohne Europa wirkungslos und blamabel; nach gelungener Destabilisierung Einsatz der pro-westlichen Regierung wie unter Jelzin geplant
Der neue Konflikt wird ... kaum so verbissen geführt werden wie der erste Kalte Krieg. Zudem kann es ... sein, dass er bei weitem nicht so lange andauert. Entscheidend aber ist: Es wird nicht der Konflikt sein, der unsere Zeit entscheidend prägt ... Ein Konkurrenzkampf zwischen zwei ungleichen Gegnern birgt die ... Gefahr, dass man die Gegenseite unterschätzt, beziehungsweise ... überreagiert.	**richtig**; Russland ist für eine Geopolitik ökonomisch zu schwach, andererseits stark genug, um eine wiederholte „feindliche Übername" seiner Wirtschaft durch US-dominierte Wirtschaftsinteressen abzuwehren (keine zweite Jukos-Affäre)

8.1. Eine imperiale Geopolitik ist nicht billig: Der Gewinner im Ukraine-Konflikt zahlt die Zeche

Ukraine im Herbst 2014: Der chronisch „kranke Mann“ am Dniepr
Ein Volkswirt erkennt auf einen Blick, worin die wirtschaftliche Seite der Ukraine-Krise besteht. Rezession, drohender externer Staatsbankrott und die fehlenden Aussichten auf baldige Reformen sprechen eine ökonomisch eindeutige Sprache (Abbildung 22).

Die Einzelbeschreibung der Misere soll hier ausbleiben. Wir werden uns auf die ausgewählten Aspekte im Kontext der wirtschaftlichen Rolle Russlands in dieser Krise beschränken und vornehmlich auf den Zustand im Frühjahr 2014 konzentrieren. Die sich bereits damals abzeichnenden Trends haben sich später massiv fortgesetzt.

Abbildung 22: Die Wirtschaftskrise in der Ukraine auf einen Blick

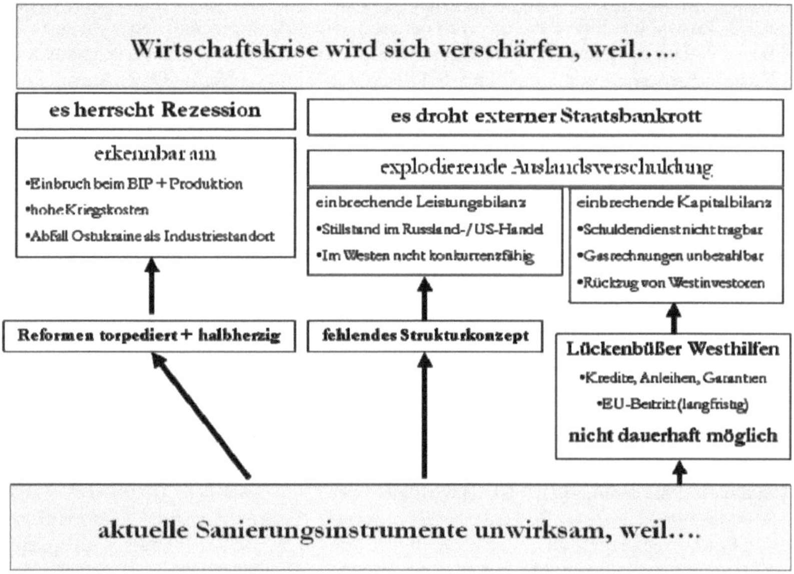

Wollte der der „wirtschaftlichen Erpressung“ so oft bezichtigte Kreml das Land ausbeuten und destabilisieren, oder hatte er es eher „alimentiert“? Wird die Ukraine aus eigener Kraft die Krise meistern oder muss von nun an der Westen diese Unterstützungsaufgabe übernehmen? Das sind die Hauptfragen, die weiter im Mittelpunkt stehen werden.

Ein grober Vergleich der Wirtschaftsentwicklung Russlands und der Ukraine seit 1990 bis heute ergibt einen katastrophalen Befund für die Letztere: Das Land am Dniepr hat sich wesentlich schlechter als sein nördlicher Nachbar entwickelt. Eine Einzelpräsentation von Kennzahlen, die das Ergebnis im Detail belegt, brächte keine Zusatzerkenntnisse und würde den Leser nur ermüden. Es steht fest: Alle makroökonomischen Indikatoren, die von unbedenklichen Stellen wie dem Statistischen Bundesamt, dem German Trade & Invest (gtai) oder den internationalen Organisationen (Weltbank, IWF, UNCTAD, Bank für Internationalen Zahlungsausgleich) publiziert wurden, fallen schlechter oder allenfalls „gleich schlecht" aus (demographische Zahlen), wie für Russland.

Abbildung 23: BIP-Entwicklung von Polen, Russland und der Ukraine im Zeitraum 1989 – 2013 (indexiert und pro Kopf)

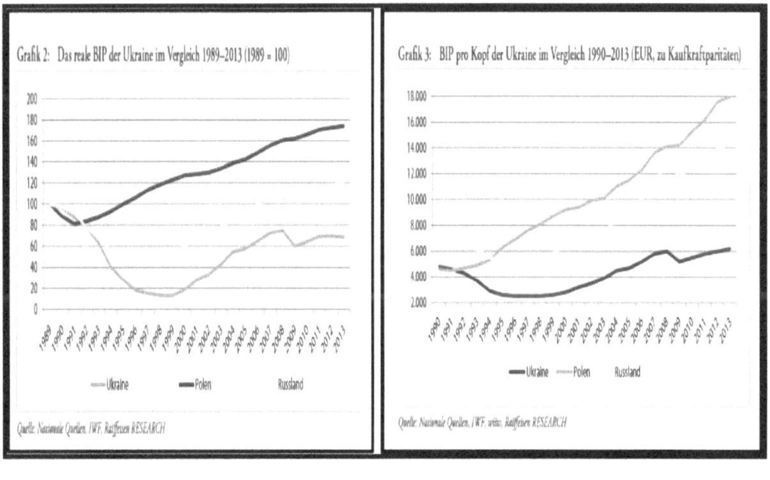

Die BIP-Graphik in Abbildung 23 für den Zeitraum „vor der Krise" (1989 - 2013) demonstriert die ukrainische Misere im Vergleich zu den Nachbarn Polen und Russland mehr als eindrucksvoll. Auffallend sind die schnelle wirtschaftliche Erholung Polens bereits innerhalb von drei Jahren nach dem Fall des Kommunismus in 1989, der wesentlich kräftigere Einbruch in der Ukraine und der zunehmende

Rückfall dieses Landes im Vergleich zu Polen und Russland. Es darf nicht übersehen werden, dass Polen seit 1995 EU-Subventionen im Großformat bezieht.

Weiterer Kommentar: Zum einen hat die ukrainische Wirtschaft das BIP-Niveau von 1989 noch immer nicht erreicht, und zum anderen belegt das Land beim Pro-Kopf-Einkommen mit weniger als 6.000 USD im Jahr einen der letzten Plätze in Europa. Für 2014 rechnete das gtai mit einem Rückgang um 25% auf absolut 135 Mrd. USD.

Ökonomen sprechen es ohne Umschweife aus: Die Ukraine hat die letzten 20 Jahre nicht nur politisch verpasst. Die korrupten Machteliten führen das Desaster auf die „Ausbeutung" durch Russland und - heute - auf den „aufgezwungenen Krieg im Osten.

Der Fairness halber ist ein relativer, „Entlastungspunkt" zur Ehrenrettung des Landes zu nennen. Die Entwicklung des ukrainischen BIP und der Zusammenbruch der Landeswährung Hrywna entsprechen weitgehend den prekären Werten in den meisten Ex-Sowjetrepubliken, mit Ausnahme der baltischen Staaten, die heute der EU angehören. Das entschuldigt die Machteliten nicht und ändert nichts an der Tatsache, dass die Krise am Dniepr primär hausgemacht ist und es am einen echten Reformwillen fehlt.

Was waren die Gründe für die wirtschaftliche Katastrophe?

Die Wirtschaft im Würgegriff der Clans

Die Kernaussage lautet also: Allein mit dem postkommunistischen Erbe der Sowjetzeit lässt sich der wirtschaftliche Rückstand der Ukraine zu ihren Nachbarn nicht erklären. Ganz abwegig ist auch die These, irgendwie dem „imperialistischen" Russland und seinen „vermeintlichen Gaspreisdiktaten" die Schuld in die Schuhe zu schieben. Ein Kurzstudium der Konflikte mit Gazprom, der von dem Konzern verlangten Gaspreise im Vergleich zu den Weltmarktpreisen, die vielen Schuldenstundungen und der vor 2014 dem Land gewährten Kredite bezeugen eigentlich das Gegenteil.

Die Katastrophe begann wesentlich früher als erst im Frühjahr 2014.

Die Gründe sind im politischen und wirtschaftlichen Chaos zu suchen, die in der Ukraine in einer wesentlich größeren Dimension als in Russland zu Jelzins-Zeit zu beobachten waren. Das bestätigen alle Analysen und Berichte vor 2013, also aus einer Zeit, als das Land noch kein „Weltpolitikum“ war und kein essenzieller Grund für irgendeine Parteinahme vorlag.

Den Liebhabern von Wirtschaftskrimis empfehlen wir, etwas mehr über die regionalen Clans (die Kiewer-, Donetzker- und Dniepropietrowsker Clans) in Erfahrung zu bringen. Diesem Syndikat gehören seit Jahren alle heute bekannten politischen Akteure - ihres Zeichens Multimillionäre und Milliardäre - an (Wiktor Pintschuk, Andrej Derkatsch, Leonid Kutschma, Wiktor Janukovitsch, Julia Tymoschenko). In einer engen Kombination aus Lobbyismus, illegalen Korruptionsnetzwerken und Verquickungen mit politischen Parteien haben diese dubiosen Sippen überregionale Wirtschaftsholdings zusammengezimmert und die Politik massiv beeinflusst. Einige, wie Julia Tymoschenko, konnten rechtzeitig die Fronten wechseln und sich von Russland-Freunden (gemeinsame Geschäfte mit Gazprom, Beziehungen zu den in den USA verurteilten Polit-Kriminellen) zu seinen erbitterten Gegnern entwickeln. Die im Journalismus gern verwendete bildliche Formulierung, mafiöse Cliquen hätten sich das Land zur Beute gemacht, greift hier keinesfalls zu weit. Die staatliche Autorität schrumpfte in der Vorkrisenzeit zusehends, der Staat wurde zum „kranken Mann“ am Dniepr. Die logische Schlussfolgerung, der Ukraine hätte eine „starke Hand“ á la Putin „gut getan“, passt leider nicht in das heutige offizielle politische Credo.

Es darf nicht übersehen werden, dass all diese Akteure eine recht dubiose Vergangenheit haben und ihre ersten Karriereschritte in der Sowjetunion machten. Chodorkowski und Tymoschenko waren zum Beispiel fähige Jugendfunktionäre im Komsomol. Heute sind einige der früheren Ex-Funktionäre Freunde des Westens, die anderen seine Feinde. Es sind anscheinend die falschen Freunde des Westens, die aus der postsowjetischen Politik kommen, falls sie zu „unseren Werten“ passen sollen. Dissidenten, wie in der DDR-Kirchenbewegung sind in dortigen Reihen nicht anzutreffen. Weil diese Leute gebraucht werden, „lässt man ihnen so manches durchgehen“. Die Geschichte sammelt die Fakten und wird es später nicht anders beurteilen.

Gleichzeitige Annäherung an Russland und den Westen (IWF)

Es waren nicht nur die falschen Leute, sondern auch die falsche Politik. Mitten in der Finanzkrise von 2009 erhielt die Ukraine zwecks Abwendung eines (ersten) Staatsbankrotts einen an Auflagen geknüpften IWF-Kredit über 16,4 Mrd. USD. Da die Regierung die Auflagen nicht erfüllen wollte, beschloss der IWF, die dritte Tranche nicht auszuzahlen.

Bereits im April 2004 ratifizierte das Kiewer Parlament das Abkommen über die Schaffung des Einheitlichen Wirtschaftsraums zwischen der Ukraine, Russland, Weißrussland und Kasachstan. Als erster Schritt sollte zwischen diesen Ländern eine Freihandelszone eingerichtet werden. Kiew war damals gegen die Bildung von supranationalen Organen und die Schaffung einer einheitlichen Währung. Dieses Abkommen trat angesichts der späteren EU-Beitrittsperspektive niemals in Kraft. Wen interessierte da schon der altrömische Grundsatz des Vertragsrechtes „pacta sun servanda"?

Moskau forderte zwischendurch mehrmals von Kiew den Verzicht auf den Nato-Beitritt und - wegen der wirtschaftlichen Verzahnung beider Länder - auf das Freihandels- und Assoziierungsabkommen mit der EU. Darüber hinaus verlangte Russland mit Blick auf die russisch sprechende Minderheit in der Ostukraine einen föderativen Staatsaufbau sowie die Einführung des Russischen als gleichberechtigte Amtssprache.

Später verstärkte es seine Forderungen durch die wirtschaftliche und die militärische Drohkulisse und blockierte im Sommer 2013 zeitweise den bilateralen Handel durch verschärfte Zollkontrollen. Einige ukrainische Produkte wurden ab sofort wegen angeblicher Qualitätsmängel vom russischen Markt verbannt. Nach dem Maidan überschlugen sich die Ereignisse. Im März 2014 gliederte Russland die zum ukrainischen Staatsgebiet gehörende Halbinsel Krim ein. Ab Anfang August 2014 dauern die militärischen Kämpfe zwischen den von Moskau unterstützten russischen Separatisten und der ukrainischen Armee. Einen Monat früher wurden westliche Wirtschaftssanktionen gegenüber Russland verhängt. Mit dem Zweiten Minsker Abkommen von Ende 2014 herrscht eine brüchige Waffenruhe. Das sind bekannte Fakten.

Schrecken ohne Ende: die ukrainische Wirtschaft im Sommer 2014
Die Wirtschaftslage der Ukraine zu Beginn des Sommers 2014 lässt in drei Kernpunkten zusammenfassen. Der Leser darf die kommenden Details überspringen. Er soll sich nur merken, dass die ökonomische Lage bis zum 2015 noch schlimmer geworden ist. Wenn er

sie dennoch liest, merkt er woran es bei einer seriösen Bestandsaufnahme gedacht werden muss.

Laut gtai sahen die Wirtschaftsprognosen im „Telegrammstil" damals wie folgt aus:

1. Die Stagnation wird mit einer Rezession enden

   Nach zwei Jahren „Nullwachstum" in 2012 und 2013 wurde in 2014 mit einem kräftigen BIP-Rückgang von bis 10% gerechnet. Das wäre noch kein Negativszenario. In der Vergangenheit haben Länder, die gleichzeitig eine Struktur- und eine Finanzkrise meistern mussten, einen BIP-Einbruch bis zu 15% hinnehmen müssen, so die vormaligen Ex-Sowjetrepubliken. Gleichzeitig rechneten Experten mit einer Inflationsrate von 12 bis 14% und einem Schuldenkollaps.

2. Staatsbankrott und Zahlungsunfähigkeit sind mit massiven Hilfen des Westens nur kurzfristig abzuwenden

   Die Hilfspakete europäischer und internationaler Banken reichten aus damaliger Sicht für knapp zwei Jahre aus, um den akuten Finanzbedarf im Ausland zu decken:

Finanzbedarf 2014:

- Bedienung der Staatsschulden 10 Mrd. USD (Tilgungen plus Zinsen) ohne Unternehmensschulden
- Leistungsbilanzdefizit 15 Mrd. USD bei einem Best Case
- Begleichung russischer Gasschulden von 2 Mrd. USD einmalig und 17 Mrd. USD jährlich bei Nichteinhaltung der Take-or-Pay-Klausel (feste Abnahmeverpflichtung).

Finanzmittel 2014 und 2015:

- Währungsreserven 15 Mrd. USD
- IWF-Kredite von 17 Mrd. USD. Ab Spätsommer standen weiter 19 Milliarden in der Diskussion, obwohl der erste Kredit noch nicht ausgezahlt wurde. Allein die EU hat 11 Mrd. Euro eingeplant.
- an die IWF-Zusagen gekoppelte Kredite internationaler Institutionen 15 Mrd. USD
- Mittel der EU (davon 3 Mrd. USD nicht rückzahlbare Hilfen), der Weltbank und Japans 15 Mrd. USD

Schon damals war klar: Falls kein Wunder passiert, wird die Finanzmisere auch nach 2015 weitergehen, weil:

- sich das Leistungsbilanzdefizit auf 10 bis 15 Mrd. USD jährlich belaufen wird. Wegen des Zusammenbruchs des Handels mit Russland dürfte die Finanzierungslücke selbst bei einer drastischen Reduzierung der Importe zunehmen.
- die internationalen privaten Geldgeber wie Banken oder Fonds dürften bei einem CCC-Rating, was in der Sprache der Finanzleute einem Staatsbankrott entspricht, dem Land kein neues Geld leihen. Vorsicht: zukünftige Moratorien und höhere „politische" Ratings konnten die Lage verbessern!
- neben der Finanzierung des Leistungsbilanzdefizits laufende Auslandsschulden von 140 Mrd. USD zu bedienen waren.
- der Anstieg des Schuldenberges auf 220 - 250 Mrd. USD in den kommenden drei Jahren als wahrscheinlich galt.
- durch die neuen Pipelines Russland de facto unabhängig von dem Erdgastransit durch die Ukraine wurde; die Milliarden aus den Transitgebühren gerieten in ernster Gefahr.

Diese alte Rechnung war noch ohne die neuen IWF-Auflagen und die gewaltigen Kriegsschäden gemacht worden.

Exkurs: Die harten Kreditauflagen des IWF

Die erste Tranche über 3,2 Mrd. USD von den 17 Mrd. USD ist im April 2014 ausgezahlt worden. Die letzte Tranche soll im März 2016 überwiesen werden, falls es keine Irritationen gibt. Statusgemäß ist das Geld an Bedingungen verknüpft, die soziale Einschnitte für die Bevölkerung bedeuten werden. Diese Vorgehensweise hat beim IWF Tradition. Sie begann mit den Strukturanpassungsprogrammen für Lateinamerika, Ost- und Südostasien und Afrika. Auch das kommunistische Rumänien unter *Nicolae Ceausescu* in 1978 kam in den Genuss der IWF-Rettungsgelder.

Formal überließ man der Ukraine die Wahl, die Kreditbedingungen zu formulieren. In einem *Letter of Intent* (Absichtserklärung) legten die Spitzen der Regierung und der Nationalbank dem IWF eine Liste von rigorosen Sparmaßnahmen vor, die zu ergriffen waren, damit eine „Marktwirtschaft" wieder funktionieren konnte. Es gilt als Binsenweisheit, dass dieser Katalog von IWF-Beratern immer diktiert wird. Doch die Form muss gewahrt und der Anschein nationaler Souveränität erhalten bleiben. Das kennen wir zuletzt von der Griechenland-Krise. Hier einige, aus der Sicht eines EU-Bürgers groteske Einzelvereinbarungen für die Ukraine:

- der Mindestlohn von 45 Cent in der Stunde oder von knapp 75 € im Monat darf nicht angehoben werden.
- die Anpassung der Renten an die Löhne wird ausgesetzt, und im öffentlichen Dienst gilt strenger Einstellungsstopp. Die Regierung verpflichtet sich zur Einfrierung der öffentlichen Haushalte.
- großzügiger war die Vorgehensweise gegenüber Banken. Stellte sich bei einem „Stresstest" heraus, dass die Institute Kapitalbedarf haben, musste eventuell der Staat einspringen.
- die Mehrwertsteuersenkung wird bei 20% bleiben.
- zum 1. Juli 2014 sollte die subventionierte Energie für Privathaushalte um 40% verteuert werden. Weitere Preiserhöhungen von 40% in 2015 und bis 2018 um 20% jährlich müssten folgen. Mit der Einstellung dieser Subvention sollte der Staat 15% sparen. Ziel der Aktionen war die „Entpolitisierung" der Preisbildung, die den staatlichen Energiekonzern *Naftogas* aus der Verlustzone holen sollte. Ob der Konzern nach der Sanierung privatisiert wird, blieb offen.
- Getreideexporte wurden durch eine Mehrwertsteuerbefreiung gefördert. Die Fokussierung auf den Agrarexport implizierte, dass auch im Binnenland Weltmarktpreise gezahlt werden.
- Ungeachtet dessen war die Aktivierung der „Agrarkarte" zu begrüßen. Damit konnte das einzige Potential, das das Land – als Kornkammer Europas bekannt – besaß, mobilisiert werden. Der Agrarsektor sollte zum Investitionsmagneten für staatliche wie private Auslandskonzerne werden, die seit Jahren in ganzer Welt Ländereien aufkaufen, um die steigende Ernährung ihrer Heimatländer abzusichern oder um von Schwankungen der Agrarproduktion zu profitieren.
- der IWF sorgte mit den Kreditbedingungen flankierend dafür, dass die Investoren im Land billige Arbeitskräfte vorfinden.
- offen blieb, was mit den Industriezentren im Osten passieren sollte. Wahrscheinlich sollten diese aus Effizienzgründen der ausländischen Konkurrenz zum Opfer fallen, wenn sie vorher nicht durch die Kriegshandlungen zerstört wären. Alternativ,

waren Übernahmen zum Spottpreis, Zerschlagungen und massive Entlassungen zu befürchten.

- eine Freigabe der Devisenkurse war zeitnah einzuführen. Kiew verpflichtete sich, keine neuen Kapitalverkehrskontrollen einzuführen und die alten abzuschaffen.
- mit dem letzten Schritt wurden Exportstimulierungen mittels der Wechselkurspolitik, ein in den Emerging Markets probates Instrument zur Konjunkturbelebung, unmöglich gemacht.
- Der Wirtschaft drohte, wie in Russland zu Jelzins-Zeiten, eine Dollarisierung, sprich eine Etablierung des USD als Parallelwährung, falls die Inflation nicht unter die Kontrolle käme und die Preise für die Grundversorgung weiterhin subventioniert werden mussten.

Die neuen Machthaber nicht zu Reformen bereit

Wer glaubte, durch die dramatischen Ereignisse des letzten Jahres und die de facto erzwungenen West-Annäherung habe sich beim politischen Führungsstil des Landes etwas geändert, der irrt. Die Machteliten waren niemals zu echten Reformen bereit und sind es auch weiterhin nicht.

Hier ein zusammengefasster Bericht des gtai von 2013 über das Wirtschaftsklima und die die Behandlung der Ausländer. Wer ihn genauer studiert, - es genügt die unterstrichenen Stichworte auf sich wirken zu lassen - kommt zu der Auffassung, das unvollkommene Russland sei in dieser Hinsicht ein wahres Schlaraffenland. Auch ohne einen Folgebericht leuchtet ein, dass sich die Lage in 2014 und 2015 verschlechtert haben wird.

Damals registrierten die Agenturen *IFC (Internationale Financial Corporation)* und die *Bleyzer-Stiftung* zwar eine leichte Verbesserung des Geschäftsklimas und der Steuergesetzgebung. Relativiert wurden diese rein auf dem Papier stehenden Fortschritte sowohl durch die Verschlechterung der Rankings zur Kreditwürdigkeit als auch durch die anhaltend negative Beurteilung des Geschäftsklimas durch westliche Geschäftsleute. Denn in der Praxis wurden die Scheinverbesserungen - so die deutschen Wirtschaftsvertreter vor Ort – kaum registriert. Im Gegenteil, die Firmen beklagten das ständige Hin und Her bei den neuen Regelungen und Ergänzungen des Steuer-, Zoll- und Strafrechtskodex. Dabei war Transparenz dringend notwendig, da gegensätzliche und oft sogar widersprüchliche Gesetze und Lizenzierungsverfahren Misstrauen schafften und ein extrem hohes Investitionsrisiko darstellten. Ferner fühlten sich viele Ausländer bei öffentlichen Ausschreibungen diskriminiert. Die Beschwerden der Investoren betrafen drei Bereiche: Juristische Streitigkeiten waren selbst bei klarer Rechtslage nicht zu gewinnen, bei der materiellen Vollstreckung der Gerichtsentscheide gab es Schwierigkeiten, und Gerichte wurden für unrechtmäßige Eingriffe und Handlungen missbraucht. Nach der Umfrage zur Bewertung des Investitionsklimas im Herbst 2013 durch das Kiewer *Institute for Economic Research and Policy Consulting* hielten gerade einmal 1,3% der Firmen den damaligen Zeitpunkt zur Investition für vorteilhaft, 57,1% behaupteten das Gegenteil. Der Anteil der Firmen, die vom ukrainischen Rechtssystem eine Durchsetzung ihrer Vertragsrechte erwarteten, war 2013 gegenüber dem Vorjahr von 33% auf 28% gesunken. Nur ein Fünftel der Befragten traute dem Rechtssystem den Schutz von persönlicher Unversehrtheit (!) und Eigentum zu. Korruption war von 74% als probates Mittel betrachtet, um Behörden und Staat zu beeinflussen. Vor acht Jahren lag der Wert mit 34% weit darunter. Als besonders grotesk wurde der missbräuchliche Einsatz der Justiz um feindliche Unternehmensübernahmen bewertet. Daher zählten ausländische Investoren auf die EU-Verhandlungen und die versprochenen Reformen, der allein über eine Gerichtsreform und der staatlichen Verwaltung erfolgen konnte. Das 1996 zwischen Deutschland und Kiew abgeschlossene Investitionsschutzabkommen (ISA), schützte zwar die Investoren formal vor diskriminierenden staatlichen Enteignungen und anderen unfairen Praktiken, garantierte aber keine Rechtssicherheit bei Streitigkeiten zwischen den privaten Rechtssubjekten. Zudem kam es auf die de facto-Anwendung der Regeln an - welches ausländische Unternehmen konnte und wollte schon beweisen, dass es schlechter als ein Inländer behandelt wurde? Das publik gewordene Raubrittertum klang abenteuerlich, wenn man sich die Geschäftspraktiken lokaler Minderheitsaktionäre anschaute, die mit einem Rechtsstreit versuchen, durch korrupte lokale Gerichte die Mehrheitsanteile streitig zu machen und somit die Mehrheitsinvestoren zu enteignen. Das konnte auch mächtige Ausländer treffen. Einen Schock unter ausländischen Investoren löste im April 2013 ein Urteil im Fall Swissport aus. Das Kiewer Wirtschaftsgericht verurteilte die Bodenabfertigungsfirma Swissport International dazu, ihre Mehrheitsanteile an der Tochter Swissport Ukraine an die Fluggesellschaft Ukraine International Airlines (UIA) für 400.000 $ zu verkaufen, bei einem Marktwert von 25 Mio. USD. Im Herbst 2013 gab es einen Hoffnungsschimmer für die Schweizer: Der Fall wurde erneut verhandelt. (Im Korruptionsindex steht die Ukraine immer schlechter da als Russland und am Ende aller europäischen Länder). Das Neugeschäft mit ausländischen Direktinvestitionen war so gut wie tot. Nur symbolische 1,4 Mrd. USD flossen im 1. Halbjahr 2013 ins Land. Bereits 2012 war ein katastrophales Jahr. Der Bestand an bisher getätigten Investitionen summierte sich 2012 auf insgesamt 74 Mrd. USD, was relativ viel erscheint. Die Zahl verdeckt jedoch die Tatsache, dass es sich hierbei zu 70% um einen alten Bekannten, das russische Fluchtkapital aus Zypern und den Niederlanden, handelte. (Russische und ukrainische Oligarchen sind miteinander heimlich eng verflochten und scheinen sich gut zu verstehen. In der heutigen Krise verwundert, dass die Ukraine-Geschäfte der russischen Oligarchen Abramowitsch und Deripaska hervorragend laufen, während der Außenhandel beider Länder zum Erliegen kommt). Der Exodus westlicher Banken spricht eine deutliche Sprache. Die österreichische Bank Raiffeisen International (RBI) ist 2012 aus der Ukraine ausgestiegen und hat ihre Tochter Bank Aval verkauft. Bereits 2013 haben sich die französische Bank Societe Generale, die österreichische Erste Group Bank AG und die schwedische Swedbank aus dem Land verabschiedet und extrem hohe Bilanzabschreibungen auf ihre Ex-Beteiligungen machen müssen. Die deutsche Commerzbank verkaufte schon 2012 ihre ukrainische Tochter Bank Forum an lokale Geschäftsleute.

So sah der Problem- und Klagenkatalog vor gut einem Jahr aus.

Der Leser, der die Lage weiter verfolgte, stellte schnell fest, dass sich alles dramatisch verschlechtert hat - darauf haben wir eingangs hingewiesen. Es wäre müßig die Entwicklung eines jeden einzelnen Wirtschaftsindikators zu überprüfen und zu kommentieren.

Vom Reformprozess im Lande wird seit einem Jahr genau so wenig als von den sozialen Spannungen berichtet. Diese scheinen die westlichen Berichterstatter völlig ausgeblendet zu haben. Mit der Korruptionsbekämpfung dürfte es ebenfalls schlecht stehen, wie der Rücktritt der Regierungsbeauftragten *Tatjana Schranowil* belegt. Ein westlicher Beobachter gewinnt den Eindruck, dass Premierminister *Arsenij Jazenjuk* (früher Banker von Beruf) das Ruder fest in der Hand habe und sein Land provokativ auf eine Eskalation mit Russland zutreibe. Ökonomisch gesehen, steht die Tür für den Einzug des Finanzkapitalismus also breit offen.

Vorerst müssen aber erst die anderen die Sanierungskosten tragen. Aller Voraussicht nach wird 2015 ein schlimmes Jahr werden. Allein im 1.Quartal fiel das BIP um 18%. Soziale Unruhen bahnen sich an - Rossija 24 zeigt oft entsprechende TV-Bilder.

Die beamteten Ukraine-Optimisten sind zu fragen, warum es (noch) keine wissenschaftlich fundierten positiven Studien gibt. Es müsste doch jemand wagen, konkrete makroökonomische Prognosen auf den Tisch zu legen, wenn die EU-Mitgliedschaft wirtschaftlich so segensreich sein soll. Es gibt doch so etwas wie den positiven Ankündigungseffekt. Wo bleibt dieser?

Der erhärtete Erpressungsverdacht:
Nutzen die Ukrainer ihre geopolitische Lage aus?

Ihre strategische geopolitische Lage zwischen Ost und West hat die Ukraine - nicht zuletzt mit kräftiger Unterstützung der USA- immer wieder für wirtschaftliche Vorteile ausgenutzt und wird das allem Anschein nach auch in Zukunft tun. Ohne die günstige Geostrategie stünde zum heutigen Zeitpunkt eine geplante EU-Aufnahme sowohl wegen der demokratischen als auch der ökonomischen Defizite nicht zur Debatte. Der Wert der Geostrategie besteht in der Destabilisierung Russlands, die über diesen Konflikt als Vorwand für die „Bestrafung" Moskaus und der geographischen Nähe zu Russland als Operationsbasis für Störmanöver einfacher zu erreichen ist. Das sind die Kernaussagen unserer These, die nicht neu ist, aber weiter belegt werden will.

Es wäre unfair, europäischen Regierungen den Willen absprechen zu wollen, die verbliebenen armen Nationen auf dem alten Kontinent aus „Kostengründen" vom EU-Beitritt fernhalten zu wollen und ihnen den Weg zum Wohlstand zu versperren. Um dieses edle Ziel geht es bei diesen Aufnahmeplänen leider nicht. Die fehlenden Vorleistungen eines Beitrittskandidaten würden für den Abschluss des Assoziierungsabkommens im Juni 2014 nicht ausreichen. Anders als im Falle Griechenlands haben die EU-Bürger heute die Möglichkeit, durch die Offenlegung aller relevanten Kostendaten vom neuen Aufnahmekandidaten nicht betrogen zu werden. Die Gemeinschaft kann heute zur Gefahr einer dauerhaften Alimentierung des „kranken Mannes am Dniepr" durch europäische Steuerzahler noch immer Nein sagen. Werden ex post erst nach dem Beitritt verheimlichte „Kostenlöcher“ entdeckt, ist der Prozess nicht mehr rückgängig zu machen. Einmal EU immer EU (?).

Es besteht also eine gewisse Chance, dass dieser Prozess aufgrund eines sich formierenden Widerstandes aufgehalten wird. In der EU gibt es diesbezüglich kein Erkennungsdefizit, sondern ein Handlungsdefizit. Je länger die Krise dauert, desto größer ist die Gefahr, dass negative Nachrichten die „Beitrittsveranstaltung“ zu Fall bringen, zumal wenn die Regierungen zusätzliche Sorgen, wie das TTIP plagen. Eile wird geboten sein. Wie schnell es nach der Unterzeichnung des Assoziierungsabkommens mit der EU mit der konkreten wirtschaftlicher Integration gehen wird, bleibt offen.

Ein überzeugendes „Beschleunigungsargument“ der Ukrainer im Aufnahmespiel mit der EU ist offensichtlich: Anders als beim Schon - Bündnis - Mitglied Türkei kann Kiew den EU- mit dem späteren NATO-Beitritt „erpressen“. Wer ein solches Ass im Ärmel hat, darf sich einiges erlauben. Andererseits ist die Gefahr eines Austritts der Hellenen aus dem Bündnis nicht zu vernachlässigen. „Griechenland raus“, „Ukraine rein“ - das könnte durchaus Realität werden.

Wie sicher sich die Kiewer-Regierungsmannschaft derzeit in ihrem geopolitischen Umfeld fühlt, zeigen einige Beispiele:

- es kam zum wiederholtem „Erdgasklau“ aus den Pipelines des für Westeuropa bestimmten Erdgases. Die Entnahmen waren von einseitigen Zahlungsaussetzungen begleitet, welche zur Anhäufung von Milliardenschulden gegenüber Gazprom führten. 2014 wurden offene Androhungen, die alte Entnahmepraxis zu wiederholen, selbst mehrmals im Parlament wiederholt.
- um den Diebstahl zu verhindern, wurde der säumige Schuldner durch temporäre, nicht vertragskonforme Reexporte der russischen Gaslieferungen durch die EU-Bezugsstätten (Polen, Slowakei, Ungarn) kräftig unterstützt. Die Maßnahmen hörten erst auf, als Russland keine erhöhten Mengen mehr lieferte, was im Westen bewusst als Vertragsbruch kommentiert wurde.
- Die seinerzeit bereits 2013 indirekt gestellte Forderung Kiews an den Westen, er möge die Ukraine für den Ausfall der Russlandexporte entschädigen, spricht auch nicht gerade für Bescheidenheit eines Hilfe suchenden Pleitiers.

- Im Mai 2015 hat Kiew ein Gesetz verabschiedet, Zinsen an „gewissenlose Gläubiger" nicht mehr zahlen zu wollen. Damit ist primär Russland gemeint, das 28 Mrd. USD öffentliche und private Forderungen an Kiew hat. Der Gläubigerausschuss umfasst auch potente US-Finanzinvestoren wie BTG Pactual Europe LLP, Franklin Advisers Inc., TCW Investment Management Company und T. Rowe Price Associates. Ob diese Adressen sich das gefallen lassen werden und nicht vor ein Gericht ziehen? Oder arrangieren sich die Investoren irgendwie mit der US-Regierung? Das Drohverhalten Kiews kommt einem Schulden-Moratorium gleich. Die Regierung strebt offiziell eine Verlängerung der Laufzeiten ihrer Anleihen an, droht aber gleichzeitig, man werde einen massiven Schuldenschnitt verlangen. Davon könnten die europäischen Steuerzahler hart betroffen sein. Erstaunlich ist wenig über die privaten Gläubiger der Ukraine bekannt.

Unterschiede im Verhalten Kiews und Athens sind heute kaum ersichtlich. Während man über das erste Land bestürzt ist, die Bürger permanent in Sondierungen nach ihrer Meinung fragt, wird das Treiben des anderen verschwiegen. Ganz offensichtlich liegt keine Gleichbehandlung der Schuldenfälle durch den Westen vor - die Ukraine darf sich mehr herausnehmen. Warum?

Fazit: Sollte auch hier kein Wunder passieren, wird die EU auf eine Besserung „hoffen", die USA auf beide Aufnahmen „drücken" und die Ukraine „weitermachen" wie bisher, sprich die Früchte aus ihrer Geopolitik genüsslich ernten.

Russland oder die EU: Wer zahlt die Zeche der Sanierungskosten?

Kurz nach den Maidan - Ereignissen im Winter 2014 war jedem Europäer klar, dass dem „Sieger" in diesem Konflikt die wirtschaftlichen Sanierungskosten aufgezwungen werden. Es wäre eine Illusion zu glauben, die Ukraine werde alle Opfer tragen wollen und diese würden als Kostendeckung tatsächlich ausreichen. Dafür hat sie einerseits die gezeigten Druckinstrumente in der Hand, um die Hilfsparteien gegeneinander auszuspielen und besitzt andererseits keine Finanzmittel für einen Wiederaufbau.

Wären die Russen „Sieger" geworden, müssten sie weiterhin einen niedrigen Erdgaspreis akzeptieren, alte Gasschulden stunden oder erlassen, den drohenden Staatsbankrott mit Finanzspritzen abwenden und für die langfristigen Außenschulden bürgen müssen. Das wäre eine teure, wenngleich erst eine vorläufige Liste. Die nach Maidan zurückgenommene Kreditzusage von 15 Mrd. USD war da nur der Anfang eines langen finanziellen Leidensweges. Unter dem Strich wäre die russische Hilfe jedoch nicht an derart extreme Sparbedingungen geknüpft, wie die IWF-Kredite - falls diese vor dem Gefahrenhintergrund des sozialen Unruhepotentials überhaupt in dieser Strenge exerziert werden. Hier ist ein weiteres Nachgeben des Westens zu erwarten.

Jetzt wird der vorgenannte Lastenkatalog höchstwahrscheinlich der US-hörigen EU zufallen. Auf den Westeuropäer, dem „versteckt" die Sanierungskosten aufgebürdet werden, kommen nach dem ungewissen Ausgang der Euro-Rettung zusätzliche Kosten zu. Viel Spaß können wir uns nur wünschen!

Abbildung 24: S.W.O.T.-Analyse für die Ukraine (gtai)

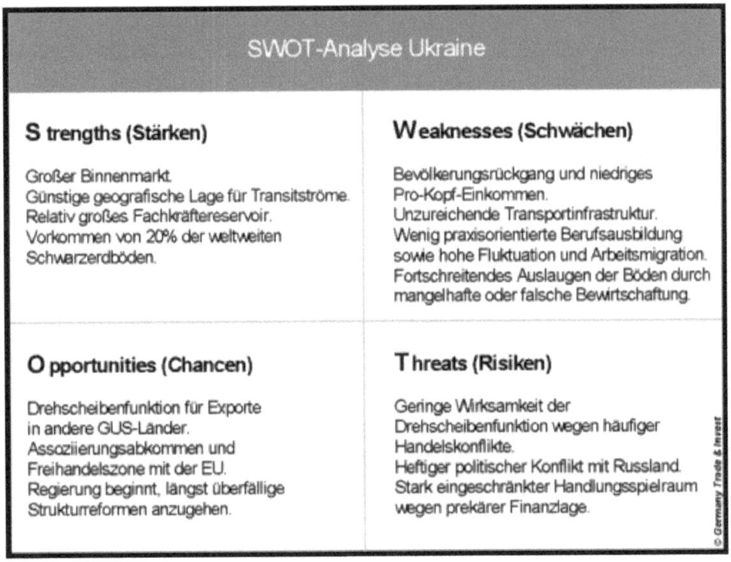

Die Ukraine ist nicht das kleine Griechenland. Sie zählt 46 Millionen Einwohner und kann auf eventuelle Touristikeinnahmen – zumal nach der Abspaltung der Krim – nicht mehr hoffen. Außer dem vorgenannten fruchtbaren Agrarland besitzt sie wenige Stärken und Chancen, wie die S.W.O.T-Matrix in Abbildung 24 zeigt.

Es ist ein verbreiteter Mythos, die Dniepr - Republik besitze im Osten eine wirtschaftlich starke Industrielandschaft. Der Donbass war schon zu Friedenszeiten stark subventioniert worden. Heute liegt die Region weitgehend im Separatistengebiet und ist weitgehend zerstört. Neben dem Wegfall der Subventionen, spart Kiew - widerrechtlich - daher auch die nicht gezahlten Renten und Sozialleistungen an seine Ex-Bürger. Außer dem Wiederaufleben vorgenannter Finanzbelastungen und einem Zechensterben wäre bei der wirtschaftlichen Reintegration der Region in das vormalige Staatsgebiet nichts zu erwarten.

Vorläufig spürt der EU-Bürger die Ukraine-Belastung kaum, weil das neue Schuldenkarussell erst ins Rollen kommt. Ein großer Irrtum wäre es aber zu glauben, der Westen sei von der Krise heute noch nicht betroffen und werde sie erst durch die Verschärfung der Russland-Sanktionen merken. Das mag in Deutschland peripher zutreffen. Die Bürger im Baltikum, in Polen, Finnland, Ungarn, Tschechien und der Slowakei sehen das schon ganz anders, weil sie die Russland-Sanktionen spüren. Endlich trauen sich in diesen Ländern vereinzelt auch die öffentlich-rechtlichen Sender, über den steigenden Unmut der Lokalpolitik, der Bürger und der heimischen Branchenvertreter zu berichten.

Die Frage, wer konkret in der EU die geschätzten Sanierungskosten von 20 bis 30 Mrd. USD jährlich zahlen wird, ist nur formal gesehen noch offen. Offiziell wird nicht von Geschenken sondern von rückzahlbaren Hilfen gesprochen.

Wir gehen davon aus, dass langfristig ein Großteil der „rückzahlbaren Westhilfe" über den Erwerb der neuen Anleihen des ukrainischen Staates mit einer langen Laufzeit durch westliche Banken, dargestellt wird. Das ist aus unserer Sicht juristisch der einzig gangbare Weg, wie man ausfallgefährdete Anleihen in den EU-Budgets verstecken kann. Die als „direkten Entwicklungshilfe" verkappten Zuwendungen Europas sind viel zu unbedeutend, um die Lücke zu schließen.

Wie wird der Platzierungsprozess solcher Anleihen funktionieren?

Weil die EU-Staaten keine Geschenke in Form von Subventionen und Garantien für Nicht-Euroländer, wie die Ukraine, machen dürfen, werden europäische Banken und Fonds - wohl in geheimer Absprache mit den Regierungen - die ukrainischen Staatsanleihen zeichnen, denen gute Noten der Rating-Agenturen S&P, Moody oder Fitch so gut wie sicher sein dürfen. Zeichnen sich bei der späteren Rückzahlung Probleme ab, wird dem Manko nach dem alten Prinzip „Streuung und Sozialisierung der Verluste" begegnet: die Risikoanleihen landen auf dem Umweg bei der EZB, die sie als „sichere" Anlagen abkauft. Wer sich von den Zeichnerbanken, deren Zinsen attraktiv sein werden, dennoch zu stark übernimmt, dem wird geholfen. Er findet immer Platz unter den fetten Banken-Rettungsschirmen der EU. Wird die Ukraine irgendwann dann doch EU-Mitglied, erledigt sich das Problem auf eine sauberere Art: Staatsgarantien für die Ukraine-Anleihen dürfen dann endlich zum Tragen kommen. Deswegen müssen die heutigen Emissionen eine lange Laufzeit haben, sagen wir zwanzig Jahre, damit die nicht vor dem wahrscheinlichen EU-Beitritt auslaufen. Die skizzierten Risikoüberwälzungsmethoden sind eine gängige Praxis in der Union und im Börsenjargon unter der Formel „Gewinne privatisieren und Verluste sozialisieren" bekannt. Vielfach wurden sie im EU-Alltag bei Südländern und in Irland erfolgreich geprobt.

Wie wir sehen, es ist alles durchdacht, schon mehrmals praktiziert worden und es dürfte á la long nichts schiefgehen. Am Ende bleibt der Steuerzahler der Dumme. Klar, wer so denkt, wird schnell der ökonomischen Verschwörungstheorie" bezichtigt.

So viel zu den Kosten, die vom Steuerzahler alias Staat getragen werden. Wir noch jemand zur Kasse gebeten? Bei den Fonds und Privatanlegern, die ukrainische Anleihen zeichnen dürften, werden diese die Verluste. tragen Weil die Fonds aber die Anteile breit streuen und der Einzelanleger im Rahmen der „Depotbeimischung", nicht zu viele davon kauft, wird der eine oder andere den Verlust verschmerzen können. Es wird ihm nichts Dramatisches passieren.

Eine Kurzrechnung zum Schluss: Im Vergleich zu den Billionen-Verlusten, die die Anleger weltweit durch die „toxischen Anleihen" (*subprimes*) erlitten haben, handelt es sich bei den wenigen Hunderten Milliarden vermuteter Ukraine-Ausfälle in einem Zeitraum von vielleicht zwanzig Jahren, um das vormalige Wort des Jahres von *Hilmar Kopper* (Ex-Chef der Deutschen Bank) zu nutzen, tatsächlich um Peanuts. Der Skeptiker darf schnell nachrechnen: Bei einer Ausfallquote von selbst 50% sind jährlich etwa fünfzehn Milliarden auf die EU-Steuerzahler zu verteilen. Bezogen auf die Einwohnerzahl von 500 Millionen ist es um die drei Euro monatlich. Seien wir ehrlich, wer spürt da schon solchen Verlust in seiner Geldbörse?

Ist Russland der ökonomische Gewinner der Krise?

Ginge es ausschließlich um die Ökonomie und so wie beschrieben, könnte Russland demnach als der politische „Verlierer" mit dem ökonomischen Ergebnis der Ukraine-Krise eigentlich zufrieden sein.

Egal wie hoch dabei seine „Krim-Belastungen" ausfallen werden, es handelt sich dort letztendlich um eine Investition im Inland. Die Einverleibung der Halbinsel ist ökonomisch gesehen für Russland ein durchlaufender Posten, da sie bilanztechnisch sowohl auf der Aktiv- als auch auf der Passivseite verbucht wird. Bereits 2014 hat Moskau mit den ersten Großinvestitionen auf der Halbinsel begonnen und wird beim Bau der 4,3 km langen Verbindungsbrücke zwischen Kertsch und dem russischen Festland die Chinesen ins Boot holen.

Eine Mithilfe beim Aufbau und der späteren „Alimentierung" der russischsprachigen Ostukraine im Falle einer Deeskalation würde die westlich-ukrainische Belastung mindern. Das könnte eine gute Nachricht für die EU sein, wie wahrscheinlich ist sie aber?

Die russische Mithilfe wird nicht umsonst zu haben sein. 2014 waren eine Autonomie der Ostukraine und eine von Kiew angebotene dreijährige „Probezeit" mit garantierten Rechten im Gespräch. Ob diese Option nach dem blutigen Bürgerkrieg heute noch möglich ist, darf bezweifelt werden. Es gibt niemanden mehr, der die Rechte der russischen Bevölkerung glaubhaft überwachen könnte, nachdem die in der Region aktiven OSZE-Beobachter sich immer wieder blamieren, wenn sie nicht widersprechen können oder wollen, dass oft die Ukrainer die „schuldigen" sind. Auf der deutschen Webseite der Organisation erfährt der Leser nur offizielle Statements. Dann kann er ja direkt das Kanzleramt anrufen!

Wer nicht glauben mag, dass russische Minderheiten in den Ex-Sowjetrepubliken tatsächlich unterdrückt werden, möge sich über ihre Behandlung in den EU-Staaten Estland und Lettland - auch auf Youtube - näher informieren. Die Russen sind dort zum Teil „Nichtbürger", obwohl sie in ihrer baltischen Heimat seit mehreren Generationen leben. EU hin, Demokratie her. Die Minderheiten sind wirtschaftlich stark, im Zweifel ist Russland um die Ecke.

Von Russland kann bei der heutigen Sachlage allenfalls erwartet werden, dass es humanitäre Hilfe für die eigenen Landsleute und Flüchtlinge und nicht für die staatlichen Einrichtungen im Osten leistet. Bereits diese punktuelle Hilfe kann in die Milliarden gehen. Die Machthaber in Kiew noch zu unterstützen, würde an „Perversion" grenzen. Nur auf Bitten des Westen hält sich Moskau bei einigen seiner vertraglichen Forderungen zurück (Anleihen-Kündigung, geringere Vorkasse bei Gasbezügen, Energiegespräche in Berlin). Eine Hilfe Moskaus, die der ganzen Ukraine zugute käme, müsste auf eine ganz andere Grundlage gestellt werden.

Langfristig stellen wir uns für die Ostukraine eine solche Lösung wie in Transnistrien vor, das wir in diesem Jahr besucht haben. Die Quasi-Staatlichkeit der Donbass-Republiken wird de facto geduldet, de jure bleibt es bei der Nichtanerkennung durch den Westen. Die militärischen ukrainischen Feindseligkeiten werden wohl erst dann aufhören, wenn Kiew selbst von Unruhen geplagt eine weitere militärische Niederlage erfährt. Diese hört sich nicht gut an, wird aber wohl unausweichlich sein.

Die Ökonomen sind der Öffentlichkeit bislang die Antwort schuldig geblieben, warum sich eine gleichzeitige EU-Kooperation und die - jetzt kläglich gescheiterte - Zoll- und Freihandelsunion mit Russland eigentlich widersprechen. In diesem Zusammenhang ist eine alte Studie von der Bundeszentrale für Politische Bildung vom 13.3. 2014 erwähnenswert, die eine „Stabilisierung der Ukraine ohne Russland nicht für möglich hält". Die EU wäre gut beraten, hieß es dort schon damals, Ländern eine Komplementarität zwischen der Kooperation mit der EU und einer Kooperation mit Russland bzw. der von Russland geführten Zollunion, zu offerieren - so der Verfasser *Gunter Deuber*.

Was wird die Analysenwelt bei diesem Dauerkonflikt machen?

Das Thema wird wohl zukünftig ein breites Profilierungsfeld für alte und neue Ostexperten der nicht-ökonomischen Provenienz bieten, die mit Eifer die langfristigen Konsequenzen verschiedener Szenarien durchzuchecken werden. Es gibt ausreichend Stoff für Analysen, Rückblicke, Prognosen und neue „Russland-Studien".

8.2. Wirtschaftssanktionen und ein neuer Rüstungswettlauf bergen ökonomische Risiken

Wirtschaftssanktionen - ein kurzer historischer Abriss
Wirtschaftssanktionen würden allein nicht ausreichen, um Russland entscheidend zu schwächen. Dazu gibt es genügend historische Parallelen: Während der Gesamtdauer des ersten Kalten Krieges (1950 - 1990) galt die sog. COCOM-Liste (*Coordinating Committee for East West Trade Policy*), welche Exporteuren westlicher Länder die Ausfuhr der Hochtechnologie in den Ostblock (Sowjetunion und Verbündete) verbot. Um an die Hochtechnologie zu kommen, reagierte die andere Seite mit Wirtschaftsspionage gegen den Westen, die zum Hauptaufgabengebiet der STASI zählte. Gegen einzelne Ostblockländer wurden bei nicht opportunen politischen Ereignissen temporäre ökonomische Strafmaßnahmen geschnürt, so 1979 gegen die Sowjetunion nach dem Einmarsch in Afghanistan oder gegen Volkspolen 1981 nach der Ausrufung des Kriegsrechtes. Die Westsanktionen gegenüber dem Osten haben lange Tradition. Die Liste westlicher Sanktionen gegen gebrandmarkte Staaten ließe sich um viele weitere exponierte Fälle fortsetzen. Kuba wird seit einem halben Jahrhundert mit US-Sanktionen belegt und konnte mehr schlecht als recht überleben.

Wirtschaftssanktionen als Waffe sind auch in der Geschichte und Politik seit langem bekannt. Sie hatte Napoleon Bonaparte 1806 - 1814 mit der Seeblockade gegen England (sog. Kontinentalsperre) oder die Alliierten gegen Deutschland im Ersten Weltkrieg verhängt. Im ersten Fall sollte der Handel mit dem englischen Tuch, im zweiten die Importe von lebenswichtigen Nahrungsmitteln die gegnerische Wirtschaft zum Erliegen bringen.

Im Endeffekt erreichten die Sanktionierer fast niemals ihr Ziel, verursachten aber unerträgliche soziale Härten und Leiden, wie zuletzt bei den Einfuhrverboten von Arzneimitteln in den Irak oder den Iran. Warum verhängt in der neueren Geschichte immer der Westen Sanktionen? Weil er der „gute" ist?

Anders als bei den Sanktionen zeigt der einer schwachen Volkswirtschaft dauerhaft aufgezwungene oder von ihr initiierte Rüstungswettbewerb ganz andere Wirkungen. Dieser trifft die Breite der Volkswirtschaft und nicht einzelne Sektoren. Auf den Transfer von Hochtechnologie kann eine Autarkie gewohntes Land eher verzichten als auf die massive Einschränkung seiner Lebensgrundlagen.

Für das herrschende Regime - wenn es nicht gerade eine blutige Diktatur ist - entsteht die Gefahr der Bildung von oppositionellen politischen Kräften, welche die ökonomische Unzufriedenheit für ihre Umsturzpläne nutzen.

Als Paradebeispiel für die Wirkung des Rüstungswettlaufs bei der Herbeiführung eines wirtschaftlichen Niedergangs dient die US-Politik der Reagan-Präsidentschaft (1981-1990) gegen den Ostblock. An dem Wettlauf soll neben den systemimmanenten Schwächen das sowjetische „Reich des Bösen" gescheitert sein. Der Westen hat den Kalten Krieg gewonnen.

Vielleicht kommt es auf einen starken Dauerbeschuss von mehreren Seiten gleichzeitig an, wie den harten Wirtschaftssanktionen, der breiten politischen Isolierung und dem teuren Rüstungswettlauf, an? Dann wird die Aktion noch billiger machen. Planen die USA & Co. ein derartiges Untergangszenario für das unliebsame Putin-Regime? Wenn dem so sei, kann es bei fehlendem Widerstand Europas - siehe die letzten provokativen Äußerungen des US-Vizepräsidenten *Joe Biden* und die Ängste Gorbatschows - auf dem alten Kontinent bald gefährlich werden. Das kapitalistische Russland ist nicht die marode Sowjetunion und kann auf einen mächtigen Verbündeten, die VR China, zählen. Die ostasiatische Wirtschafts- und Militärmacht kompensiert mehrfach den Wegfall der europäischen Ex-Ostblockländer, die heute der EU und NATO angehören.

Das Verflechtungsnetz der globalen Risiken von Wirtschaftssanktionen (4W-Katalog)

Die Sanktionsproblematik ist ein umfangreiches Analysefeld, das einer Systematisierung bedarf. Einmal verhängte Sanktionen können eine Lawine von Folgen an verschieden Stellen der globalen Wirtschaft auslösen.

Zum einen ist zu fragen, wer die Sanktionen verhängt (Akteure) und ob es Sanktionsbrecher unter den einzelnen Ländern gibt, die zu einer Verstimmung innerhalb der Allianz führen. Dieser Fragenkomplex wird nachfolgend unter **W1** genauer behandelt.

Zum zweiten ist in **W2** zu überlegen, an welchen ökonomischen Kategorien (bilateraler Außenhandel, Zahlungsverkehr, Portfolio- oder Sachinvestitionen, Wissens- und Technologietransfer) die Maßnahmen wirksam anzusetzen sind. Wird dies nur möglich sein, wenn es sich um lebenswichtige Waren, wie Nahrungsmittel und Medikamente handelt? Sind Finanzsanktionen nur möglich wenn Zugriffsmöglichkeiten auf das Vermögen des Gegners vorliegen? Sind ausländische Sachinvestitionen im sanktionsbelegten Land von den Sanktionen nicht betroffen, da sie jederzeit als potentielle Aufrechnungsmasse darstellen? Wann kann eine Sperrung der finanziellen Aktiva im Ausland in Betracht gezogen werden? Muss dabei ein Zugriff auf die Aktiva bei internationalen Großbanken gewährleistet sein? Das sind weitere Fragen die zu der zweiten Kategorie gehören.

Ist die Einsatzmöglichkeit mehrerer Druckmittel gegeben, gilt es drittens **(W3)**, die Optionen ihrer Wirksamkeit im Zusammenhang aller zu erwartenden Gegenmaßnahmen zu prüfen, um mögliche Schäden für die eigene Volkswirtschaft so gering wie möglich zu halten. Auch indirekte globale Risiken wie Störungen des internationalen Handels, Konjunkturbaisse oder Turbulenzen auf internationalen Finanz- und Währungsmärkten sind genau unter die Lupe zu nehmen.

Schließlich besteht viertens **(W4)** die Gefahr einer unkontrollierten Krisenausweitung, eines Flächenbrandes, wenn einige bis dato unbeteiligte, aber mächtige Dritte glauben, sich in den Konflikt politisch und wirtschaftlich „einmischen" zu müssen. Sie mögen das geopolitische Gleichgewicht als Bedrohung ihrer Souveränität sehen oder die Chance auf einen territorialen Zugewinn und andere Vorteile wittern. Einmischung war schon immer als ein legitimes Mittel der Politik angesehen. Dann drohen die ursprünglich isolierten Maßnahmen zu einem globalen Konfliktherd und neuen Sanktionswettlauf auszuarten.

Die Abbildung 25 zeigt die involvierten Handlungsakteure, die Ansatzstellen, die Auswirkungsbereiche und die möglichen internationalen Folgen, die im Zusammenhang mit den Russlandsanktionen ins Kalkül zu ziehen sind. Es würde den Rahmen dieses Buches sprengen, die einzelnen Fragenkomplexe W1 bis W4 Schritt für Schritt zu analysieren. Eine Beschränkung auf die wichtigsten Trends ist dennoch nicht minder informativ.

Abbildung 25: Die Beziehungsmatrix von Russlandssanktionen

Bevor die Trends besprochen werden, soll der Leser erfahren, dass die Russlandssanktionen bislang nichts viel ergaben. Statistiken zeigen, dass sich die wirtschaftlich-soziale Lage in Russland 2014 in einigen Bereichen verschlechtert hat, in anderen ist sie unverändert geblieben oder sogar noch besser geworden. Wir nehmen hier den gtai-Bericht „Russland in Zahlen. Frühjahr 2015" als Quelle.

	Indikator (Meßeinheit)	besser	schlechter
1.	**BIP in %**	0,6	
2.	**Produktion in %**	1,7	
3.	**Investitionen in %**		-2,5
4.	**Erdöl in Mio. t**	538 (528)	
5.	**Erdgas in Mrd. m3**		639 (670)
6	**Saldo Außenhandel Mrd. €**	159 (157)	
7.	**Devisenreserven Mrd. €**		290 (383)
8.	**Inflation in %**		15
9.	**Löhne in €**		645 (708)
10.	**Lebenserwartung Mann/Frau** **Veränderung in Jahren**	0,4 / 1,5	

Wir wissen, dass andere Statistiker andere Zahlen nennen. IWF-Werte fallen, wie gewohnt, pessimistischer aus, weil die New Yorker die Krisenauswirkung erst 2015 zum Tragen kommen sehen. Jeder macht nur seinen Job.

Hierbei kommt es nicht allein auf die Subjekte an, die die Sanktionen ausführen (müssen) oder darunter wirtschaftlich leiden, sonder auch auf die Kräfte, die freiwillig auf sie reagieren oder sich gegen sie wehren. Verschärfte Westsanktionen werden nicht nur die nationalistischen Kräfte in Russland stärken, sondern den (jetzt passiven) Widerstand in der westeuropäischen Öffentlichkeit und Wirtschaft fördern. Das ist unsere Erwartung.

Die Polarisierung der Meinungen - im Westen zwei Lager

Dieser Polarisierungstrend ist in den USA kaum und in den osteuropäischen Staaten weniger ausgeprägt zu erwarten. Für die USA ist der Befund nicht überraschend. Nach dem Vietnam-Krieg war dort kein echter Widerstand gegen die vielen gerechten oder ungerechten Antiterror-Kriege, die im „Interesse der nationalen Sicherheit" geführt wurden, zu beobachten. Mag im Baltikum die russische Gefahr als echt empfunden werden, so ist bereits in Polen - weniger in den anderen Grenzstaaten Ungarn oder Slowakei - eine antirussische Stimmungsmache (Russophobie) durch die Politik und die Medien unverkennbar. Ob sie auch in der Bevölkerung präsent ist, wird nicht eindeutig zu ermitteln sein.

Polen ist, wie viele andere Länder in dieser Frage gespalten. Sobald hierzulande ein gemäßigter Politiker seit dem Frühjahr 2014 auf den Zusammenhang zwischen Sanktionen, Gegensanktionen und der aggressiven antirussischen Rhetorik politischer Elite hinweist, wird er von den Hardlinern mit dem indiskutablen Totschlagargument der „polnischen Staatsräson" zum Schweigen gebracht. In das weniger aufgeregte Deutschland machten die ersten Aufrufe unbekannter Hinterbänkler in Parlament und in der Presse zum Boykott der geplanten 2018er Fußballweltmeisterschaften in Russland die Runde. Nach dem Rücktritt des FIFA-Chefs *Josef Blatter* kann vielleicht sogar ihr Wunsch in Erfüllung gehen.

Das sind nur zwei Beispiele der prinzipienlosen Realpolitik, die sich zum Krisenanfang aufschnappen ließen. Die Liste hat sich im Laufe der nächsten Monate verlängert und scheint nicht enden zu wollen.

Nach unserer Auffassung besteht in ganz Europa generell eine Polarisierung der Meinungen zu den Russlandsanktionen:

Bevölkerung + Wirtschaft contra Politik +Medien

(gegen) (pro)

Es ist dabei zu unterscheiden, was gesagt und was gewollt wird. Von der Bevölkerung echte Opfer für die „Freiheit" und „Demokratie" in der Ukraine über den Weg der Arbeitsplatzverluste oder höherer Energiepreise offen zu verlangen, ist auch nach dem ersten Krisenjahr undenkbar und würde für einen politischen Befürworter ein Eigentor bedeuten. So kommt in der EU niemand auf die Idee, den europäischen Arbeitsmarkt nur temporär für die ukrainischen Gastarbeiter zu öffnen und die Visum-Pflicht abzuschaffen. In Polen wird schon länger vor der Invasion der Ukrainer gewarnt, falls die Grenzen geöffnet werden. Dafür gibt es unwichtige Zollerleichterungen für ukrainische Waren, die niemand im Westen zu kaufen gedenkt. Der mediale Mainstream feiert die hohen Zuwachsraten im bilateralen Handel, die vom Volumen her Peanuts sind. Wasch mir den Pelz, aber mache mich nicht nass!

Nicht zu ignorieren bleibt der unterschwellige „Subventionsneid" in den heutigen EU-Nehmerländern. Die Ukraine ist ein Fass ohne Boden. Begrenzte EU-Mittel in Zukunft dorthin zu verlagern, bedeuten Kürzungen in den begünstigten Beitrittsländern. Die zukünftige Entwicklung im Osten bleibt trotz „Minsk 2", der „Gasgespräche" und des brüchigen „Waffenstillstands" ungewiss.

Die Wirtschaftskapitäne bleiben ruhig und stehen offiziell hinter dem „Primat der Politik", solange die Sanktionen sie nicht viel kosten. Sie wissen, die Politik kommt und geht, und ihre Konzerne sind oft seit über 100 Jahren (Siemens) im Russland-Geschäft tätig. Zudem können sie einzeln nicht viel ausrichten, und illegale Absprachen gibt es noch nicht. Kritische Stimmen würden zudem wahrscheinlich bei der Politik auf taube Ohren stoßen. *Jens Weidmann,* der Präsident der Deutschen Bundesbank, opponiert schon seit Jahren gegen die Politik der EZB und kritisiert die Bundesregierung, konnte aber allein auch nichts ausrichten.

Die Standpunkte der Politik und der Systemmedien sind hinreichend bekannt und bedürfen keiner weiteren Erläuterung.

Sowohl die Sanktionskritiker als auch die Befürworter befinden sich in einer unglücklichen Lage, weil sie ihre Kräfte nicht voll entfalten.

können. Den Ersteren verweigern die Systemmedien das Forum für eine breite Entfaltung, während der Standpunkt der Befürworter durch die stete Verringerung des Erkennungsdefizits bedroht wird. Je mehr im Netz über ein heikles unbekanntes Thema gelesen wird, desto höher wird die Aufklärungsquote. Die Leute glauben immer weniger an den Sinn von und das Recht auf Sanktionen.

Selbst nach dem Abbau des Erkennungsdefizits wird wohl noch über lange Zeit ein Handlungsdefizit herrschen. Das ist die schlechte Nachricht. Bis auf paar Fanatiker will niemand die Ukraine-Politik „kämpfen", sondern nicht einmal auf die Straße gehen. Viele sagen: „Wir können daran sowieso nichts ändern." Oft wollen sie es auch nicht, weil sie die Haltung der Politik für nicht so schlimm ansehen. Die paar Euro für Rettung des Landes vor dem Kollaps schützen, was machen die schon aus. Der schleichende Rüstungswettbewerb wird der Bevölkerung dagegen nicht so richtig bewusst. Manöver werden en masse abgehalten, die NSA spioniert weiter und es passiert nicht viel. Neben dem vorgenannten Handlungsdefizit scheint der starke Gleichgültigkeitsüberschuss genau so stark vertreten zu sein.

Die von der Berliner Politik befürchteten Demonstrationen wegen sanktionsbedingter Arbeitsplatzverluste gibt es in Deutschland glücklicherweise noch nicht. Dafür ist der Schaden noch zu klein. Das Land hat anno 2015 mit den Flüchtlingen aus Afrika und der PEGIDA ganz andere Sorgen.

Breite Zustimmung für Putin in Russland

Auf der Gegenseite ist es etwas anders. Die Zustimmung für Putins Politik erreicht in Russland mit 80%-85% einen Rekord nach dem anderen. Die westliche Politik scheint damit kein Problem zu haben, da sie die Ergebnisse verschweigt oder mißinterpretiert. Auch die orthodoxe Kirche steht voll hinter dem russischen Präsidenten. Seit 1380 besteht ein tiefer Unfriede zwischen der katholischen und der orthodoxen Kirche. Damals verbündete sich die katholische Stadtrepublik Genua mit den Mongolen gegen das Versprechen des Khan Mamai, die Stadt Sudak am Schwarzen Meer zu erhalten. Die Russen unter Großfürst Dimitrij Donskoj besiegten die Tataren auf dem Kulikowo Polje.

Unsere Systemmedien und die Politiker versuchen eine künstliche Diskrepanz zwischen der Regierung und dem Volk hineinzuinterpretieren, indem sie die Zustimmungsergebnisse für Putin als „unheilvoll", „leider", oder „irreführend" charakterisieren. Das ist notwendig, denn es würde sich nicht gut anhören, wenn das gesamte russische Volk das Stigma der Imperialpolitik mittragen müsste. So ist es nur Putin. Gutes, liebes, leidendes Volk und eine undemokratische, aggressive Regierung, so etwas habe es schon zu Sowjetzeiten gegeben. An die Tatsache, dass diese Regierung auch nach westlichen Maßstäben zu mehr als 70% demokratisch gewählt wurde, braucht der Westbürger nicht unbedingt erinnert werden.

Die unten beschriebenen Zwistigkeiten unter den EU-Ländern in der Sanktionsfrage finden ebenso keine Erwähnung. Stattdessen wird betont, wie hart das West-Embargo den Durchschnittsrussen und einige Großkonzerne treffe. Dilettantismus darf dabei natürlich nicht fehlen. So wird schon manchmal behauptet, bei Gazprom werden 2014 „rote Zahlen" geschrieben (*Bernd Lichte,*). Wen stört das schon, dass hier negative Wachstumsraten mit einem absoluten Verlust verwechselt werden.

Damit kein Missverständnis entsteht: Ob die russische Bevölkerung auch in anderen Fragen hinter Putin steht, was sie von seiner Sozial- und Innenpolitik meint, wie breit und wo sich Protestbewegungen formieren, ist ein anderes Thema und wird hier nicht behandelt.

Wer zahlt die Kosten und Verluste der Sanktionen?

Von der vorherigen Frage, wer zahlt die Kosten der Sanierung der Ukraine ist jene zu unterscheiden, die nach der Bezahlung der Sanktionskosten gestellt wird.

Die DAX-Wirtschaft, nicht aber der Mittelstand, erkennt einerseits offiziell das „Primat der Politik" an; in zahlreichen Interviews bringt sie andererseits ihre ablehnende Haltung gegenüber den Sanktionen zum Ausdruck. Offiziell geizen die höchsten politischen Kreise, wie unsere Bundeskanzlerin, keinesfalls mit simplen Slogans wie „Russland wird einen hohen Preis für seine Annexionspolitik zahlen" oder „internationale Wirtschaftsbeziehungen brauchen eine verlässliche rechtliche Basis". An einer wirklichen Verschärfung der Beziehungen sind die deutschen Wirtschaftskreise jedoch nicht interessiert. Umgekehrt, je länger die Spannung anhält, desto mehr trauen sich Verbandsvertreter, auf das Arbeitsplatzverlustrisiko hinzuweisen. Der deutsch-russische Handel ist 2014 im Vergleich zum Vorjahr immerhin schon um 24% gesunken.

Zu erinnern ist dabei daran, dass die Sanktionskosten letztendlich nicht die Wirtschaft selbst, sondern wie gewohnt der arg gebeutelte europäische Steuerzahler trägt. Denn die Unternehmen sind gegen die politischen Risiken der von den Regierungen verhängten Sanktionen durch staatliche Außenhandelsversicherungen - in Deutschland durch die Hermes-Kreditversicherung und Euler - geschützt. Gingen die Risiken allein zu Lasten der Gewinne, würde so mancher Wirtschaftskapitän aus Furcht vor der eigenen Aktionärsklientel mehr Mut aufbringen. Nach jetziger Rechtslage droht einem bundesdeutschen Firmenlenker bis zu fünf Jahren Haft, wenn er die Embargobeschlüsse der Bundesregierung bricht. Unabhängig davon kann er noch von der US-Justiz belangt werden.

Nota bene werden Wirtschaftssanktionen von der Charta der Welthandelsorganisation (WTO) als klares Diskriminierungselement verboten. Der naive Idealist könnte fragen, ob hier der Westen nicht selber gegen das so oft strapazierte Völkerrecht verstößt. „Legal" sind Sanktionen nur dann, wenn sie vom UN-Sicherheitsrat, wie im Falle Irans, einstimmig beschlossen werden. Das wir im Falle Russlands an seinem Veto-Recht und das Rot-Chinas scheitern.

Der ungewollte Schönheitsfehler: tiefe Spannungen in der Allianz der „Sanktionswilligen"?

Um eventuellen Schadenersatz niedrig zu halten, beziehen sich die Sanktionen auf zukünftige Geschäfte. Wie das in der Praxis aussah, zeigen Beispiele, die zu Beginn der Krise registriert wurden. Danach sollte Frankreich anfänglich die Mistral-Truppentransporter an Russland ausliefern dürfen. Wurden laufende Rüstungsgeschäfte verhindert, wie bei Rheinmetall, konnte Russland als Geschädigter vor einem internationalen Schiedsgericht auf Schadenersatz klagen. Dann wird z.B. Rheinmetall zahlen müssen und sich das Geld von Hermes, sprich vom deutschen Steuerzahler, holen. Das eigentliche Wirtschaftsleben „geht weiter". So einfach ist das.

Die Landesgesetze in der Sanktionsfrage unterscheiden sich gravierend. Problematischer wird die Sachlage, wenn die USA einen Alleingang wagen und von Europa abermals „Bündnistreue" einfordern. Es käme dann zu einem spannenden Kräftemessen, wenn die US-Amerikaner - konform mit ihren nationalen Gesetzen - europäische Großkonzerne mit einem US-Fokus für ihre Russland-Geschäfte „bestrafen". In diesen Fällen können ausländische Firmen zur Verantwortung gezogen werden, die zwar keine Gesetze des eigenen Landes, aber die der USA verletzt haben. Eine ganze Branche von US-Wirtschaftanwälten lebt von dieser Problematik. Im Sommer 2015 sieht es wenig nach einer wirtschaftlichen Konfrontation aus, einige US-Konzerne (Cisco) machen selber höchst umstrittene Geschäfte mit Russland.

Es gibt also innerhalb der EU keinen kodifizierten Sanktionszwang. Einzelne Staaten sind in ihrer Russland-Haltung souverän und lassen sich dabei von den nationalen Interessen, sprich der Höhe des Engagements im Osten, leiten. Es sei denn, sie sind klein, arm und abhängig. Das Dauerproblemkind Griechenland ist hier erneut „aufgefallen". Alexis Tsipras protestierte gegen die mit ihm nicht abgestimmte Verbreitung eines Sanktionstextes, der von der „EU-Einheitsfront" verbreitet wurde.

So verwundert es nicht besonders, dass selbst das stets US-freundliche Großbritannien sich eher „sanktionsunwillig" zeigt, weil London zum beliebten Ankerplatz der finanzstarken russischen Oligarchie zählt. Ungarns Premierminister *Viktor Orban* nannte schon vor einem Jahr die Sanktionen einen „Schuss ins Knie", sein slowakischer Kollege *Robert Fico* bezeichnete sie als „sinnlos". Slowakeis Vetoverzicht gegen die Sanktionen wurde mit einer Reihe von Ausnahmegenehmigungen erkauft. Nach den Meldungen von Ende Mai 2015 wollen Italien und Spanien die Sanktionsfront offiziell verlassen. Warum gibt es noch keine Talkshow über das Thema „Sanktionsbrecher und ihre Argumente"?

Bulgarien und Rumänien drohen EU-eigene Sanktionen wegen massiver Korruptionsfälle. Brüssel untersucht derzeit, ob Bulgarien bei der Vergabe von Aufträgen im Zusammenhang mit dem Bau der South-Stream-Pipeline gegen das Wettbewerbsrecht verstoßen hat. Diese Pipeline sollte ab 2017 russisches Erdgas an der Ukraine vorbei nach Europa liefern und 24 Mrd. € kosten. Das Projekt ist von Brüssel gestoppt worden, und seine frühere Befürworterinnen bei der Kandidatur für den EU-Posten als Energiekommissarin, die Ex-Ministerpräsidentin Sloweniens *Alenka Bratusek* durchgefallen. Serbien wurde vor die Wahl gestellt, auf das Projekt zu verzichten oder den Abbruch der EU-Beitrittsverhandlungen zu riskieren. So sieht die EU-Demokratie im Einzelfall aus. Nach den neuen EU-Regeln müssen die Energielieferung und der Pipeline-Transport getrennt werden, was beim South-Stream nicht gegeben ist, da beide Leistungsbereiche bei Gazprom liegen. Allerdings würde hier die Verbotsregel zeitlich rückwirken, da das Projekt älteren Datums ist.

Das Buhlen um die Gunst der Balkanstaaten geht weiter. „Beim Streit um diese Gas-Pipeline geht es nur vordergründig um EU-Vorschriften. In Wirklichkeit ringen Moskau und der Westen um Macht und Einfluss auf dem Westbalkan“, schrieb die Wirtschaftswoche schon am 9.7.2014. Ab Mai 2015 wird auch das kleine, aber strategisch wichtige, Mazedonien sowohl von der USA-EU-Allianz als auch von Russland stark umworben, weil durch sein Territorium die Alternativ-Pipeline zur South-Stream gehen würde. Dieser Strang soll russisches Erdgas von der Türkei über Griechenland nach Westeuropa transportieren. Auffallend viele „Massenproteste“ unbekannter Gruppierungen nach dem Vorbild Maidans stechen in Mazedonien ins Auge. Woher kennen wir das?

Wegen der Einstimmigkeitsregel muss auf die Abweichler in der EU einmal mehr, einmal weniger Rücksicht genommen werden. Gegen schwache Dritt-Staaten entfällt diese Notwendigkeit, und die EU kann da ganz schön rabiat werden. So wurde einer Reihe von lateinamerikanischen Ländern mit Konsequenzen gedroht, weil sie Russland mit Sanktionsprodukten belieferten. Selbst die starke Türkei bleibt vom Argwohn Brüssels nicht verschont. Ohne Erfolg. Die schlauen Türken füllen gegen harte Devisen heute weitgehend Russlands Versorgungslücke bei den Lebensmitteln. Das souveräne Istanbul setzt sich damit abermals über die für das Land nicht bindenden Wünsche der EU hinweg.

Exkurs: Wie alles mit der polnischen Wurst begann

Die weiteren Musterbeispiele zeigen, wie ein Streit in der EU schnell eskalieren kann. Sein Beginn geht auf den März 2014 während des sog. „Schweinefleisch-Krieges“ zurück, als Österreich für die von Russland, angeblich wegen gesundheitlicher Bedenken, gestoppten polnischen Fleischimporte einsprang. Die polnischen Bauern-Lobbyisten klagten schon damals bitter: „Wir rasseln mit dem Säbel, und die anderen machen die Geschäfte!“ Die gebeutelten Landwirte wurden vom polnischen Staat (teil-)entschädigt; das grundlegende Problem blieb aber bestehen. Dann erfolgte eine Spielverlängerung mit den polnischen Äpfeln. Ab dem 1.8.2014 gibt es die russischen Einfuhrverbote für europäische Früchte und Gemüse. Die EU-Kommission hat bis Anfang Oktober 2014 über 290 Millionen Euro aus einem Sonderfonds gezahlt, bei einem auf 12 Mrd. Euro geschätzten Schaden. Polen will daher bei der WTO gegen das russische Einfuhrverbot für seine Lebensmittel Klage einreichen. Warschau bittet zudem die Union um Intervention wegen der langen

Wartezeiten bei der Transitabfertigung durch russisches Territorium. Der polnische Handel mit Ländern des Kaukasus und Mittelasiens leidet darunter. Was hat denn Polen, das sich nach eigenen Angaben als Vorreiter im Kampf gegen den „russischen Neoimperialismus sieht", eigentlich erwartet? Auch gelernt aus den Fällen hat wohl eher nicht viel, wie das Spektakel um das Durchreiseverbot für die russischen Biker, die „Grauen Wölfe", zeigt. Die bösen Jungs wollten in Berlin am 9.5.2015 den 70.ten, Jahrestag des sowjetischen Sieges über Nazi-Deutschland feiern und haben es auf Umwegen geschafft.

Wäre er in der Sache nicht so traurig, könnte man über den ganzen „Sanktionszirkus" gehörig lachen. Sicherlich ist es ein dankbarer Stoff für viele Wirtschaftskomödien.

W2: Wo sind die Sanktionen anzusetzen?

Oftmals wird behauptet, westliche Sanktionen seien im Falle Russlands allein in der materiellen Sphäre wirksam, d.h. bei den Handelsbeziehungen und den Sachinvestitionen. Auf den Punkt gebracht, könnte dann ein Lieferstopp der westlichen Hochtechnologie bzw. der Bruch bestehender Erdöl- und Erdgasverträge durch eine europäische Abnahmeverweigerung einen Kollaps beim Gegner verursachen. Damit würden die Europäer - extrem ausgedrückt - zwar frieren, Russland würde aber seiner regulären Deviseneinnahmen aber ebenso verlieren. Glücklicherweise wurde dieser zweite Gedanke niemals ernsthaft diskutiert.

Die USA wollen, dass Europa die Sanktionskosten bezahlt. Schließlich liegt die Ukraine in Europa. Sobald die US-Amerikaner selber konkret betroffen werden, machen sie den Rückzieher. So betreibt der russische Staatskonzern Rosneft in der Kara-See ein Milliardenprojekt mit dem US-Riesen ExxonMobil. Beide Konzerne vermuten dort Erdölvorkommen, vergleichbar mit den Reserven Saudi-Arabiens. Dieses Geschäft geht daher trotz der verhängten Sanktionen munter weiter. Nur die unterwürfigen Deutschen bleiben, salopp ausgedrückt, stur und artig.

Neben einigen Einfuhrverboten für die Energie- und Rüstungsindustrie haben die USA und die EU Finanzsanktionen gegen eine Reihe russischer Unternehmen und Banken mit dominierendem

Staatsanteil verhängt, die wahrscheinlich ins Leere laufen werden. Diesen Banken wird in der EU und den USA verboten, Anleihen und neue Aktien (Kapitalerhöhungen) zu emittieren und zu verkaufen, nicht aber, Kredite aufzunehmen. Das sieht nach einer klassischen Sanktionslücke aus, kann aber politisch Sinn machen.

Denn solche „weichen" Sanktionen hören sich in den Ohren einer wenig informierten West-Öffentlichkeit martialisch an, sind aber dennoch höchst unwirksam. Wer kein Fremdkapital benötigt, wie die Russen, der kann mit obigen Marktzutrittsverboten nicht geschädigt werden. Der Effekt ist der gleiche, wie wenn *Sebastian Vettel* einige Banken die Depotverwaltung gekündigt hätten. Der reiche Rennfahrer wird sich an die Konkurrenz wenden. Allen Protagonisten dieser Maßnahmen ist dringend zu raten, einen Propädeutikkurs in Finanzwissenschaft zu absolvieren. Wäre dieses Ritual auch hier nicht so grotesk, könnte man meinen, die Regierungen hätten aus der Not eine Tugend gemacht. Vielleicht weiß aber die Regierung um diese Unwirksamkeit Bescheid?

Solche Sanktionen tun also niemanden weh, am wenigsten den russischen Banken und Unternehmen, die, wie gezeigt auf eine Westfinanzierung nicht angewiesen sind. Westliche Banken kosten - anders als die Realwirtschaft - die Finanzsanktionen auch keine Arbeitsplätze. Der russische Staat und große chinesische Adressen sind den Instituten sofort mit zweistelligen Millionenbeträgen zur Hilfe geeilt. Das Geld und die Zinsen werden sie wieder sehen. Einige Großbanken (Sberbank) des Landes haben sich in diesem Sanktionswirrwarr sogar in Währungsgeschäften mit dem Rubel verspekuliert. Sberbank wollte am Verfall der eigenen Landeswährung verdienen.

Wir erinnern uns: Russland ist Nettogläubiger des Auslandes. Das bedeutet, das Vermögen russischer Wirtschaftssubjekte (Staat, Unternehmen, Banken) an ausländischen Vermögenswerten in Form von Portfolio (Finanz)- und Sachinvestitionen (Direktinvestitionen) sowie Krediten ist höher als entsprechendes Vermögen der Ausländer an russischen Vermögenswerten. In welchen Ländern und bei welchen Finanzinstituten Portfolioinvestitionen „in Friedenszeiten" gehalten werden, ist unerheblich, nicht aber in Krisenzeiten. Dann können Aktiva im Rahmen von „harten" Finanzsanktionen eingefroren werden (vgl. Fall Iran).

Auch die gegen Russland nicht verhängten „harten" Sanktionen würden sich für den Westen kaum lohnen. Nach einer groben Einschätzung zöge er in diesem Schlagabtausch von Sanktionen und Gegensanktionen den Kürzeren. Denn westliche Sachinvestitionen in Russland, unter anderem die der großen DAX-Werte (VW, Siemens, BASF, E.ON), übersteigen um ein Mehrfaches das entsprechende Engagement der Russen im Westen. Keiner hätte ein Interesse, die Produktionsstätten, die den Geschäftspartnern gehören, zu übernehmen. Deutsche Konzerne müssten dann in ihren Bilanzen riesige Abschreibungen verkraften, für die Russen wären die Anlagen ohne westliches Know-how und Ersatzteile wertlos. Unterauslastungen und Stilllegungen wären die Folge. Gewachsene Wirtschaftsbeziehungen drohten für Jahrzehnte zu vergiftet. Wenn sich die Lage irgendwann beruhigen würde, hätten nur die internationalen Schiedsgerichte hätten Hände zu tun. Das alles will niemand.

Inwiefern sich russische Portfolioinvestitionen heute noch im Zugriffsbereich westlicher Staaten befinden, ist zudem unklar. Hätte eine russische Großbank (Sberbank) beizeiten Vermögenswerte von J.P. Morgan oder der Citibank nach China (ICB-Bank) oder Brasilien (Itau Unibanco Holding) transferiert, wären diese vom Zugriff der westlichen Sanktionsstaaten sicher. Denkbar ist natürlich, dass diese beiden BRICS-Banken ihrerseits bei ihren US-Filialen Probleme bekämen. Den beiden Ländern, China und Brasilien, stünde es allerdings frei, Gegenmaßnahmen gegen die US-Banken im eigenen Land zu ergreifen, so zusagen als Vergeltung. Wie ersichtlich, würden solche Aktionen und Gegenaktionen die Sanktionsspirale schnell ankurbeln und den Welthandel erheblich stören.

Kurzum, bei Finanz- und Vermögenssanktionen sind vorab genau die Aufrechnungs-, Rückzahlungs- und die Zugriffsaspekte zu untersuchen, bevor sie verhängt werden (Abbildung 26).

Abbildung 26: *Aufrechnungs-, Rückzahlungs- und Zugriffsprobleme bei Verhängung von Vermögenssanktionen gegenüber Russland*

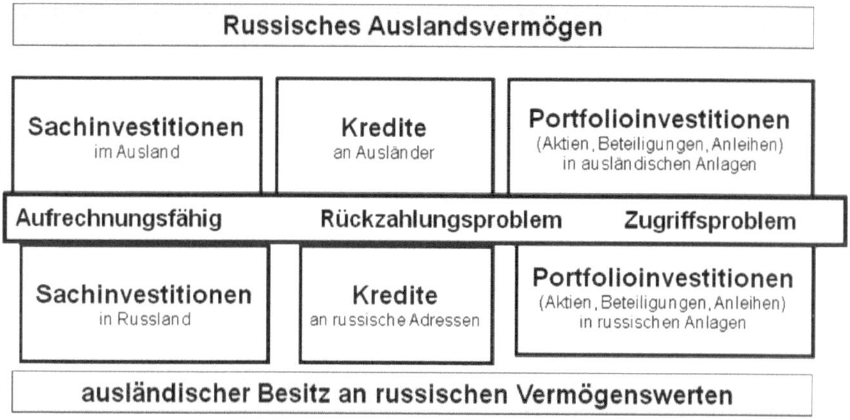

Schließlich bleiben im Finanzbereich noch die Störungsmanöver über den internationalen Zahlungsverkehr als potentielles Druckmittel zu erwähnen. Wie überlebenswichtig dieser heute ist, zeigt das Beispiel, als einige US-Banken dem Portal WikiLeaks die Kontoverbindung kündigten, damit dorthin keine Spenden für *Julian Assange* mehr flossen. Im Boykott des Zahlungsverkehrs zwischen Russland und der EU wäre allerdings auch eine Situation entstanden, in der europäische Banken Gazprom kein Geld mehr überweisen. Das ist absolut illusorisch, da der Riese dann seine Erdgaslieferungen sofort einstellen und bei seinen internationalen Verpflichtungen nach Ersatzlösungen über Drittbanken suchen würde. Die Europäer könnten sich dann, wörtlich genommen, wirklich warm anziehen. Dessen ungeachtet ist durchgesickert, dass Präsident Obama bei SWIFT (*Society for Wordlwide Interbank Financial Telecomunication)* erfolglos versuchte, den Ausschluss Russlands aus dem System, der den internationalen Zahlungsverkehr dominiert, durchzusetzen. Gut, dass der Betreiber keinen Sitz in New York sondern in Brüssel hat.

Fazit: Portfolioverschiebungen, in welcher Art auch immer, stellen keine Bedrohung für die russische Wirtschaft dar. Es kommt dabei in der Regel zum Eigentümerwechsel hinter denen keine realen Wirtschaftsprozesse stehen. Reduzieren bestimmte Großanleger (Vermögensverwaltungen, Asset Manager, Investmentbanken oder

Fonds) ihre Bestände an russischen Anlagen, so wird eine andere Investorengruppe diese Titel kaufen, ohne dass sich am Mehrheitsbesitz des russischen Staates etwas ändert.

Dennoch haben im Herbst 2014 die Systemmedien die vielen Portfolioumschichtungen und den massiven Ausstieg der Fonds aus russischen Titeln, unisono mit der „Kapitalflucht“ verwechselt. Wie beschrieben, wird die negative russische Kapitalverkehrsbilanz von etwa 120 Mrd. USD als Ausdruck von Netto-Kapitalabflüssen, unterschiedliche Gründe haben. Neben den normalen Motiven werden sich darunter auch „Fluchtaspekte“ befinden. Reine Portfolioumschichtungen werden dazu jedoch nicht gezählt.

Vor diesem Hintergrund ist der „Rausschmiss“ russischer Konzerne aus den bekannten US-Aktienindizes von S&P oder MSCI für die dortige Volkswirtschaft ebenso irrelevant. Lediglich den Anlegern werden vorübergehende Kursverluste wohl nicht erspart bleiben. Dennoch: Wo man hinschaut, diese kleinen Sticheleien und ein Dauerbeschuss mit kleinem und großen Kaliber, bis der gejagte Bär umkippt. Vielleicht entkommt er aber den Jägern?

In einer, wie oben definierten, „Kapitalflucht“ in Kombination mit schwachen Energieexporterwartungen, dem verschlechterten Investitionsklima für Direktinvestitionen (?) eine Rezessionsgefahr in Russland, wie in Argentinien, Venezuela, Nigeria, Südafrika oder Indien, zu sehen - so eine Expertise des bekannten think tank *IHS-Instituts* -, ist für einen seriösen Ökonomen nicht nachvollziehbar. Wer glaubt solchen Prognosen? Machen jetzt auch die freiberuflichen Experten nur ihren Job?

Exkurs: BRICS-Bank als „Mini-IWF“

Die neue Entwicklungsbank der BRICS-Staaten (Startkapital 50 Mrd. USD) beweist: Die großen Emerging Markets machen es mit der Gründung eines Gegengewichtes zum IWF endlich ernst. Die diskriminierende Finanzhegemonie des Westens unter der US-Ägide, wo das Sanktionswesen ungehindert gedeihen kann, soll aufhören. Das neue Bankinstitut steht jetzt unter der Dominanz Chinas, ist aber so attraktiv, dass selbst westliche Investoren (Briten) einsteigen. Sein Name „New Development Bank“ scheint Programm zu sein. Auch sonst mischen China und die anderen BRICS in den Weltfinanzen immer kräftiger mit. Peking hat Argentinien 7,5 Mrd. USD geliehen, damit das Land die Hedgefonds-Krise übersteht. Der neue Champion will beim Goldfixing mitreden, Yuan-Anleihen global platzieren und seinen Yuan als Weltwährung bei den IWF-

Sonderziehungsrechten sehen. Gleichzeitig richten China, Russland und andere Staaten im Westen Clearing-Stellen für ihre Währungen ein, um die USD-Dominanz und die Schwankungen der Währungskurse abzuschwächen. Die Importeure können bald in Yuan und Rubel zahlen. Die skizzierte Dimension des Widerstandes gegen die westliche Finanzdominanz ist derzeit noch bescheiden. Sie entspricht aber nicht dem globalen ökonomischen Gewicht der BRICS&Co. Mit diesen ersten Schritten wird sicherlich nicht sofort eine neue Weltwirtschaftsordnung angestrebt. Jeder Anfang ist aber schwer. Wenn die meisten Prognosen stimmen, steigt 2030 der Anteil der großen Emerging Markets am BIP-Globalprodukt auf das Doppelte des Westens. Wird diese Verschiebung keine Spuren in der Weltwirtschaftsordnung hinterlassen. Um diese Antwort drücken sich die beamteten Ökonomen.

Rüstungsausgaben: Wäre ein neuer Rüstungswettlauf für Russland existenzbedrohend?

Die ökonomischen Auswirkungen eines Rüstungswettlaufes kann ein Analyst noch weniger schätzen als die der Wirtschaftssanktionen. In der Allgemeinen Betriebswirtschaftslehre gibt kein Spezialfach Rüstungswirtschaft (Verteidigungswirtschaft) auf dessen Analysemethoden er zurückgreifen kann.

Zunächst steht fest, dass sich die NATO wegen der geschätzten 10-fachen wirtschaftlichen Überlegenheit ein neues Wettrüsten eher leisten könnte. Ihre jährlichen Militärausgaben sind mit rund 1 Bill. USD etwa 12-mal höher als die russischen (Abbildung 27). Allein zwei Drittel der Summe entfallen auf die USA, die sich über Länder wie Deutschland bitter beklagen, mit einem Kleinbudget von 50 Mrd. USD zu wenig für die „Verteidigung der westlichen Werte“ zu tun. Wäre die Benchmark allein von den USA festgelegt, könnte der Abstand so gedeutet werden. Ein kritischer Bundesbürger, der nicht von den Verteidigungs-, sondern Rüstungsausgaben spricht, wird die Zahlenkonstellation anders interpretieren: Damit die Proportion wieder stimmt, habe nicht Deutschland seine Rüstungsausgaben zu erhöhen, sondern die westlichen Bündnispartner ihre zu senken. Dem Bürger wird die schleichende Debatte über die Notwendigkeit einer Verteidigungsanstrengung und mehr Engagements in den Krisenregionen (*Joachim Gauck*) schon beunruhigen. Warum kommen diese Forderungen gerade in der heutigen Zeit? Sind sie versteckte Vorboten eines neuen Rüstungswettlaufs? Wer ist eigentlich der (neue) Gegner?

Abbildung 27: *Rüstungsausgaben weltweit 2013*

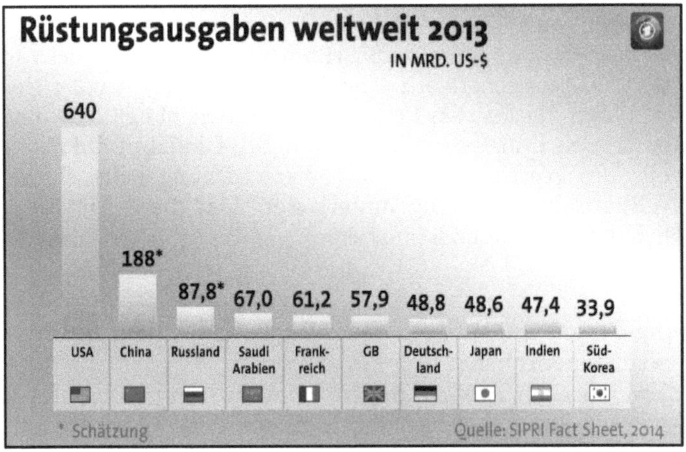

Wer sich über die Relationen im Rüstungsbereich mehr informieren will, kann auf die Jahresberichte des Stockholmer Instituts für internationale Friedensforschung (SIPRI) zurückgreifen.

Heute geht es nicht nur um die absolute Höhe der Ausgaben, die offensichtlich anders strukturiert sind als im Ersten Kalten Krieg vor vierzig Jahren. Vielmehr sind wir als Laien in der Literatur auf einige andere Punkte gestoßen.

Erstens: Russland führt heute keine imperiale Expansionspolitik mehr, wie vormals die Sowjetunion mit ihrem „Export der Weltrevolution". Die sowjetische Offensivarmee, die in der Spitze 2,9 Millionen Mann zählte und im ganzen Warschauer Pakt stationiert war, allein davon 400.000 Mann in der Ex- DDR, bildete die ökonomische Treibkraft und die Stütze des Kommunismus. Exakte Zahlen, zur Belastung der Sowjetwirtschaft durch den Militärkomplex existieren nicht. Die CIA-Schätzungen gehen von 10% bis 15% des BIP aus. Die gegenwärtigen Schätzungen für Russland belaufen sich auf 3% bis 4% bei einer offiziellen Armeestärke von 845.000 Mann, die der türkischen entsprechen soll. Der Anteil der US-Rüstungsausgaben am BIP (Armeestärke 1,45 Millionen Mann) ist etwa genauso hoch, wie der russische. Auch hier liefern die Statistiken kein genaues Bild; viele Ausgaben werden in Nebenhaushalten verbucht, paramilitärische Kräfte nicht dazugezählt. Wer als Europäer einmal Bilder von dem Einsatz der US-Nationalgarde gesehen hat, wird darin den Unterschied zu regulären Streitkräften nicht erkennen. Dies alles erinnert stark an die vormals bewaffneten Betrieblichen Kampftruppen in der DDR.

Zweitens: Auch wenn man es nicht sehen möchte, Russlands Militärmacht ist heute auf einen Bruchteil der alten Sowjet-Stärke geschrumpft. Militärische Engagements in den neu aufflammenden Kriegs- und Krisengebieten der Welt sowie die Unterstützung der politisch opportunen Regimes wurden völlig eingestellt. Die letzten Militärbasen in Syrien, Kuba oder Vietnam sind erst vor kurzem aufgegeben worden. Verblieben ist eine bescheidene Militärpräsenz, eher eine Ordnungs- als eine Offensivstreitkraft, in den russisch bevölkerten „Republiken" Transnistrien, Abchasien und Südossetien - vormals Teile von Georgien - und in einigen Ex-Sowjetrepubliken (Armenien, Kirgisien). Laufen die Stationierungsabkommen mit diesen Ländern aus, kann man schon manchmal „rausgeschmissen" werden, was den USA übrigens auch passiert. Im Vergleich zur globalen US-Präsenz sind all diese Aktivitäten abermals Peanuts. Als offene Flanke gilt noch die Arktis, wo sich Russland gerade militärisch positioniert.

Drittens: Die Reduzierung der globalen Präsenz macht Mittel frei, die nach der neuen Militärdoktrin zur Modernisierung der Streitkräfte und der Entwicklung neuer Raketenabwehrsysteme, womöglich bald in Kooperation mit China, verwendet werden - nach dem Motto: „Weniger Panzer mehr Raketen". China scheint sich auf den Ausbau der Flotte (was teurer ist), Russland auf die Raketensysteme (was mehr Know how erfordert) zu konzentrieren.

Viertens: Nach Jahrzehnten Geheimniskrämerei in der Sowjetära werden Fragen der offensichtlichen „Rückständigkeit" gegenüber der NATO in Russland heute offen und realistisch diskutiert, auch in zahlreichen Talkshows. Es gibt Überlegungen die Truppenstärke weiter zu reduzieren, auf den Wehrdienst zu verzichten und ihn durch eine schlagkräftige, gut bezahlte Berufsarmee mit mobilen Einsatzkommandos zu ersetzen. Diese hätten nach heutiger Lage die West- und Südgrenzen des Landes zu sichern. Von China und Mittelasien geht für Russland keine Gefahr aus. Großbritannien kommt mit einer Armee von 180.000 Mann gut zurecht. Polens Streitkräfte -

so die spöttische Bemerkung des Oppositionsführers *Jaroslaw Kaczynskis* - hätte Platz in einem Fußballstadion.

Fünftens: Dennoch gewinnt das Militär als Wirtschaftsfaktor in Russland immer mehr an Bedeutung, nicht nur aufgrund der erhöhten Verteidigungsbudgets im Zusammenhang mit der Ukraine-Krise. Der Ausbau des Rüstungskomplexes im Rahmen des vorgestellten „Inselmodells" wird als eine Art von Konjunkturmotor betrachtet. Russland ist heute als der zweitgrößte Waffenexporteur der Welt, direkt nach den USA (Anteile 30% und 26% nach SIPRI). Das geht primär über die Menge, denn der technologische Rückstand russischer Waffen ist bekannt. Unter den 10 weltgrößten Rüstungslieferanten ist zudem keine russische Adresse zu finden. Der führende Raketenproduzent Almaz Antei fungiert bei einem Umsatz von 6 Mrd. USD und knapp 100.000 Beschäftigten auf Platz 14. Irgendwie müssen die russischen Waffen jedoch interessant und tauglich sein - wird der Laie schlussfolgern -, sonst würde sie niemand kaufen wollen. Nota bene belegte auch die Ukraine auf diesem Gebiet einen der vordersten Plätze. Wer hätte das vermutet?

Sechstens Alles in allem ist Russlands Wandel von der quantitativen zur qualitativen militärischen Denkweise offensichtlich. Mit der Vorbereitung einer neuen imperialen Geopolitik wird dieser Trend kaum etwas zu tun haben. Im Endeffekt ist Russlands Souveränität - so die inoffizielle Lesart - durch die strategischen Nuklearwaffen gesichert. Hier gab es noch vor kurzem Zweifel. Ernstzunehmenden Studien zufolge waren die USA noch vor wenigen Jahren in der Lage, Russland mit einem nuklearen Erstschlag zu entwaffnen. Heute werden solche Aussagen nicht zu finden sein, wenngleich von einer militärischen Ebenbürtigkeit mit den USA nicht die Rede ist. Diese soll auch kein Offizieller anstreben, Abschreckung heiß die alte und neue Devise.

Siebtens: Das Gesagte lässt Fragen aufkommen, ob in Zeiten der Cyber- und Hochwaffentechnologie Russland in einem Zweiten Kalten Krieg über einen neuen ruinösen Rüstungswettlauf wirklich ökonomisch destabilisiert werden kann. Das bezweifeln wir. Heute ist das Know how und nicht der finanzielle Faktor der Engpass im Rüstungswettlauf. Russland braucht in diesem „Rüstungswettlauf der neuen Art" keinen extremen Konsumverzicht zu üben. Damit wird die Herrschaftselite durch die Gefahr sozialer Unruhen nicht bedroht. Mit anderen Worten allein die Mengenkomponente wäre in einem Zweiten Kalten Krieg so kostspielig, dass sie für Russland bedrohlich werden könnte. Auf diese Mengenkomponente kommt es aber weniger an.

Wenn man sich die US-Klagen über vermutliche Netzeinbrüche russischer Hacker und chinesischer anhört, kann man um die Sicherheit dieser Länder beruhigt sein (oder über deren Treiben beunruhigt sein!).

Dennoch kommen auch Finanzen zum Einsatz, weil Russland und die NATO seine Militärausgaben erhöht. Überall schreien die Verteidigungsminister nach mehr Geld. Glücklicherweise werden sie in die Schranken verwiesen. Polen hat wie die baltischen Staaten seine Militärausgaben von heute 1,95% auf 2% der BIP ab 2016 angehoben. Außer politischer Show kommt bei diesem Kraftakt nichts heraus: Der Mehraufwand reicht gerade für die Beschaffung von fünf Leopard 2-Panzern aus!

Fazit: Im Lichte der verfügbaren Zahlen bleibt die These von der „imperialen Geopolitik" doch wohl abstrus. Um es noch banaler auszudrücken: Russland verfügt über zu wenig Soldaten, um seine Nachbarländer zu okkupieren, unterhält keine Auslandsbasen, und unterstützt keine Regime. Warum es aufrüstet, ist bekannt.

W3: Die wirksame Dosierung

Sanktionen und die Konjunktur

Der dritte Fragenkomplex bezieht sich auf die richtige Dosierung der Sanktionsinstrumente und ihren zeitlichen Einsatzplan. Wie bei der Einnahme von Medikamenten, wo eine höchstmögliche Heilwirkung zu erzielen ist, werden die Sanktionsländer wohl eine höchstmögliche Schadenswirkung anstreben wollen.

Genaues weiß man nicht. Denn genau in diesem Punkt fehlt die konkrete Zielbenennung, mit der sich die politischen Akteure schwertun. Es reicht aber nicht aus zu sagen, der Patient soll krank werden. Politisch gesehen, geht es ihnen allem Anschein nach nicht mehr um die Rückgabe der Krim, sondern um ein „konstruktives Verhalten", „Aufgabe der Annexionspolitik", „Respektierung der Regeln des Völkerrechtes" - wie es aus den dünnen Äußerungen der deutschen Bundeskanzlerin stets zu hören ist. Was das konkret heißen soll, weiß die Dame wahrscheinlich selber nicht.

Auch in ökonomischer Sicht bleibt vieles verschwommen. Hier liegt der offensichtliche Schwachpunkt des EU-Gemeinschaftsvorhabens namens Sanktionen. Ein Ökonom würde klare Aussagen erwarten, derart wie: „Was ist wirtschaftlich zu unternehmen, damit es gelingt, Russlands BIP-Wachstum auf Dauer um 5% jährlich zu schwächen?" Weil Politiker und Sanktionsexperten das nicht zu wissen scheinen oder die Antwort scheuen, versuchen sie sich hinter dem Slogan der Geheimhaltungspflicht zurückzuziehen. Der Beruf eines Sanktionsberaters muss wohl erst erfunden werden. Zu diesem Thema sind auch keine Studien zu finden; wohl deshalb weil sich keiner blamieren möchte. Denn ein „quantitatives Sanktionsziel" ist ja nicht vorgegeben. Es verhält sich so, wenn man die Fahrzeit schätzen muss soll ohne das Fahrziel zu kennen.

Dabei kommt es allein auf den Versuch an. Jeder Erstsemestler weiß, dass die ökonomische Analyse schon länger über ausgeklügelte Modell-Verfahren verfügt, um dieses Thema methodisch sauber anzugehen und Szenarien zu entwickeln. Dort, wo dennoch ökonomische Simulationen gemacht wurden, ist das Ergebnis nicht besonders aufregend. In einer ersten Modellrechnung von April 2014 kam die Österreichische Nationalbank auf das Ergebnis, dass einem 1%iger BIP-Rückgang in Russland in der EU eine entsprechenden Verringerung um 0,15% gegenübersteht. Die nackte Zahl sagt nichts über die Ursache - Wirkung aus, d.h., ob die EU-Sanktionen Russland oder die russischen BIP-Rückgange die EU schaden würden. Wahrscheinlich büßen beide Seiten ein oder das Ergebnis ist zufällig zustande gekommen.

Was in den Folgemonaten verwertbar blieb, bestand aus wenig konkreten Einzelmeldungen, welche von der „konjunkturellen Beunruhigung im Westen", spürbaren „Wirkungen der Sanktionen" in Russland und zum Teil von einer „erst langfristiger Wirkung der Maßnahmen" sprachen. Von einer kompetenten Seite war erneut wenig zu erfahren. In einem gtai-Kurzbericht vom 14.8.2014 „Russlands Wirtschaftsentwicklung schwer voraussehbar" lesen wir: „Russlands Wirtschaft steuert im 2. Halbjahr 2014 auf schwieriges Fahrwasser zu. Die Prognosen der Weltbank zur Entwicklung des BIP schwanken für das Gesamtjahr zwischen -1,8 und +1,1%. Die meisten Prognosen anderer Institute, darunter des IWF, bewegen sich zwischen +0,1 bis +0,5%. Im 1. Halbjahr 2014 betrug das BIP-Wachstum 1,0%, gab das russische Wirtschaftsministerium bekannt". Besonders spektakulär hörte sich das alles nicht an. So viel hätten wir als gelegentliche Beobachter auch sagen können.

Danach kamen ein Jahr lang verschiedene reguläre und temporäre Zahlen von amtlichen EU- und Länderstellen, Forschungsinstituten, Verbänden, Banken und anderen Trägern zur wirtschaftlichen Gesamtentwicklung, Währung und den Finanzen. Diese enthielten keine explizite Spezifizierung der Sanktionsauswirkung oder selbst nur eine Zwischenbilanz der Gesamtmaßnahme. Das Thema für eine Doktorarbeit kann also noch vergeben werden.

Eine quantitative Gesamtbewertung für die deutsche Wirtschaft 2014 bleibt in diesem Kontext schwierig. Sie spürt die Folgen der Euro-Krise und der Russland-Sanktionen gleichermaßen. Das BIP stieg von Januar bis März 2015 im Vergleich zum Vorquartal nur um 0,3%. Dies liegt weit unter den Prognosen der Wirtschaftsforscher, die zu Jahresende noch forsch ein Wachstum von 2% vorhergesehen hatten. Keine Bange, keine Eile, gewohnheitsgemäß werden die Jahresprognosen noch mehrmals angepasst.

Der russische Botschafter in Deutschland, *Wladimir Grinin* behauptet, dass die Sanktionen Deutschland und Russland massiv schaden. *„Deutsche Investitionsagenturen registrierten in der ersten Jahreshälfte 2015 kein einziges Greenfeld-Projekt russischer Investoren in Deutschland. Dabei ist nicht zu vergessen, dass Russland als Nichtmitglied der EU nach der Schweiz das größte europäische Investor-Land bei derartigen Projekten in Deutschland ist – von 2008 bis 2013 wurden 63 Projekte gestartet. Dieser Rückgang kam nach einem recht aktiven Ausbau der Präsenz des russischen Kapitals auf dem deutschen Markt, der faktisch bis 2014 stattfand. 2014 brachen die deutschen Exporte nach Russland dramatisch ein – um 18,1 %... In absoluten Zahlen wurden im vergangenen Jahr an Russland deutsche Waren und Dienstleistungen im Wert von 29,3 Milliarden Euro gegen 35,8 Milliarden Euro im Jahr 2013 verkauft. ... 2015 setzte sich diese absteigende Tendenz fort. Im Januar-Februar ... erreichte der Rückgang der deutschen Exports mit 34 % einen weiteren Tiefpunkt"*. Dem wird nicht viel hinzuzufügen sein.

Sanktionen und der Erdölpreis

In Ermangelung harter Fakten versuchen Journalisten, häufig mit einfachen Graphiken gewünschte Abhängigkeiten zwischen zwei (mehreren) ökonomischen Größen zu „beweisen", die es in der Wirklichkeit nicht gibt. So soll Abbildung 28 die langfristige Abhängigkeit des russischen BIP vom Ölpreis demonstrieren. Abgesehen davon, dass die unterstellte Korrelation wohl für viele OPEC-

Länder gelten würde, ist die vermeintliche Ursache-Wirkung-Beziehung in bestimmten Zeiträumen nicht unbedingt erkennbar.

Der Leser sieht in der Graphik, dass es zwischen 2000 und 2007 einen kräftigen Anstieg des Ölpreises gab, obwohl das hohe BIP-Wachstum nicht mehr zulegen konnte. Umgekehrt stieg der Ölpreis erneut in 2008-2009 an, während das BIP massiv einbrach. Der Statistiker wird daher hier keine generelle Abhängigkeit hoher Ölpreis - hohes Wachstum ausmachen können. Der offensichtlich fehlende Zusammenhang lässt sich schnell erklären, wenn wir uns daran erinnern, dass der Energiesektor nur 14% zum russischen BIP beisteuert. Russland ist kein reiner Ölstaat dessen Wertschöpfung von den Energieexporten dominiert ist.

Trotzdem behauptet *Holger Zschäpitz*, Chef-Wirtschaftsredakteur der „Welt", in einem aufreißerischen Artikel „Russland wird zum Ramschladen degradiert" (hier durch die Ratingagentur Fitch) am 15.01.2015 völlig unkritisch „das Wohl und Wehe der russischen Wirtschaft hängt an der Entwicklung der Rohstoffpreise ab". Ob *Fogh Rassmussen, Fitch* oder Herr *Holger Zsäplitz,* alle diese Namen verrichten in dem großen medialen Propagandaspiel nur ihren Job.

Abbildung 28: Wirklich eine Abhängigkeit von Russlands Wirtschaft vom Ölpreis? (BIP und Ölpreis 1996-2015)

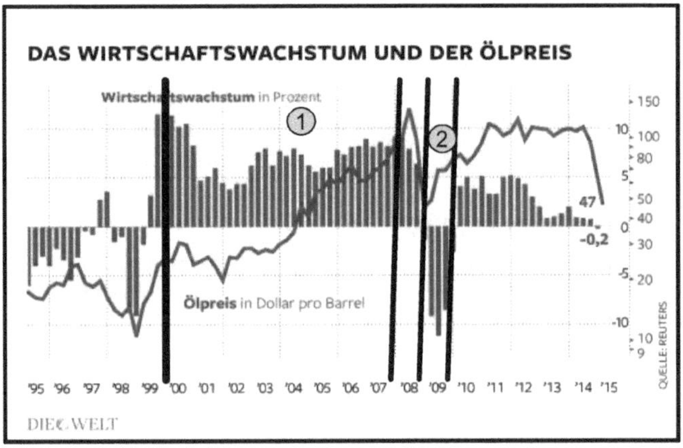

Aufbauend auf dem angeblichen Zusammenhang, tauchten in der aktuellen Diskussion weitere abenteuerliche Vorschläge auf. So war vor einem Jahr überlegt worden, ob die USA durch einen massiven Einmalverkauf ihrer gesamten Öl-Reserven und den damit verursachten Preissturz die russische Wirtschaft nicht knockouten könnten. Dieses Untergangsszenario erregte den Laien, der wenig über die Preismechanismen innerhalb der OPEC, Russlands Devisenreserven und die BIP-Beträge des Öl- und Gassektors in diesem Land gehört hatte und ließ den alten Fachmann kalt. Spekulationen darüber, wie „lange sich dann Putin noch an der Macht halten kann und die Ukraine endlich frei wird", folgten zwangsläufig. Das kommt uns irgendwie bekannt vor. Anstatt sich mit solcher Kindergartenökonomie zu befassen, hätte sich der eine oder andere besser gefragt, was Russland den USA und dem Westen getan hat, dass diese es ohne Rücksicht auf eigene Verluste so krampfhaft schädigen wollen? Das ist weder logisch noch christlich sondern selbstmörderisch.

Sanktionen und die Weltbörsen

Wie in der Medizin, wäre allein die Verabreichung einer wirksamen Elefantendosis nicht das Problem, gäbe es nicht die unerwünschten Nebenwirkungen für die Ökonomie der Sanktionsländer und die Kollateralschäden für die Weltwirtschaft. Zu befürchten sind neben den negativen Auswirkungen auf den Welthandel und -konjunktur Turbulenzen an internationalen Kapital- und Devisenmärkten. Wenn es um Geld geht, wird es ernst.

Seit dem Ausbruch der Finanzkrise in 2009 befinden sich die Weltbörsen in einem stetigen Höhenflug. Die großen Aktienindizes (Dow Jones, DAX, Nikkei oder EuroStoxx50) jagen mit kleinen Unterbrechungen von Rekord zu Rekord. Viele Börsianer erwarten bald eine kräftige Korrektur (sprich einen Crash), die bei einer Eskalation der Russland-Ukraine-Krise nunmehr in der Luft hängen soll. In 2015 beginnt auch das verflixte biblische siebte Jahr - erinnern weiter die Abergläubischen -, das den Übergang von der Periode der „sieben fetten" zu den „sieben mageren" Jahren markiert. Die Weltbörsen suchen schon seit langem nach einem passenden Grund, um endlich abstürzen zu dürfen. Wenn nicht jetzt, wann dann? Leider kommt ein solcher Einbruch in der Regel dann, wenn ihn niemand erwartet. Das wissen wir aus unserer jahrelangen Erfahrung als Börsenanalysten nur zu gut.

Als der Ukraine-Konflikt Anfang 2014 ausbrach wurde er von den Märkten schnell zum Non-Event abgestempelt und diese durften weiter munter haussierten. Die Optimisten begründen die Disparität mit der alten Börsenweisheit *„Politische Börsen haben kurze Beine"*. Allerdings kennt das Parkett auch einen anderen Spruch: *„An der Börse wird nicht geklingelt"*, wenn es denn bald krachen soll. Die Börsianer sind generell erst ex post schlau.

Der in solchen Fragen weniger involvierte Leser sei an dieser Stelle aufzuklären, dass ein durch Russland induzierter globaler Crash der Finanzmärkte vernichtende Kettenreaktionen in der Realwirtschaft, auf den Devisenmärkten, bei der Banken- und Eurorettung und den Staatsfinanzen auslösen wird. Er wird sich sowohl in den Schulden- als auch in den wirtschaftlich gesunden Ländern auswirken. Ohne viel Phantasie lassen sich weitere gravierende Folgen für die Politik und die Sozialsysteme ausmalen. Umgekehrt gilt ebenfalls so gut wie wahrscheinlich: Kommt es vor der Kriseneskalation in der Ukraine zu einem Börsencrash, hat dieser Vorrang und die Frage der Wirtschaftsanktionen ist vom Tisch. Dann muss gerettet werden, was zu retten ist. Für Gehässigkeiten ist keine Zeit.

Heute, im Sommer 2015, zeigen die Kapitalmärkte weiterhin keine Schwächezeichen, trotz der neuen und alten politischen Krisenherde (IS, Griechenland, Ukraine). Auch der Goldpreis als zuverlässiger politischer Krisenindikator ist weiter gefallen. Die Ukraine-Krise bleibt in diesem Umfeld wohl weiter ein Non-Event oder birgt, isoliert gesehen, kein signifikantes Crash-Potential. Denn die Konjunktur „lange Beine" und ist wichtiger als die Politik. Sie denkt partout nicht daran einzubrechen.

Aber wer weiß schon, was noch alles kommt? Wie sagte einst Börsenguru André Kostolany vor fünfzig Jahren: *„An der Börse ist alles möglich, auch das Gegenteil von Allem"*.

W4: Unberechenbare geopolitische Auswirkungen

Die chinesische Karte

Eine massive Bedrängung und Schwächung Russlands würde das geopolitische Gleichgewicht in Eurasien empfindlich stören. Nach dem Fall der Sowjetunion sind die USA als einzige Welt- und Hegemonialmacht verblieben. Der Kapitalismus hat nicht gesiegt, er ist nur übrig geblieben - meinte dazu der vormalige RTL-Chef *Helmut Thoma* sarkastisch. Diese Situation ist geopolitisch ungesund - lautet die gängige Hypothese. *Zbigniew Brzeziński*, Berater von mehreren US-Präsidenten fordert offen die Ausdehnung der US-Hegemonie auf ganz Eurasien. Das können Russland und China nicht akzeptieren.

Der Unterlegenheitsthese Russlands wäre zuzustimmen, wenn China in diesem Vergleich außer Acht gelassen wird, nicht aber, wenn es mit Russland ein Gegengewicht zum Westen schmiedet. Heute sind beide Länder von einem Militärbündnis oder einer Wirtschaftsunion noch weit entfernt, arbeiten jedoch ohne Hast intensiv zusammen. In diesem Buch haben wir mehrfach darauf hingewiesen. Jetzt gehen wir einen Schritt weiter und entwickeln einige genauere Zukunftsvisionen.

Der Westen möchte gerne die Russen und die Chinesen, die sich jahrhundertelang, bis in die kommunistische Zeiten, nicht besonders verstanden (Maos These vom sowjetischen Imperialismus) gerne in dauerhafter Gegnerschaft sehen. Das würde ihn beruhigen. Als das zaristische Russland stark war, hatte es das schwache China im XIX. Jahrhundert territorial und ökonomisch zusammen mit den Westmächten ausgebeutet. Die Russen fanden sich als europäisches Volk den armen Asiaten überlegen.

Es wird bei uns gehofft, dass sich die beiden mental so ungleichen Nachbarn niemals verstehen können, zumal die Chinesen die Schmach der vergangenen Jahrhunderte vielleicht nicht vergessen haben. Unseres Erachtens ist das reine Wunschdenken. Die beiden Regime sind viel zu pragmatisch, um die sich bietende Chance nicht zu nutzen. Es gibt viele Wege, die gegenwärtige Zusammenarbeit, bis zu einer Wirtschaftsunion und/oder einem Verteidigungspakt noch auszuweiten.

Im Wirtschaftsbereich brächte eine Kapitalverflechtung in Form von Überkreuzbeteiligungen - Putins Spruch „für Freunde gibt es keine Beschränkungen" zeigt die Richtung an - zwischen russischen und rot-chinesischen Konzernen mehr Weltgewicht. Das Konzernwesen ist neben der wirtschaftlichen, finanziellen und militärischen Macht, einer Währungsdominanz und der Attraktivität des Gesellschaftssystems ein weiteres probates Instrument auf dem Weg zur Ausübung einer wirtschaftlichen Hegemonie. Mehr Vertrauen zwischen den beiden Staatskapitalisten würde die gemeinsamen Interessen festigen.

Auch der Handel birgt gemeinsames Potential. Als ein vorläufiger Höhepunkt der gemeinsamen Mammutprojekte ist der im April 2014 unterschriebene langjährige Lieferkontrakt für russisches Erdgas in Höhe von 290 Mrd. USD nach China einzustufen. Mit dem angeschlossenen Pipeline-Geschäft erreicht das Volumen 400 Mrd. USD. Die Zahl ist auf den ersten Blick gigantisch, andererseits entspricht sie in etwa dem jährlichen Handelsvolumen Russlands mit dem Westen.

China nimmt im jetzigen Konflikt, auch auf der internationalen Ebene, offiziell eine abwartende Stellung ein. Es will sich mit dem Westen wirtschaftlich nicht verderben und spielt den „Neutralen". Militärisch schreckt es vor den USA und dem ASEAN-Pakt im Südchinesischem jedoch nicht zurück. Es bedarf keiner Erläuterung, dass es sich bei einer Konfrontation zwischen der NATO und Russland eher auf die Seite Russlands stellen wird. Dafür spricht bereits der schlichte Selbsterhaltungstrieb der Pekinger Machthaber. Gelinge es dem Westen und der NATO, ein starkes Land von der Dimension Russlands wirklich zu destabilisieren, müssten diese ein gleiches Schicksal befürchten. Die Taiwan-Eliten warten nur darauf.

Da vorläufig kein ernster Handlungsbedarf besteht, - der Ukraine-Konflikt ist global gesehen zu unbedeutend, - halten sich die beiden Ostmächte, abgesehen von gemeinsamen Militärmanövern und der Zusammenarbeit in der Shanghaier Organisation für Wirtschaftliche Zusammenarbeit („östliche EU"), welcher auch die mittelasiatischen Ex-Sowjetrepubliken angehören, auffällig bedeckt. Vielleicht sammeln sie ihre Kräfte. Über eventuelle Schubladenpläne ist nichts bekannt.

Militärisch gesehen - gemeinsame Grenze von über 3.500 km - kann China kein Interesse an einem Kurswechsel in Russland haben. Ein Machtwechsel in Kreml und eine Kontrollübernahme der russischen Wirtschaft durch westliche Kreise würde die Konditionen in der zukünftigen Zusammenarbeit verschlechtern. Im politischen Bereich könnten alte Grenzstreitigkeiten neu aufflammen, das geopolitisch bedeutsame Mittelasien in die westliche Einflusssphäre geraten. Schließlich hat China auch eine 3.000 km lange Grenze mit Kasachstan, Kirgisien und Tadschikistan.

Umgekehrt wird es einer bedrängten Kreml-Führung egal sein, ob sie in der Allianz mit China als Junior- oder als gleichberechtigter

Partner auftritt. Wie die Geschichte lehrt, steht nichts im Wege, auch ein Zweckbündnis auf Zeit einzugehen. Wie ein anonymes Stichwort besagt, ist der „Feind meines Feindes mein Freund". So grotesk das für unsere Ohren klingen mag, eine Annäherung Chinas an Russland gäbe für Westeuropa eine günstige Möglichkeit, sich von den USA zu emanzipieren. Europa würde aufgewertet werden. Wie oben erwähnt, das ist nur eine Zukunftsvision, kein Trend.

Ganz konkret gesehen, könnte China bei einer Zuspitzung der Lage eine militärische Drohkulisse im Fernen Osten gegenüber den US-Verbündeten in Asien, Taiwan und Japan aufbauen, um Russland an seiner Westgrenze „zu entlasten". Eine verstärkte chinesisch-russische Zusammenarbeit könnte auch den Entspannungsprozess zwischen dem Reich der Mitte und seinen südlichen Nachbarn Indien und Vietnam initiieren, mit denen wiederum Russland traditionell gute Verhältnisse unterhält, einläuten.

Weitere geopolitische Gedankenspiele

Die wahrscheinlichen Szenarien

Die vorgenannten geopolitischen Gedankenspiele lassen sich um neue, weniger oder mehr wahrscheinliche Varianten erweitern. So sind bei einem starken Druck auf Russland von Georgien Versuche zu erwarten, die abtrünnigen Provinzen Abchasien und Südossetien zurückzugewinnen. Das Land im Nordkaukasus will händeringend in die NATO, was ihm bei einer Aufnahme der Ukraine nicht verwehrt werden kann. Analog könnte Moldawien - grenzt im Osten an die Ukraine - auf die Idee kommen, das russischsprachige, ab 1992 abtrünnige, Transnistrien mit der Hauptstadt Tiraspol auch einverleiben zu wollen. Transnistrien ist eigentlich ein gutes Beispiel, wie die Donbass-Krise in der Ukraine ohne Blutvergießen gelöst werden könnte. Die Moldau-Enklave ohne Zugang zum Meer existiert ökonomisch mehr schlecht als recht, hat eine eigene Währung, wird als Staat vom Westen nicht anerkannt, kann aber parlamentarische Verhältnisse vorzeigen. Genauso wie die DDR über 40 Jahre lang.

Die Türkei könnte wiederum als Preis für ihre Zustimmung für eine solche NATO-Erweiterung endlich den EU-Beitritt „erzwingen". Das vom Westen (BND-Lauschangriff) gedemütigte Land hat sich den Russlandssanktionen nicht angeschlossen. Umgekehrt spielt es gerne den Ersatzmann für die westlichen Bezugsausfälle von Erdgas und Erdöl und als Lieferant von Nahrungsmitteln in die entstandene Sanktionslücke. Als ein autokratischer, selbstbewusster und ökonomisch starker Staat könnte die Türkei eine Annäherung an Russland suchen. Die IS-Krise im Nahen Osten zeigt, dass die Türken sich von der „westlichen Wertgemeinschaft" nicht so einfach bevormunden lassen und eigene Interessen verfolgen.

Die weniger wahrscheinlichen Szenarien

Dagegen wären solche Konstellationen wie ein Zerwürfnis in der NATO wegen der Russland-Politik, die erneute Etablierung einer pro-russischen Regierung in der Ukraine weniger wahrscheinlich, aber nicht ausgeschlossen. Auffallend ist, dass die acht Millionen starke russische Minderheit in der Ostukraine außer den Separatistenführern keine seriösen Volksvertreter aufgestellt haben soll, die als Gesprächspartner für die internationale Politik in Frage kämen. Die Umgestaltung der Ukraine in eine Föderation nach russischem Vorbild muss ebenfalls als Option gesehen werden, falls Russland plötzlich an einer anderen Stelle der Weltpolitik als unverzichtbar gebraucht wird. Wunder können auch in der Politik passieren: Denn es klingt nicht absurd, dass Russland im Extremfall eines Ausbruchs einer islamitischen Revolution auf der arabischen Halbinsel und der Gefährdung der westlichen Erdölversorgung - z.B. bei einem Bürgerkrieg in Saudi-Arabien - Russland urplötzlich als Verbündeter hochgestuft wird.

Die Geschichte schlägt immer wieder Kapriolen. Möglich ist vieles, auch wenn sich solche extreme Szenarien nur wenige Zeitgenossen vorzustellen wagen. Den friedlichen Zusammenbruch der Sowjetunion vor einem Vierteljahrhundert, die Wiedervereinigung Deutschlands oder den wirtschaftlichen Aufbruch Chinas oder selbst die Schaffung einer EU- und Eurozone hat auch niemand in Erwägung gezogen.

8.3. Wer sind die Verlierer? Gibt es Gewinner? Szenarien möglicher Globalauswirkungen (Stand: Mai 2015)

Es bietet sich am Ende unserer Überlegungen an, die tatsächlichen und wahrscheinlichen ökonomischen Auswirkungen der Krise in einer Gesamtübersicht festzuhalten. Die in Abbildung 29 zu diesem Zweck erstellte Matrix basiert dabei auf folgenden Prämissen:

- es werden vier Szenarien - Beibehaltung des Status Quo - Eskalation - Konfrontation - Entspannung - untersucht und in Klammern die Eintrittswahrscheinlichkeiten angegeben.
- dabei wird - beginnend mit August 2014 - ein Prüfzeitraum von drei Jahr angenommen, in dem das Szenario eintreten sollte. Bei einer längerfristigen Betrachtung ändert sich das Umfeld zu stark, und die Aussagen werden zu unscharf.
- konkret werden Auswirkungen der Wirtschaftsaktionen und der Kosten eines möglichen Rüstungswettlaufs auf die Wirtschaft (Konjunktur, Außenhandel, Vermögensstatus) und die Kapitalmärkte (Aktien- und Rentenmärkte) geprüft. Die Betrachtung ist isoliert zu sehen und die Folgewirkungen werden außer Acht gelassen. So versteht sich von selbst, dass krachende Finanzmärkte wegen der Interdependenzen eine Gefahr für die reale Wirtschaft darstellen, ohne dass die Zusammenhänge noch zusätzlich eruiert werden müssen.
- die betroffenen Hauptakteure im geopolitischen Spiel sind Russland, die Ukraine, EU, USA, China. Andere Staaten (Türkei, Georgien, Moldawien und das Baltikum), die in der Tabelle nicht vorkommen können in den Kommentaren unten erwähnt werden.
- Akteure, die bei einem konkreten Szenarios relative Vorteile erzielen, sind mit dem **+**-Zeichen, die mit relativen Nachteilen mit dem **-** -Zeichen gekennzeichnet. Bei jedem Konflikt gibt es Verlierern und Gewinner, so traurig dies bei gewaltsamen Auseinandersetzungen klingen mag.
- mit dem Prädikat „relativ" ist die Positionsverschiebung im Vergleich zu anderen Akteuren gemeint. Ist z.B. die Belastung mit Rüstungskosten in den USA geringer als in der EU, ergibt sich für diese ein Plus, Findet keine gravierende Veränderung statt, bleibt das Feld leer.

Die Ergebnisse aus der Tabelle Bewertung werden sich am einfachsten verstehen lassen, wenn sie nach Ländern in wenigen Stichworten kommentiert werden.

Abbildung 29: Mögliche Auswirkungen von Wirtschaftsanktionen gegenüber Russland und steigender Rüstungskosten in vier Szenarien

	Russland	Ukraine	EU	USA	China
Status Quo (> 70%)					
• Wirtschaft	+	+	-		
• Rüstungskosten					
• Kapitalmärkte					
Eskalation (< 10%)					
• Wirtschaft		+	-		+
• Rüstungskosten	-		-	+	
• Kapitalmärkte					
Konfrontation (< 5%)					
• Wirtschaft	-		-	-	
• Rüstungskosten	-		-	+	
• Kapitalmärkte			-	-	-
Entspannung (> 10%)					
• Wirtschaft	+		+		
• Rüstungskosten					
• Kapitalmärkte					

Russland: Beim Status quo spart Russland die „Sanierungskosten" der ukrainischen Wirtschaft und bei einer Entspannung profitiert es, wie gehabt, von der guten Zusammenarbeit mit dem Westen. Erst in einer Eskalations- und Konfrontationsphase, wonach es nach 16 Monaten Krise nicht aussieht, würde es die Sanktionen und Rüstungskosten signifikant verspüren. Da Russlands Börsen unterentwickelt sind, hätte ein weltweiter Crash hier nicht die gleichen Auswirkungen, wie im Westen. Immer häufiger wird in Russland die Krise auch als Chance angesehen, weil sie einen Ansporn liefert es mit der Aktivierung seiner Wirtschaftspotentiale endlich ernst zu machen. Hier ein banales „irdisches" Beispiel: Erst durch den Rubel-Verfall wurde den Russen bewusst, dass der Anbau von Weißkohl in kalten Russland immer noch billiger ist, als dessen Importe!

Ukraine: Obwohl das Land der Krisenauslöser ist, spielt es bei allen Szenarien eine marginale Rolle und befindet sich auf kurze Sicht stets auf der Gewinnerseite. Das ist möglich weil die hohen Sanierungskosten der Wirtschaft und die Kriegsfolgen, wie vermutet, größtenteils von der EU getragen werden. Dieses Szenario ist umso wahrscheinlicher, je mehr echte Reformen in der Ukraine wegen

„unzumutbarer" sozialer Härten und aus politischen Rücksichtsnahmen verhindert werden. All diese Thesen sind relativ zu verstehen: Ohne die EU wäre zwar der Niedergang der Wirtschaft nicht aufzuhalten. Dennoch gilt unverändert: Auch ohne diese Hilfe ist gegenwärtig die Default-Wahrscheinlichkeit des Landes mit über 70% hoch einzustufen. Die kurzfristigen ukrainischen USD-Anleihen notieren gerade mit 45€ bis 50€. So bringt die einjährige Anleihe mit der WKN A1GSST rein rechnerisch eine Rendite von 130%. Von einem Engagement ist dem Leser jedoch strikt abzuraten. Vergleichbare russische Schuldtitel erleben demgegenüber - nach zwischenzeitlichen politisch bedingten Irritationen - eine wahre Kurshausse.

EU: Bis auf das Entspannungsszenario bleiben die EU und in erster Linie das wirtschaftlich potente Deutschland, der große Zahlmeister in diesem geopolitischen Konflikt. Die Zahlung wird zum späteren Zeitpunkt schleichend auf dem „Subventionsweg" über eine vermutliche Bankenstützung erfolgen. Die realwirtschaftliche Belastung durch die Russland-Sanktionen wird für einige Firmen dagegen schon in 2015 spürbar. Am stärksten betroffen sind neben den mittelständischen Maschinenbauern die DAX-Konzerne VW, Adidas und Siemens. Leider dürfte das erst der Anfang eines langen Leidensweges sein. Denn *Stupid german money* („dummes deutsches Geld") - so bezeichnete die betrügerische US-Finanz die Milliardenbeträge, welche sie unerfahrenen deutschen Banken (IKB-Bank) abgeknöpft hat - wird wohl einmal mehr zur Rettung Europas Grenzregionen eingesetzt. Die Wirtschaftbeziehungen mit Russland könnten im Extremfall einen irreparablen Schaden davontragen, da deutsche Firmen ohne Eigenverschulden kein „zuverlässiger Partner" mehr sind (darüber unten mehr). Diese Situation wäre wirklich der traurigste Befund: Selbst wenn es nach der Lageberuhigung theoretisch möglich sein wird, „normal" zusammenzuarbeiten, fällt diese Option womöglich weg, weil sich die Chinesen am russischen Markt längst positioniert haben. Je länger das Embargo andauert, desto schneller läuft die Zeit davon!

Exkurs: Deutsch-russische Wirtschaftbeziehungen

Russland und Deutschland sind seit Jahrhunderten ökonomisch eng miteinander verwoben. Die Handelsbeziehungen reichen bis ins frühe Mittelalter (Aktivitäten der Hanse in Nowgorod seit 1193) zurück. Deutschen Geschäftsleuten eilt im Land ein ausgezeichneter

Ruf voraus, der sich seit eh und je auf das hohe Vertrauen in deutsche Produkte überträgt.

2014 exportierte die deutsche Wirtschaft Waren im Wert von 29,3 Mrd. Euro. Deutschland ist Russlands wichtigster Lieferant von modernen Maschinen und Anlagen. Genauso stark sind deutsche Automobile, Elektrotechnik und Elektronik, Arznei- und Lebensmittel gefragt. Die deutschen Importe aus Russland beliefen sich sogar auf 38,4 Mrd. Euro. Die Bundesrepublik bezieht rund ein Drittel seiner Erdgas- und Erdölimporte vom östlichen Nachbarn, die Russland seit vierzig Jahren zuverlässig ohne Unterbrechung, selbst in den schlimmsten Zeiten des Kalten Krieges, liefert. Für Deutschland steht Russland an 11. Stelle unter allen Handelspartnern. Aus russischer Sicht ist Deutschland dagegen der drittwichtigste Handelspartner. Würde man allerdings die für uns bestimmten Erdöllieferungen über Rotterdam nicht als niederländische Einfuhren auffassen, wäre die Bundesrepublik noch vor der China und den Niederlanden der wichtigste Handelspartner Russlands.

Beide Länder haben einander viel zu bieten. In der veralteten russischen Industrie gibt es noch heute Maschinen und Anlagen aus DDR-Zeiten. Die Erneuerung in den vergangenen Jahrzehnten erfolgte zum großen Teil mit der modernen Technik aus der Bundesrepublik. In den russischen Stahlwerken, bei den Automobil- und Chemiekonzernen oder in Möbelfabriken steht die deutsche Technik hoch im Kurs. Für deutsche Maschinenbauer ist Russland der viertgrößte Exportmarkt weltweit (nach der China, den USA und Frankreich). Die deutschen Lieferungen in diesem Sektor betrugen 2013 mehr als 9 Mrd. Euro. Es darf aber nicht vergessen werden, dass die deutschen Lieferanten sich hier im harten Wettbewerb mit anderen Europäern (Italiener, Österreicher) befinden. Solidarität hin, Annexionsverurteilung her, es besteht die Gefahr, dass uns unsere europäischen Nachbarn noch vor den Chinesen diesen Markt wegschnappen. Laut Ostausschuss der Deutschen Wirtschaft könnten die „Strafmaßnahmen" gegen Russland hierzulande 50.000 Arbeitsplätze kosten. Das kleine Tschechien befürchtet mindestens einen Verlust von 20.000 Stellen.

Russland hat in den vergangenen Jahren sein Gesundheitssystem erfolgreich modernisiert, mit dem Erfolg, dass die Lebenserwartung der Bevölkerung steigt. Das geschah nicht zuletzt dank des deutschen Know-hows. Selbst in den Provinzkrankenhäusern finden sich heute Röntgengeräte, Laborausrüstung, medizinische Instrumente und Arzneimittel aus Deutschland. Es hört sich peinlich an, zu erfahren dass auf der westlichen Sanktionsliste sich auch Medikamente befinden! Auch deutsche Konsumgüter verschiedener Gattung sind in Russland sehr beliebt, wenngleich 2013 die Ausfuhren der deutschen Ernährungsindustrie „nur" 1,5 Milliarden Euro betrugen. Allein der russische Technologiebedarf und der Konsumhunger sichern nach Angaben des Ost-Ausschusses der Deutschen Wirtschaft etwa 300.000 deutsche Arbeitsplätze ab. Derzeit sind 6.200 Unternehmen mit deutscher Kapitalbeteiligung in ganz Russland registriert.

Deutschland ist für Russland mehr als nur ein Technologielieferant. Um daheim Arbeitplätze zu sichern und immer möglich nah am Absatzmarkt zu sein, ist die deutsche Wirtschaft über Direktinvestitionen stark im Prozess der Modernisierung Russlands engagiert. Deutsche Unternehmen haben dort rund 20 Mrd. Euro direkt investiert, ohne die Joint Ventures mit zu zählen. Das ist mehr als die USA, Frankreich, Italien, Großbritannien, Japan und China zusammen. Nach Einschätzung der Deutsch-Russischen Auslandshandelskammer setzen die ortsansässigen 6.200 Firmen mit deutschem Kapitalanteil rund 40 Mrd. Euro um und beschäftigen in Russland 120.000 Mitarbeiter. Andererseits sind die Direktinvestitionen keine Einbahnstraße mehr, wenngleich der russische Kapitalstrom in den Westen noch nicht sehr ausgeprägt ist: auch 1.200 russische Firmen haben sich bereits in Deutschland angesiedelt und hier Stellen geschaffen - eine wenig bekannte Tatsache. Neben den Filialen der Rohstoffkonzerne ist Deutschland ein beliebter Investitionsstandort für russische Logistikfirmen, Holzverarbeiter, Banken und IT-Firmen. Bis 2014 stiegen die Anfragen und Projekte für Firmenansiedlungen auf deutschem Boden ständig. Der Prozess kam zum Stillstand. Es wäre traurig irgendwann in 20 Jahren sagen zu müssen, während der Kanzlerschaft von Frau Merkel wurden die „deutsch-russischen Handelsbeziehungen zu Grabe getragen".

Schließlich gibt es intensive zwischenmenschliche Beziehungen. In der Bundesrepublik leben über 200.000 Russinnen und Russen, ohne die über eine Million Aussiedler aus der Ex-Sowjetunion dazuzuzählen. Jahr für Jahr kamen 15.000 junge Menschen aus Russland zum Studium nach Deutschland. Außerdem gab es etwa 400 Flugverbindungen pro Woche zwischen beiden Ländern.

USA: Bei einer Eskalation und Konfrontation wären die USA der unbestrittene Gewinner auf der Rüstungsseite. Nach dem Rückzug aus dem Irak und Afghanistan soll die Ukraine-Krise für die „Vollauslastung" ihres Rüstungssektors sorgen. Das ist offen in US-Analysen nachzulesen. US-Rüstungskonzerne beliefern schon heute fast exklusiv die meisten osteuropäischen NATO-Mitglieder. Erhöhen diese auf Druck Washingtons ihre Verteidigungsausgaben, winkt ein zusätzliches Geschäft.

Im Kongress gilt derzeit der US-Alleingang über die militärische Zusammenarbeit mit der Ukraine außerhalb der NATO so gut wie beschlossen. Kiew wird bald einen „privilegierten" Status á la Pakistan erhalten und mit modernen US-Waffen beliefert werden. Werden die bankrotten Ukrainer dieses todbringende Gerät über Staatsanleihen bezahlen, die von westlichen Banken gezeichnet werden, wissen wir wer wieder der Dumme sein wird.

Es ist anzunehmen, dass trotz leerer Kassen - die USA sind mit über 17.000 Mrd. USD im Inland verschuldet - Kürzungen des US-Verteidigungsbudgets vorerst gestoppt werden. Verschärft sich die Krise, bewilligt der Kongress neue Gelder, und alles bleibt beim Alten. Die meisten europäischen NATO-Länder müssten dagegen bei einem neuen Rüstungswettbewerb erst finanzielle Kapazitäten aufbauen und parlamentarische Mehrheiten suchen. Das reiche Deutschland käme - wenn keine öffentliche Gegenwehr den Prozess auch in andren Teilen Europas stoppt - unter Druck seine „vernachlässigten" Verteidigungsausgaben endlich anheben zu müssen. Selbstverständlich wird Russland dem Treiben des Westens nicht tatenlos zusehen wollen. Umgekehrt würden, erst eine weltweite Konjunkturbaisse und ein Börsencrash Amerika tatsächlich hart treffen. Selbst ein scharfe Konjunkturzäsur sehen wir als ein „geringeres" Übel als den Rüstungswettlauf an.

China: Auch China, der wachende und lachende Dritte, würde erst die Folgen eines Börsen- und noch stärker die eines USD-Absturzes fühlen, weil es seine Währungsreserven von fast 4,5 Bill. USD vorwiegend in den US-Schatzbriefen unterhält. In allen anderen Szenarien gewinnt China in dem Maße, wie der Westen ökonomisch in Russland an Platz verliert. Denn der Aufbau von etablierten Absatzmärkten ist ein langer Prozess. Haben sich die Chinesen trotz eines geringeren Modernitätsgrades ihrer Produkte - die Russen werden sich dann vorerst mit der „zweiten Wahl" in der Technologie zufrieden geben müssen - einmal auf dem Riesenmarkt etabliert, wird es westlichen Firmen schwer fallen, diese von dort zu verdrängen. Das wurde schon mehrmals unterstrichen. China rüstet unabhängig von der Ukraine-Krise schon seit einiger Zeit auf, aus seiner Sicht wohl gerade zum richtigen Zeitpunkt. Eine Mehrbelastung kommt auf die Asiaten von dieser Seite nicht zu.

9. Resümee in 10 Punkten

1. Die These von Russlands neuer imperialer Geopolitik ist militärisch und ökonomisch absurd. Hinter dieser Behauptung ist der Versuch westlicher Finanzkreise und Großkonzerne zu vermuten, das Land mit Hilfe von Wirtschaftsanktionen und einem neuen Rüstungswettlauf zu destabilisieren. Die anonym agierenden Lobbyisten und Kräfte dürften das Ziel verfolgen, über die Einsetzung einer prowestlichen Kremführung die Kontrolle über die russische Wirtschaft und die Landesressourcen zu erlangen. Einen bewaffneten Konflikt will niemand.
2. Russland ist für eine imperiale Politikführung ökonomisch und militärisch zu schwach. Sein wirtschaftliches Potential kann heute auf ein 1/13 (BIP), die Militärausgaben auf 1/12 der NATO-Staaten geschätzt werden. Es unterhält offiziell eine Armee von 845.000 Mann, der etwa 2,5 Millionen mobilisierbare Soldaten der Allianz gegenüberstehen. Selbst bei einer Vollmobilisierung seiner betriebs- und volkswirtschaftlichen Potentiale würde sich das Bild der drückenden westlicher Überlegenheit kaum ändern. Dennoch strebt Russland durch die Allianz mit China langfristig ein globales militärisches Gleichgewicht an. Das gemeinsame Agieren im Syrien-Konflikt kann hierfür als Startzeichen gesehen werden.
3. Betriebswirtschaftliche Potentiale des Landes sind in hohen Kostenreserven und den Synergien, welche ein intaktes Rechtssystem und ein funktionierender Binnenmarkt bieten, zu suchen. Volkswirtschaftliche Potentiale bestehen vor allem in seinem Ressourcenreichtum und der geographische Lage. Auch würde ein entwickelter Kapitalmarkt, von der Finanzierungsseite her, die Etablierung des Mittelstandes erleichtern und die Wirtschaft auf eine breite Basis stellen. Die Verbesserung der demographischen Faktoren rundet das Positivszenario ab. Nach strenger Systematisierung zählt Russland zu den Emerging Markets („aufstrebenden Entwicklungsländern").
4. Der Staatskapitalismus unter der Präsidentschaft von Putin und Medwedew ist differenziert zu beurteilen. Einerseits

ermöglichte er die Konsolidierung des Landes nach den Wirren der Perestrojka (1985--1991) und der Jelzin-Ära (1991-2000). Das politische Regime sichert eine „von oben" kontrollierte Entwicklung der Wirtschaft auf der Basis extensiver Ressourcennutzung bei einer kerngesunden Finanzpolitik. Andererseits verhindert der autokratische Regierungsstil mittels des bürokratischen Kontroll- und Machtapparats betriebswirtschaftliche Effizienz und eine freie Entfaltung der Marktkräfte. Auch die Zivilgesellschaft wird behindert. Das alles kostet Wachstum und Wohlstand.

5. Das unterstellte Destabilisierungskonzept zielt auf eine ökonomische Schwächung Russlands durch westliche Wirtschaftssanktionen und die Kosten eines neuen Rüstungswettlaufs ab. Während das erste Mittel an der wirtschaftlichen Robustheit des Landes wohl scheitern wird, sind die Langfristwirkungen eines neuen Rüstungswettlaufs in einem Zweiten Kalten Krieg schwieriger einzuschätzen.
6. In diesem Kontext ist die Ukraine-Krise als Vorwand für den Beginn der obigen Destabilisierungsmaßnahmen zu sehen.
7. Die mit jährlich 20 bis 30 Mrd. USD zu veranschlagende Sanierung der Ukraine und die Kriegskosten im Osten werden wohl mit einem Schuldenschnitt beginnen und mit dauerhaften Aufkauf wertloser ukrainischen Staatsanleihen („Sozialisierung der Verluste") durch die EU enden. Die USA bleiben aufgrund ihres geringen wirtschaftlichen Russland-Engagements solange Nutznießer des Konfliktes, wie die Gefahr der Kettenreaktion für die Weltwirtschaft, die von einem Börsencrash zu erwarten wäre, nicht akut wird.
8. Der Destabilisierungsplan könnte (vorläufig) wegen massiver Proteste in der Öffentlichkeit und am Widerstand einiger EU-Länder scheitern. Allein in Deutschland sind dauerhaft 400.000 Arbeitsplätze vom Russlandsgeschäft abhängig. Auf der Regierungsebene der EU-Einzelstaaten, die Partikularinteressen vertreten, zeichnet sich Uneinigkeit ab. Die von der Politik und den Medien lancierte These der russischen Bedrohung ist in Westeuropa kaum vermittelbar. Folglich halten wir ein wenig verändertes Status Quo für das derzeit wahrscheinlichste Szenario.
9. Eine Schwächung Russlands durch den Rüstungswettlauf, den wir für unwahrscheinlich halten, kann weitere Player

auf den Plan rufen. So dürfte sich Rot-China durch die West-Verschiebung der geopolitischen Kräfteverhältnisse politisch und wirtschaftlich bedroht sehen und mit Russland eine Militär- und Wirtschaftsallianz eingehen. Ein Machtwechsel in Moskau würde eine Zäsur in de Wirtschaftsbeziehungen und eine Konditionsverschlechterung bei der Realisierung gemeinsamer Großprojekte implizieren. Es wäre denkbar, dass Peking die US-Verbündeten Japan und Taiwan durch Störmanöver in Asien beunruhigt und Russland im Westen „entlastet“. Auch wenig wahrscheinliche Szenarien mit einem erweiterten Player-Kreis (Georgien, Kaukasus) und Nutznießern (Türkei?) sind nicht auszuschließen.

10. Einer erfolgreichen Moskau-Peking-Allianz, die infolge einer Konfliktverschärfung langfristig möglich wäre, könnten sich die verblieben BRICS-Länder und andere große Emerging Markets (Türkei, Indonesien, Argentinien, Iran) sukzessive anschließen. Diese Länder sind seit langer Zeit an einer neuen Weltwirtschaftordnung interessiert und mit der Finanzpolitik des Westens und die von ihm beherrschten Institutionen (WTO, GATT, UNO, IWF, Weltbank, Ratingagenturen) unzufrieden.

Literaturverzeichnis

BLECK, Sandra (2011): Klein- und mittelständische Unternehmen als volkswirtschaftlicher Stabilisierungsfaktor in der Russischen Föderation - aktuelle Entwicklungen

BINGEN, Dieter (2012): Analyse: Die Ukraine - strategischer Partner, Bundeszentrale für politische Bildung

BRÖNSTRUP, Carsten: Russland ist mächtig, Europa mächtiger, Der Tagesspiegel. 12.03.2014

BRÜGGEMANN, Matthias und MÜNCHRATH, Jens: Wladimir Putin strebt auf die Bühne der Weltmächte, Handelsblatt 07.03.2014

DEUBER, Gunther (2014): Wirtschaftlich in Klauen Russlands - politisch auf Zerfallkurs, in: Ukraine-Analysen Nr. 127, Forschungsstelle Osteuropa an der Universität Bremen

DEUBER, Gunther (2014): Analyse: Neue Regierung, IWF und EU vor extremen wirtschaftspolitischen Herausforderungen. Bundeszentrale für politische Bildung

DEUBER, Gunther (2014): Das Damoklesschwert weitreichender Wirtschaftssanktionen über Russland, Bundeszentrale für politische Bildung

Die Wälder der Welt - der Zustandsbericht 2011, WWF-Studie

DOLGOPJATOWA, Tatjana (2007): Schattenwirtschaft in Russland: Aktivitäten legaler russischer Unternehmen in Shadow economy in Russia: activities of legal Russian enterprises

EICHELKRAUTH, Sascha (2007): Rohstoffmacht Russland. Bodenschätze als Basis wirtschaftlicher Entwicklung und für einen starken Staat? Tectum Verlag

Energiestudie 2013. Reserven, Ressourcen und Verfügbarkeit von Energiestoffen, Bundesanstalt für Geowissenschaften und Rohstoffe

EU-Staaten finden kein Mittel gegen Korruption, Deutsche Mittelstands Nachrichten, 03.02.2014

FISCHER, Malte (2013): Das Modell BRIC funktioniert nicht mehr, Wirtschaftswoche 30.7.2013

GOSTOMSKI, Eugeniusz (2010): System bankowy w Rosji, in: Rosja. Ambicje i możliwości w XXI wieku, KUL Lublin

GOSTOMSKI, Eugeniusz (2004): Handel wiązany w gospodarce światowej, Gdańsk

GOSTOMSKI, Eugeniusz, BEDNARZ Joanna (2009): Działalność małych i średnich gospodarstw na rynkach zagranicznych, Gdańsk

GÖTZ, Roland (2006): Russlands Ressourcen: Auswirkungen auf die internen Verhältnisse und Außenbeziehungen, Stiftung für Wissenschaft und Politik

GÖTZ, Roland (2014): Analyse: Schreckgespenst Gaskrieg, Bundeszentrale für politische Bildung

GÖTZ, Roland: Konsequenzen der globalen Erwärmung für die russische Energiewirtschaft, Länderanalyse Russland Nr. 139 Forschungsstelle Osteuropa Universität Bremen

HEESE, Viktor (2009): Anlagechancen in den Neuen Emerging Markets, Stuttgart Springer Verlag

HEESE, Viktor (2010): Die BRICs sind wieder da, Düsseldorf ApoFokus

HEESE, Viktor (2011): Indizes in der Wertpapieranlage, Stuttgart Springer Verlag

HOHNES, Bernd (2014): Russland investiert Milliarden auf der Krim, gtai

HUF, Hans-Christian (2005): Imperium - vom Aufstieg und Fall großer Reiche, List Taschenbuch

KUNZE Thomas, VOGEL Thomas (2011): Von der Sowjetunion in die Unabhängigkeit, Bundeszentrale für politische Bildung

KRUSE, Wolfgang (2014): Ökonomie des Krieges, Bundeszentrale für politische Bildung

KRUGLOW, Aleksandr: Basowaja stawka, in: Sowierschenno & Sekretno, 5.8.2014

Mit South Stream spielt Russland auf Zeit, Die Welt 9.07.2014

OVERHOFF, Christian (2014): Die Ukraine erwartet harte Reformen, gtai

OVERHOFF, Christian (2014): Investitionsklima und -risiken. Ukraine, gtai

PwC: Europa verliert an Gewicht, 2050 nur noch Deutschland in Top10 der Volkswirtschaften, Februar 2015

PISKOZUB, Andrzej (2003): Czasoprzestrzeń cywilizacyjna, Wydawnictwo Adam Marszałek Toruń

PLEINES, Heiko, SCHRÖDER, Hans-Henning (2010): Länderbericht Russland, Bundeszentrale für politische Bildung

RAVIOLI, Sandra (2009): Russland 2020 - eine provokative Frage, Books on demand

REITSCHUSTER, Boris (2012): Die sechs größten Mythen um Wladimir Putin, Focus Online, 7.10.2012

ROTH, Jürgen (2012): Gazprom - das unheimliche Imperium: Wie wir Verbraucher betrogen und Staaten erpresst werden, Kindle Edition

Rossijskaja istorja (2008), Rosmen Moskau

Russische Föderation. Statistische Länderprofile 2012, Statistisches Bundesamt

Russland in Zahlen. Frühjahr 2014, gtai

Russland in Zahlen. Frühjahr 2015, gtai

RYBAKOWA, Tatjana: Polesnyje sowjety, in: Sowierschenno & Sekretno, 5.8.2014

SACHS, Jeffrey (2014): „Marodes Russland"? Die russische Wirtschaft floriert. Sogar China sieht im Vergleich schlecht aus, Friedrich-Ebert-Stiftung

SAURENBACH, Verena (2014): Wirtschaftsdaten kompakt: Ukraine. Stand Mai 2014, gtai

SCHAROJAN, Siranusch: Won iz indeksow, PBK daily, 1.08.2014

Schlummernder Riese. Russland nutzt sein riesiges Potential nicht aus, DIE WELT 20.06.2011

SCHNEIDER, Eberhard (2007): Ukraine - gespalten zwischen Ost und West, Bundeszentrale für politische Bildung

SPÖRI, Christoph (2014):Transformation: China als Entwicklungsmodell für Russland, epubli GmbH

TRENIN, Dimitri (2014): Willkommen im Zweiten Kalten Krieg, Heinrich Böll Stiftung

UMANN, Ulrich (2014): Wirtschaftstrends. Russische Föderation. Jahresmitte 2014, gtai

WOLFF, Edda (2014): Russische Großunternehmen hätten in der Ukraine einiges zu verlieren, gtai

WOLFF, Edda (2014): Wirtschaftsdaten kompakt: Russland, gtai

UMANN, Ulrich: Russlands Wirtschaftsentwicklung schwer voraussehbar, gtai 14.8.2014

Verteidigungsminister Kiews unterstellt Russland Nuklearschlag, Der Standard, 22. September 2014

ZIEGLER, Gudrun (2014): Das Golde der Zaren, Heyne-Verlag

ZSCHÄPITZ, *Holger:* Russland wird zum Ramschladen degradiert, in Die Welt, 15.Januar 2015

Links und Portale

Wirtschaft:

de.ria.ru

russland.ru

www.aktuell.ru

www.auswaertiges-amt.com

www.boersen-zeitung.de

www.bpb.com

www.cia.gov

www.db-research.com

www.dgo-online.org

www.economy.gov.ru

www.faz.de

www.gtai.com

www.handelsblatt.com

www.iwf.org

www.laender-analysen.de

www.landmatrix.com

www.moe-club.com

www.moscowtimes.ru

www.novosoft-de.com

new.opora.ru

www.russland.ahk.de

www.wirtschaftswoche.de

www.wto.org

www.oecd.org

Kapitalmarkt und Börse:

www.allianzglobalinvestors.de

www.bayernlb.com

www.deutscheboerse.de

www.gopogle.finance.de

www.maxblue.com

www.netstudien.com

www.onvista.com

www.rts.ru

www.wordl-exchanges.org

Andere:

www.deutsch-russisches-forum.de

www.deutsche-wirtschafts-nachrichten.de

www.osteuropa-netzwerk.de

www.sipri.org

www.kas.de

Chronologische Tafel 1984 - 2014

1984	Michail Gorbatschow wird Generalsäkreter der KPdSU
1986	Katastrophe von Tschernobyl
1991 - 1999	Boris Jelzin russischer Staatspräsident
1990 - 1991	Unabhängigkeitserklärung der baltischen Staaten; 21.12. Auflösung der Sowjetunion
1992	Unabhängigkeitserklärung der Ukraine
1998	Staatsbankrott; Freigabe des Rubel-Kurses
2000 - 2008	Wladimir Putin russischer Staatspräsident (ab 2013 dritte Amtszeit, zwischendurch Dimitri Medwedew)
2005	Rückzahlung der letzten IWF-Schulden
2004	Währungsreform in Russland; „orangene" Revolution in der Ukraine; Jukos-Prozess
2005	Gründung von Sonderwirtschaftszonen in Russland
2008	Kaukasus-Konflikt mit Georgien
2010	Janukowitsch wird ukrainischer Staatspräsident
2014 - 2015	Beginn der Ukraine-Krise, Abtrennung von Krim, Verhängung von westlichen Wirtschaftssanktionen, Minsker Abkommen, Gründung der Eurasischen Wirtschaftsunion
September 2015	Militärisches Eingreifen im Syrien-Konflikt mit maritimer Unterstützung durch die VR China

Die Autoren:

Prof. Dr. hab. Eugeniusz Gostomski (63), Ordinarius am Lehrstuhl für Außenwirtschaft an der Universität Danzig, befasst sich seit 40 Jahren mit Wirtschafts- und Kapitalmarktfragen Osteuropas. Den Schwerpunkt seiner Forschungsarbeiten bildet die Analyse dortiger Banken- und Finanzsysteme. Für seine pädagogischen, publizistischen und wissenschaftlichen Leistungen wurde er mehrmals ausgezeichnet. Der Autor unterhält enge Kontakte zu Hochschulen in Deutschland und in den ehemaligen Sowjetrepubliken.

Dr. Viktor Heese (63) war während der dreißigjährigen Tätigkeit als Wertpapieranalyst im Bankensektor auf Finanztitel und Börsenfragen der Emerging Markets spezialisiert. Von 2010 bis 2012 leitete er das Deutsche MBA an der Akademie für Volkswirtschaft (ANX) in Moskau. Er ist Autor mehrerer Fachbücher zu diversen Kapitalmarktthemen und seit zwei Jahrzehnten als freiberuflicher Dozent und Referent in den Bereichen Finanzen, Bilanzierung und IFRS tätig. *www.börsenwissen-für-anfänger.de*

FSC
www.fsc.org
MIX
Papier | Fördert
gute Waldnutzung
FSC® C083411

Kolibri 360 GmbH
Ferdinand-Jühlke-Straße 7
99095 Erfurt, Deutschland
produktsicherheit@kolibri360.de